U0948158

全球趋势 2025
——转型的世界

美国国家情报委员会　编
中国现代国际关系研究院美国研究所　译

时事出版社

图书在版编目（CIP）数据

全球趋势 2025：转型的世界/美国国家情报委员会编；中国现代国际关系研究院美国研究所译．—北京：时事出版社，2009.9

ISBN 978-7-80232-273-8

Ⅰ．全… Ⅱ．①美②中… Ⅲ．国际关系—研究 Ⅳ．D81

中国版本图书馆 CIP 数据核字（2009）第 145859 号

出版发行：时事出版社
地　　址：北京市海淀区万寿寺甲 2 号
邮　　编：100081
发行热线：（010）88547590　88547591
读者服务部：（010）88547595
传　　真：（010）68418647
电子邮箱：shishichubanshe@sina.com
网　　址：www.shishishe.com
印　　刷：北京百善印刷厂

开本：787×1092　1/16　印张：20.25　字数：250 千字
2009 年 9 月第 1 版　2011 年 9 月第 4 次印刷
定价：48.00 元

序

《全球趋势 2025：转型的世界》英文版 2008 年 11 月问世以来，引起广泛关注，尤其受到中国国际政治和战略研究界的重视。

对全球趋势长期性预测，因为变量多而难把握，周期长更增添不确定性，从来都是令人望而却步的活儿。然而，由托巴斯·芬格所领导的美国国家情报委员会（NIC）研究小组完成的《全球趋势 2025：转型的世界》报告，被众多行家认为有相当大的参考价值。当下世界正在发生重大转变，2025 年的世界将是什么样子，在很大程度上取决于我们如何认识今天的世界，评估近年来的全球趋势，如何应对当前和即将出现的挑战。这些正是报告的主要着眼点和着力处，在我看来，也是其最大价值所在。尤其值得赞赏的是研究小组的工作方式。他们在全球不同地区举行讨论会，听取、收集不同国家各方人士的意见，使报告具有广泛辩论的基础。中国现代国际关系研究院与 NIC 研究小组和日内瓦高级研究学院相蓝欣教授合作组织了在北京的讨论会，深感这一过程的价值，中方参与者同样受益良多。

在衷心祝贺《全球趋势 2025：转型的世界》中文版问世之际，我要感谢从事此书翻译工作的中国现代国际关系研究院的同事们，感谢 NIC 研究小组和芬格先生授予中文版出版权，从而使更多的中国读者能有机会全面、深入地享用这份有价值的全球趋势预测报告。报告中文版问世，恰值中美两国政府刚刚成功完成首轮战略和经济对话之际，因而使其更多了一层促进双方交流合作的象征意义。

崔立如

2009年8月

中文版前言

撰写《全球趋势 2025：转型的世界》，初衷是为美国新政府官员的战略思维提供线索和指导，然而根据经验，这篇报告的读者将远远超出这个范围。我们希望它能够对所有期望理解和塑造我们共同目标的人有所助益。正如报告所说，《全球趋势 2025》中确认的每个挑战都将影响中国，而且，中国在应对和处理这些挑战中责任重大。事实上，很难想象如果没有中国公民和政府部门积极、广泛地参与，大多数的挑战能够被成功消除。因此，我非常高兴这篇报告已经被译成中文，能够为更多不能阅读英文版的专家与个人所用。

就像我在英文版前言中所言，这篇报告的撰写得到世界各国政府官员、学者和个人的大力相助。其中之一就是 2008 年 7 月美国国家情报委员会和中国现代国际关系研究院共同在北京主办的研讨会。来自九个国家的专家、学者与会，我想借此机会感谢相蓝欣教授、中国现代国际关系研究院崔立如院长，以及其他许多为报告的撰写提供帮助和支持的中国学者。我也想在此正式说明，报告中选择的问题和阐述的方式，都由我个人及我在国家情报委员会的同事决定，上述人员对此不承担任何责任。

《全球趋势 2025》自英文版问世几个月以来，已经获得广泛的关注、赞扬和批评。我确信，中文版和其他语言版本的出现，将使我们得到更多、更丰富的建议，处理那些塑造世界未来的挑战；从而，我们也更可能找到路径，管理、消除和利用报告中分析的趋势与动力。我们面对的挑战艰巨而复杂，将影响世界各国人民，没有各国专家创造性的聪明才智，我们将永远不可能解决这些问题。中文版的问世将使数百万智慧的人们理解这些挑战，并且为实现一个更加和平与繁荣的未来贡献力量。

前美国国家情报委员会主席 C. 托马斯·芬格

2009 年 6 月

英文版前言

《全球趋势 2025：转型的世界》（以下简称《全球趋势 2025》）这份研究报告，旨在通过确认大趋势及其推动因素、这些趋势的走向以及互动，激发人们从战略高度思考未来。本报告采用模拟情景来说明这些推动因素（如全球化、人口、新兴大国崛起、国际制度的衰败、气候变化、能源地缘政治）间的互动方式，展示其对未来决策者形成的挑战和机遇。作为一个整体，这份研究报告重在描述可能影响事件进程的因素，而不在预测实情。

这份研究报告审视了对未来事态和可能发生的情况影响巨大的少数变量，力求帮助读者辨明事态发展方向的路标，以便实施政策干预来改变或稳住特定事态发展的轨迹。我们希望传递的信息之一是“喜欢事态发展方向，不妨出手维护；不喜欢，就要出招加以扭转。”例如，本报告考察了逐渐减少对化石燃料依赖的趋势，以此说明不同发展路径对特定国家会产生不同影响。一个更重要的信息是，关键看领导，任何趋势都可以扭转，及时有效地干预，走向消极的可能性就小，即便情况不妙，还可能化消极为积极趋势。

《全球趋势 2025》是国家情报委员会牵头编写的第

四份报告，竭力辨清可能影响未来十年或更长时间的种种关键推动因素和事态发展。草拟报告直至脱稿，都从以前的报告中吸取了教训。每出一次新版本，延请的专家人数更多，专业面更广。首份报告展望 2010 年，虽然找了美国政府和学界的其他专家，但主要靠美国情报界内部专家。编写《全球趋势 2015》时，聘请到的专家人数更多，包括不少来自民间的美国公民。

到了编写第三份报告《全球趋势 2020》，我们在五大洲召开了六次研讨会。与会外国专家数量猛增，在国内举办的会议次数形式多异。这些会议加深了我们对特定趋势和推动因素的理解，摸清了世界不同地区专家们的观点。

每出一次新版，就更有看头，影响也更大。实际上，《全球趋势 2020》在世界范围的反响异常热烈。报告译成多国语言、掀起多国政府官员争论、引起了大学课堂讨论，成为国际事务会议讨论的出发点。无数专家和公众仔细阅读报告并给予建设性批评。

我们趁热扩大网罗面，邀请更多专家参与，再次改变做法撰写《全球趋势 2025》。除了吸收更多美国境内外专家参与设计报告框架外，还通过因特网，在美国及其他几个国家举办研讨会，推敲过几份草稿。此次《全球趋势 2025》群策群力，集思广益，质量更高，数百位人士共襄盛举，花时间，出主意，我们对此深表谢意。

跟之前展望全球趋势一样，编写《全球趋势 2025》的过程及意外的收获，即副产品不亚于最终报告。在草拟报告中所激发的创意和真知灼见使无数分析人士受益，被吸收进了国家情报委员会及其他情报机构数不胜数的分析性报告。一些趣闻表明，这些创意和真知灼见也影响了参与此事的美国境外同行的思路和工作。对这些额外的收获，我们深感欣慰，引以为荣，期待其他人阅读此版《全球趋势 2025》后，发表读后感，我们会获得更大收获。

为撰写《全球趋势 2025》出力者众，首推马修·布劳斯（Matthew Burrows）。其聪明才智及统筹协调能力对出版此报告至关重要，无人不心怀感激。马修在下面“鸣谢”中列举的其他多人都出了大力，若无各位帮助，本版《全球趋势 2025》便无法问世，感谢他们的深情厚谊。

美国国家情报委员会主席 C·托马斯·芬格

2008 年 11 月

鸣　谢

编写这份报告，国家情报委员会得到数不胜数的思想库、咨询公司、学术机构、数以百计的美国朝野专家及美境外专家的大力支持，在此无法逐一列举，但要向做出重大贡献的单位和个人谨致谢意。

美国大西洋理事会和史汀生中心为我们打开了通向美境外机构的大门，让我们收集到宝贵的国外观点。威廉·罗尔斯顿（William Ralston）博士、尼克·埃文斯（Nick Evans）博士及其在SRI商业情报咨询公司的团队提供了必要的科技专长和点拨。PFC能源国际的亚历山大·范·德·帕特（Alexander Van de Putte）博士在全球三大地区筹办了系列会议，有助于我们构思描绘未来图景。在此方面出过力的还有洛桑IMD Evian Group的吉恩—皮埃尔·莱曼（Jean-Pierre Lehmann）教授、旧金山Monitor Group全球商业网络的彼得·施瓦兹（Peter Schwartz）和道格·兰德尔（Doug Randall）。丹佛大学的巴里·休斯（Barry Hughs）对构思未来图景、描述主要大国可能走向献言进策。长期战略集团的杰奎琳·纽迈耶（Jacqueline Newmyer）和斯蒂芬·罗森（Stephen Rosen）组织了三场研讨会，对我们拓展思路，认清未来安全环境之错综复杂起了关键作用。还有一些个人和机构协办圆桌会议，对草稿提出意见，深入到方方面面，包括威尔逊中心的杰夫·达拜科（Geoff Dabelko）博士，兰德公司的格雷格·特雷弗顿（Greg Treverton）博士、对外关系委员会的塞巴斯蒂安·马拉比（Sebastian Mallaby），布鲁金斯学会的卡洛斯·帕斯奎尔（Carlos Pascual）；企业研究所的迈克尔·奥斯林（Michael Auslin）博士；得克萨斯农机大学的克里斯托弗·莱恩（Christopher Layne）教授、印第安纳大学的萨米特·甘古利（Sumit Ganguly）教授、伦敦皇家事务学会的罗宾·尼布利特（Robin Niblett）博士和乔纳森·帕里斯（Jonathan Paris）。普林斯顿大学威尔逊学院约翰·伊肯伯里（John Ikenberry）教授邀请几位杰出的国际关系学者出席研讨会，帮助我们了解地缘政治变化趋势。还有两场研讨会——一场由相蓝欣教授筹组、中国现代国际关系研究院承办，在北京召开；另一场由斯德哥尔摩和平研究所季北慈博士筹办，收集国际上对世界面临的战略挑战的看法，很有参考价值。

美国政府内部，我们特别感谢国务院情报与研究局的朱莉安娜·波纳斯库（Julianne Paunescu）。她率领的团队代为联系专家，帮了大忙。国家安全局的玛里琳·梅因斯（Marilyn Maines）和她手下专家的科技专长必不可少。我们还与托夫勒学会一道召开研讨会，深入讨论了未来趋势。国家情报委员会的分析和制作人员，包括伊丽莎白·阿里（Elizabeth Aren）的熟练编辑技巧，也功不可没。

2025 年全球形势

大势所趋	影响所及
随着中国、印度等国家崛起，一个全球多极体系正在崭露头角。非国家行为体——企业、部落、宗教组织甚至犯罪网络的力量也相对增强。	到 2025 年，由单一的民族国家组成的“国际社会”将不复存在。新角色登场会带来新的游戏规则，权力会更分散。同时传统西方联盟被削弱的风险上升。更多国家不再效仿西方的政治和经济发展模式，而是向往中国的另一套发展模式。
财富和经济的相对实力正从西方向东方转移，这一趋势前所未见，并将持续下去。	随着一些国家把精力花在经济福祉上，促进地缘政治稳定的激励因素可能增加。但是，这一趋势会让挑战西方秩序的俄罗斯等国的力量得到加强。
美国仍是唯一的最强大的国家，但主宰地位下降。	经济和军事能力的萎缩也许迫使美国在先抓内政还是先抓外交上犯难。
到 2025 年，经济持续增长，又有 12 亿新增人口，将对能源、粮食和水资源造成压力。	技术革新步伐快慢对结果至关重要。现有技术不足以在规模上取代传统的能源结构。
处于“不稳定弧”① 地带、青年人多的国家会减少，但青年人数量庞大的几个国家，人口还会快速增长。	如果青年人数庞大的阿富汗、尼日利亚、巴基斯坦和也门等国就业状况未得到显著改善，这些国家仍将陷入持续的不稳定和国家失败。
由于大中东部分地区迅速变化以及致命武器的扩散，冲突的潜在可能性增加。	人们仍将寄望美国平衡中东局势，但俄罗斯、中国和印度等其他区外大国的作用会增大。
2025 年，恐怖主义不大可能消失，但如果中东经济增长持续、年轻人失业率下降，恐怖主义的吸引力将下降。对活跃的恐怖分子来说，技术扩散将使其获得危险能力。	随着技术扩散、核能项目（可能是核武器项目）扩展，利用生化武器乃至核武器攻击、造成大量伤亡的恐怖袭击将增加。在日益全球化的世界，此类攻击的实际后果和心理后果将加重。

① 拥有青年人年龄结构和人口快速增长的国家构成了新月形或“不稳定弧”，从拉美的安第斯山脉地区穿过撒哈拉以南非洲、中东和高加索地区，延伸到南亚北部。

续表

前景难卜	潜在后果
从现在到 2025 年，依靠改善能源贮存、生物燃料和清洁煤、不再依靠石油和天然气的能源转型是否完成。	高油价和高天然气价格会使俄罗斯和伊朗这类主要出口国国力陡升，俄国内生产总值（GDP）可能直逼英国和法国。油价一路下跌或向新能源的根本转变，将导致石油和天然气生产国的全球和地区作用一蹶不振。
气候变化速度有多快，哪些地方受影响最显著。	气候变化可能加剧资源短缺，特别是水资源的短缺。
重商主义是否会卷土重来，全球市场是否衰落。	世界滑向资源民族主义，大国对抗的风险上升。
中国和俄罗斯是否会推进民主。	俄罗斯经济成分多样化不足，政治多元化前景不妙。中国中产阶级壮大，政治自由化机会增多，民族主义可能助长。
对核武装伊朗的地区恐惧是否会引发军备竞赛和更大规模的军事化。	核保护伞下发生低烈度冲突，恐怖主义升级，招致更大冲突。
大中东是否变得更稳定，特别是伊拉克是否稳定，阿以冲突是否获得和平解决。	在大多数设想的情形中，大中东动荡可能增加。在应对伊朗壮大以及应对不再依赖石油和天然气的全球转型中，经济复苏、伊拉克繁荣以及巴以争端解决可以促进稳定。
欧洲和日本是否能战胜因人口引起或加剧的经济和社会挑战。	穆斯林少数民族成功融入，则欧洲可以扩大劳动力规模并避免社会危机。反之，如欧洲和日本不努力缓解人口挑战，将导致长期衰落。
全球大国与多边制度能否一起调整其结构和绩效以适应地缘政治形势的变化。	新兴大国对全球制度如联合国和国际货币基金组织态度模糊，这一点可能随它们在全球舞台上发挥更大作用而改变。亚洲一体化可能导致建立强有力的地区制度。随着欧洲军事能力衰落，北约面临承担更多其区域以外责任的严峻挑战。传统的联盟将受到削弱。

目　录

报告提要

由于新兴大国崛起、经济全球化、财富和经济相对实力从西方向东方的历史性转移，以及非国家行为体影响上升，第二次世界大战后建立的国际体系到 2025 年几乎面目全非。届时，国际体系将是一个全球性的多极体系，发达国家与发展中国家间的实力差距继续缩小。[①] 伴随着民族国家间权力转移，各种非国家行为体——包括企业、部落、宗教组织和犯罪网络等的相对实力上升。国际体系的角色在变，攸关全球持续繁荣的跨国议题范围与广度也在变。发达世界人口老龄化，能源、粮食和用水日益紧张，气候变化令人担忧，一个历史上前所未有的繁荣时代将会受到限制和削弱。

纵观历史，比起两极和单极体系，多极体系更不稳定。最近的金融动荡，可能到头来会使上述种种令人担忧的趋势加速。尽管如此，我们并不相信国际体系会走向全面崩溃，犹如 1914—1918 年全球化早期的步伐突然停顿。不过，今后 20 年向新体系过渡会充满风险。围绕着贸易、投资、技术创新与获取，很可能展开一场场战略性竞争，不能排除像 19 世纪那样的军备竞赛、领土扩张和军事对抗的情景再现。

恰如我们用来勾勒多种不同未来的一系列图所示，这是一个

---

① 国家实力得分，参照“国际未来”（International Futures）的计算机模式算出，是 GDP、国防开支、人口和技术等加权指数综合在一起得出的结果。

没有明确结局的故事。尽管美国可能仍是最强大的国家，但美国的实力甚至军事实力会走下坡路，影响也受到掣肘。与此同时，其他国家和非国家行为体能在多大程度上愿意或能够挑起日益沉重的担子还很难说。当此国际体系从旧体系向形成中的新秩序过渡之际，问题很多，决策者和公众不得不回应日益增强的国际合作需求。

经济增长推动新兴大国崛起

就规模、速度和流向来说，正在进行的全球财富和经济力量转移——大体上是从西方向东方——在现代史上前所未有。这种转移来自两大源泉：首先，石油和农矿产品价格上涨，海湾国家和俄罗斯大发横财；其次，低成本和政府优惠政策吸引制造业和部分服务业向亚洲转移。

巴西、俄罗斯、印度和中国（“金砖四国”）的增长预测显示，到 2040—2050 年时，四国所占全球 GDP 份额将与最初西方七国份额相当。中国在未来 20 年将比其他任何国家对世界有更大影响力。如果目前趋势持续下去，到 2025 年，中国将成为世界第二大经济体和数一数二的军事大国，也可能是最大自然资源进口国和最大环境污染国。印度可能继续享有相对快速的经济增长，将谋求建立一个以新德里作为一极的多极世界。中国和印度必须决定，在多大程度上愿意并且能够发挥更大全球作用，彼此如何相处。俄罗斯如果肯下本钱培养人才，扩展经济，走多样化道路，融入全球市场的话，在 2025 年就可能变得更富、更强、更自信；不过，要是俄罗斯不这么做，石油和天然气价格又维持在每桶 50—70 美元的范围，俄罗斯就有可能摔大跟斗。没有任何其他国家能够与中、印、俄并驾齐驱，也没有任何其他国家可以与它们各自的全球影响力相匹敌。但是，我们预期其他国家，诸如印尼、伊朗和土耳其，政治和经济力量也会上升。

大体来说，中国、印度和俄罗斯的自我发展并没有遵循西方自由模式，相反，他们采取了另一种模式——国家资本主义。这是一个很不严谨的词汇，用来描述国家在经济管理中发挥突出作用的体制。其他新兴力量如韩国、中国台湾和新加坡，也利用国家资本主义来发展经济。但是，由于其规模和“民主化”政策，遵循这条道路的俄罗斯、尤其是中国带来的潜在冲击更大。尽管民主化的推进可能放慢、全球化使许多新近民主化的国家社会和经济压力增大，自由制度被削弱，但我们对更大规模民主化的长期前景仍保持乐观。

其他许多国家，经济上将进一步落后。撒哈拉以南非洲很容易招致经济混乱、人口压力、国内冲突和政治动荡。全球对农矿产品需求旺盛，主要由撒哈拉以南非洲供应，但当地人民得不到多大实惠。矿产品价格攀升，财源滚滚，反而腐败丛生，一些地区的政府执政能力不足，民主和市场改革前景黯淡。拉美许多国家到2025年将进入中等收入国家行列，其他国家，特别是委内瑞拉和玻利维亚还要继续一段民粹主义政策，经济会掉队。还有一些国家，如海地，将更穷更难以治理。总体上，就经济竞争力而言，拉美仍将继续落后于亚洲和其他快速增长的地区。

下个20年，亚洲、非洲和拉美几乎包揽世界全部人口增长，西方人口增长还不到3%。就人均财富而言，欧洲和日本仍远远超过中国和印度这类新兴大国，但工作年龄人口不足，要费大劲才能维持增长率不下滑。在发达世界，美国不算人口老龄化国家，生育率高，且移民多，移民还会从弱势国家涌向生活条件好的国家。

在“不稳定弧”地带，青年人口激增的国家数量将下降40%之多。剩下的青年人口猛增的国家当中，每四个就有三个会在撒哈拉沙漠以南非洲，其余的则在中东核心地区或分散在南亚、中亚以及太平洋岛国。

新的跨国议程

国际议程中资源问题突出。全球经济增长史无前例，有积极作用，但对能源、粮食、水等战略资源形成压力，今后 10 年，上述资源将供不应求，缺口很多。例如，非欧佩克国家液体碳氢化合物原油、液化天然气以及非常规产品如沥青砂将难以满足需求。许多传统能源生产国的石油和天然气产量将下滑。其他地方如中国、印度和墨西哥的产量上不去，在原地徘徊。能够极力扩大产量的国家不多；石油和天然气生产将集中于政局不稳地区。再加上其他因素，世界就只有一条路好走，从石油转向天然气、煤和其他替代能源。

世界银行估计，粮食需求到 2030 年将增加 50%，这是世界人口增长、富裕程度提高以及中产阶级喜欢西方饮食的结果。水荒已经到了危急程度，农业用水尤其如此。世界范围的城市化迅猛推进，今后 20 年又要新增 12 亿人口，这样一来，水荒更甚。专家们认为，今天 21 个国家，人口总和超过 6 亿，面临农地不足或淡水短缺。人口持续增长，到了 2025 年，这类国家将增至 36 个，人口总数高达 14 亿。

预计气候变化将加剧资源短缺。气候变化的影响因地区而异，一些地区将开始承受气候变化的恶果，特别是缺水和农业歉收。随着时间推移，地区间农业产量的差异会更加显著，发展中国家，特别是撒哈拉以南的非洲，遭受打击比其他地区更大。大部分经济学家预计，到本世纪末，农业减产后果严重，对许多发展中国家来说，将是毁灭性的，农业在其经济中占很大比重，许多民众仅能糊口度日。

新技术可能再次提供解决办法，如可行的代替化石燃料的能源或克服粮食和水供应短缺的手段。然而，这类技术还不能在所需规模上取代传统的能源结构。到 2025 年，新能源技术可能还不能大批量生产或普及。技术创新的速度是关键。即使对生物燃料、清洁煤或氢气实行倾斜政策，提供经费，向新燃料转型的步伐仍将是缓慢的。纵观历史，主要技术都有个“应用时差”。在能源部门，最近一份研究调查发现，一项新生产技术被广泛应用，平均需要 25 年时间。

尽管现在看来希望渺茫，但我们也不能完全排除到 2025 年能源转型的可能性，这种转型可以避免能源基础设施全部推倒重建的费用。在此期间，实现相对迅速而又花费较少的转型，最大可能是上马新一代可再生能源，如光能和风能以及改进电池技术。降低基础设施费用，使许多小企业承担得起，直接受益，如固定燃料电池向家庭和办公室供电，插上插头便可向混合动力汽车供电，还可向数字化电网、向其他消费者出售剩余电力。有了能源转化方案，如用家中车库的电制造氢气，注入汽车燃料电池，就不必再研制复杂的氢气运输设施。

恐怖主义、冲突和核扩散前景

即使资源议题在国际议程中靠前，恐怖主义、核扩散和冲突仍将受到主要关注。2025 年，恐怖主义不大可能消失，不过，要是中东经济持续增长、青年失业缓解、恐怖主义的吸引力就会减弱。年轻人经济机会增多，政治走向多元化，就能阻止一些人加入恐怖分子行列，但其他人或渴望复仇，或想当“烈士”，会继续转向暴力来追求其目标。

就业机会既少，表达政见的合法手段又缺，就为愤怒满腔的年轻人走向极端主义、投身恐怖组织创造了条件。2025 年，恐怖组织可能是新旧合一：一头是进行复杂攻击的现有组织结构、指挥和控制进程这一套东西；另一头是因愤怒和被剥夺公民权而铤而走险的新生代。随着科技知识的扩散，2025 年逞狂的恐怖团体将轻易学会的最危险的本事，就是使用生物武器或核装置，从而造成大量伤亡。

尽管伊朗获取核武器并非不可避免，但其他国家担心伊朗核武装，便会与外部大国作出新安全安排、获得更多武器并想圆核梦。这样一来，很难说冷战时期大国间稳定的相互威慑会在伊朗拥有核武的中东再现。如果卷入冲突的国家没有明确划出红线，核保护伞下发生的低烈度冲突可能意外升级，从而触发一场更大范围的冲突。

我们相信，当大多数国家专注于全球化和全球权力重组挑战之际，类似冷战那样的意识形态冲突不大可能扎根。话虽如此，在穆斯林世界，特别是阿拉伯核心国家意识形态力量仍旧十分强大。在那些年轻人多、经济底子薄的国家，如巴基斯坦、阿富汗、尼日利亚和也门，伊斯兰萨拉菲派（Salafi 意思是“祖先”，伊斯兰教的一个复古派或复兴派——译者注）可能会大行其道。

从人们视野中消失一段时间的冲突类型，如资源冲突可能死灰复燃。痛感能源短缺的国家会采取行动以确保未来获得供应，这甚至可能闹到兵戎相见的最坏地步。退一步说，即使不是真刀真枪，大打一场，也会产生重大的地缘政治后果。对海上安全的关注为海军建设及现代化提供了理由，正如中国和印度就在发展远洋海军实力。建设地区海上能力固然可能加剧紧张局势、相互敌对及彼此制衡，但也为多国合作保护关键的海上通道提供了机会。随着亚洲和中东水荒日重，在国家内部和国家间，合作管理变化的水资源会更加困难。

今后20年动用核武器的风险，尽管仍然很低，但可能性会比今天更大，这是多种趋势相互交织发展的结果。核技术和技能扩散，引起人们担心会出现新的核武器国以及核材料落入恐怖分子手中。印度和巴基斯坦低烈度冲突不断，两个核大国之间的广泛冲突一旦展开，势将成为一场噩梦。有核国如朝鲜未来政权更迭或垮台的可能性，也让人对弱国控制和确保核武库安全的能力产生疑问。

一旦下个15—20年核武器果真派上用场，国际体系将面临一场大震荡，人道主义、经济、政治、军事反响将接踵而至，触发重大地缘政治变化，一些国家会与现在的有核国建立联盟或加强安全联盟，其他国家则将推动全球核裁军。

一个更为复杂的国际体系

新全球角色登场、制度改革一拖再拖、地区集团扩展、非国家行为体和网络力量加强，凡此种种，几十年来从未间断的权威和权力分散将会加速。从填补老化的二战后制度留下的鸿沟的角度来看，国际舞台上出现形形色色的行为体可增强国际体系的力量，也可能使其肢解，国际合作因而难以为继。特别是鉴于国际社会跨国挑战种类多样，行为体类型各异，今后20年国际体系可能分崩离析。

“金砖四国”不大可能像19世纪和20世纪的德国和日本那样挑战国际体系，但随着地缘政治和经济能量增长，它们将各行其是，按本身需要制定政治和经济政策，而不是完全采纳西方规范。也可能想维护其政策的机动灵活，让其他国家在处理恐怖主义、气候变化、扩散和能源安全等问题上承担主要责任。

现有种种多边机构大而无当，为不同的地缘政治秩序而设计，难以迅速适应新的任务、满足成员变化的要求和筹措更多资源。

非政府组织（NGOs）关注具体问题，成为推动多边制度变化的一个组成部分。如果没有多边机制或政府居间协调，齐心努力，单凭非政府组织网络去推动变革，搞不出多大名堂来。为反映新兴大国崛起，国际组织搞不好更难以应对跨国挑战；而尊重会员国不同观点，又将影响这些组织的议程，众口难调，要找到解决问题的办法就更不容易。

亚洲地区一体化加深，可能到 2025 年具有全球影响，引发或加强可能成为准集团的北美、欧洲和东亚三大贸易和金融集合体。这些准集团将影响到未来世界贸易组织达成全球协定的能力，并可能在制定跨地区产品标准上展开竞争，牵涉到信息技术、生物技术、纳米技术、知识产权以及“新经济”等方方面面。另一方面，亚洲地区缺乏合作，又可能触发中国、印度和日本在能源等资源方面的竞争。

国家、制度和非国家行为体作用重叠，错综复杂，免不了政治身份千差万别。这样一来，导致新网络纷纷建立，旧团体再续前缘。到 2025 年，在绝大多数社会中，没有一种政治身份具有支配性。以宗教为基础的网络堪称议题网络的典型，在环境、不平等之类的跨国议题上起的作用总体来说超过了世俗组织。

美国：主宰地位受到削弱

到 2025 年，美国将发现自己只是世界舞台重要角色之一，尽管仍是最强大的角色。即便在军事领域，2025 年美国优势依旧，但其他国家科技进展、国家和非国家行为体更多采取非常规战争策略、远程精确武器扩散，以及更多使用网络战进攻等，将日益限制美国行动自由，从而影响到其他国家以及有效解决新议程议题的可能性。尽管反美情绪最近上升，在中东和亚洲眼里，美国仍然是一个必不可少的地区平衡者。在使用武力打击全球恐怖主义方面，美国被寄望发挥重大作用。在全球气候变化等安全议题上，在平息争执、寻找解决办法方面，美国的领导作用被广泛视为至关重要。但另一方面，有影响力的行为体增多，人们不信任巨大权力，要是没有强大伙伴支持，美国发号施令的空间也会缩小。世界其余地方的事态发展，其中包括一些关键国家，特别是中国和俄罗斯也可能是决定美国政策的关键因素。

2025 年——什么样的未来？

上述趋势表明了主要的不连贯性、震荡和意外事件，我们要在全文中重点阐述，例如动用核武器和疾病大流行。在某些情况下，意外因素仅仅是时机问题。例如，能源转型不可避免；问题是何时转及怎样转，急转还是缓转？从一种燃料（化石燃料）转向另一种（替代燃料）是历史性事件，一个世纪顶多发生过一次，但总是带来意义深远的结果。从木材转向煤推动了工业化。从化石燃料转型，特别是猛然转型，中东和欧亚大陆能源生产国将首当其冲受到影响，一些全球和地区大国可能从此一蹶不振。

其他不连贯性难以预测，可能源于几大趋势相互交织，并取决于领导质量。我们把中国或俄罗斯是否能成为民主国家归入难以预测的这一类。中国中产阶级壮大，增加了转向民主国家的机会，但并非不可避免。在缺乏经济多样化的俄罗斯，政治多元化似乎不太可能。自下而上的压力可能推动民主，一位领导人也许会启动或加强民主化进程，以维持经济或刺激经济增长。石油和天然气价格一路下跌，将改变上述前景，增加俄罗斯政治和经济自由化的可能性。中国和俄罗斯任何一国走向民主化，将代表另一波民主化，会对许多其他发展中国家具有广泛意义。

欧洲、日本甚至俄罗斯面对的人口挑战将会如何，也无法确定。人口并不会注定带来地区和全球地位下降。技术、移民作用、公共卫生改善、立法鼓励妇女更多参与经济等措施，都可以扭转目前经济下滑、社会紧张局面加剧以及可能衰落的趋势。

种种全球性机构是否适应形势变化，重获新生，是一个关键的不确定因素，也要看领导才能。目前的趋势表明，权力和权威的分散会造成全球治理不足。要扭转上述趋势脉络，需要一些大国，包括新兴大国，在国际社会发挥强有力的领导职责。

一些无法确定的前景与另外一些相比，将造成更严重的后果。在本研究报告中，我们强调可能爆发更大冲突，有的可能威胁到全球化，拥有大规模杀伤性武器的恐怖主义和中东核军备竞赛就归入此类。本报告讨论了一些关键的难以确定的前景以及可能的后果。在四种虚构的情景中，我们高度重视正在展开的全球性转变引起的新挑战，它们呈现的新形势和困境与最近的事态有所不同。本报告提出这套情景，并不涵盖一切。上述情景，没有一种是不可避免，甚至还不一定就会出现；但是，与其他不确定因素一样，这些情景是改变棋局的潜在因素：

（1）在西方出局的世界中，新大国取代西方，成为世界舞台的领导。

（2）“十月惊魂”（译者注：“十月惊魂”指 11 月总统选举前夕，可能影响选情的事件，此处系引申义）说明忽视全球气候变化产生的冲击；意想不到的重大冲击缩小了世界的政策选项。

（3）“金砖四国”闹翻，争夺关键性重大资源，触发主要大国冲突，此处指印度和中国这两个新兴大国。

（4）政治并非总是地方性的，非政府网络的出现，确定了环境问题的国际议程，使得各国政府黯然失色。

导言　转型的世界

到2025年，二战后建立的国际体系将面目全非。其实，“国际体系”这一提法不甚贴切，那时很可能已支离破碎。不过，2025年仍处于过渡期，组成部分比较杂乱、参差不齐。在经济全球化的推动下，以财富和经济实力从西方向东方转移为标志的转型，颇具历史性意义，中国和印度等新玩家的国际地位日益上升。美国仍将扮演唯一最重要的角色，但支配地位受到削弱。中国和印度将类似19世纪和20世纪的美国，时而保持低调，时而又急欲在世界舞台上有所表现。不过到2025年，中、印仍会更关注自身发展，无意变革国际体系。

在民族国家间力量转移的同时，商业、部落、宗教组织甚至犯罪网络等各类非国家行为体，力量也继续相对增强。一些国家甚至可能会被犯罪网络“接管”，任其摆布。在非洲和南亚地区，有的政府因无力提供包括安全在内的基本需求，国将不国。

到2025年，国际社会将由包括民族国家在内的许多行为体组成，但谈不上什么全球治理。新的“国际体系”将是多极世界，由众多国家群和非国家行为体群组成。历史上曾出现过多极国际体系，比如欧洲协调。但是新出现的国际体系却前所未有。它是全球性的，并且是包括国家和非国家行为体的混合体，并未组成大体旗鼓相当的对立阵营。“新秩序”最显著的特征是，从美国主宰的单极世界向老牌列强和崛起大国难分高下的等级结构转变，以及从国家行为体向非国家行为体的力量扩散。

"……我们并不认为（国际体系）正走向全面崩溃……但未来 20 年，向新国际体系的转型将险象环生……"

历史告诉我们，飞速变化会带来不少风险。尽管当前的金融动荡会加速正在演化的种种趋势，但我们并不认为会出现 1914—1918 年处于发轫期的全球化陷入停顿、彻底崩塌的局面。但未来 20 年，在向新国际体系过渡中，各种风险会层出不穷，超出 2004 年版《勾勒全球未来》[①] 研究报告的预想。中东可能会出现核武器竞赛、国家间会展开资源争夺战。需要关注的跨国问题也日益增多，包括能源、食物和水资源短缺，气候变化令人堪忧。全球性机构理当帮助世界解决这些跨国问题，减轻飞速变化带来的风险，看来没有领导人的共同努力将无力应对这些挑战。

一、变化多于传承

值此地缘政治挑战增多之际，国际秩序瞬息万变，就更可能引发变异冲击和突发事件。没有任何一桩单一结局看似事先注定的。例如许多人认为，以经济自由主义、民主和政教分离为核心的西方模式势必大行其道，但至少从中期看，西方模式却可能黯然失色。

在一些情况下，这类意外因素迟早都会出现：如能源转型在所难免，问题只是何时转，是急转还是缓转。其他突变更难预测。今天看似不太可能的事到 2025 年就会行得通，甚至办得到，

① 参见 *Mapping the Global Future*：*Report of the National Intelligence Council's 2020 Project*，National Intelligence Council，December 2004，www.dni.gov/nic/NIC_2020_project.html.

我们从中已看到某些单项的“冲击”惹人注目。如具有全球性影响的核武器交易、化石燃料迅速为新能源所替代和中国成为“民主”国家。

新技术可能提供解决办法，诸如找到可行的替代化石燃料的新能源，或是克服食物和水供应奇缺的方法。最没把握的是新技术能否及时研发，并投入大规模生产以扭转供应短缺导致的经济增长明显放缓，乃至妨碍新兴大国崛起，并沉重打击那些渴求加入全球化行列的国家。一个物资奇缺的世界会引发人们铤而走险，这与通过技术等手段脱贫解困大不相同。

《勾勒全球未来：情报委员会 2020 年展望报告》与
《全球趋势 2025：转型的世界》之比较

两者最大区别是，后者假设多极世界成为现实，国际体系发生巨变。2025 年报告描述了这样一个世界：在全球事务中，美国的作用最为重要，但也不过是全球多个抓大事的角色之一而已。相反，2020 年报告中假设，美国继续主宰一切，而多数大国已经放弃了制衡美国的念头。

两份文件在能源供给、需求和新的替代能源问题上也有不同论述。2020 年报告说，“地下”能源供给“足以满足全球需求”，但产油国政局动荡、石油供应中断或资源争夺是否会搅乱国际油市，这一点并无定论。2020 年报告中提到全球能源消费上升，但强调以化石燃料为主。而 2025 年报告则认为，世界正向使用清洁燃料过渡。使用新技术，有办法提供化石燃料替代物，找到破解水荒和粮荒问题的办法。2020 年报告承认，能源需求会影响超级大国间关系，但 2025 年报告则将能源稀缺看成地缘政治的推动力。

两份报告都提出，由于巴西、俄罗斯、印度和中国崛起，全球经济很可能强劲增长，不会遭受重大冲击。但 2025 年报告评估称，很可能出现重大突变，强调“事先注定不了任何一个单项结局”，今后20年向新国际体系的过渡将险象丛生，可能出现诸如中东核武器竞赛和国家间资源争夺战。

两份报告里种种方案都展望了全球化的未来、未来国际体系的结构，划清了引发集团间冲突或促进彼此合作的分界线。两份报告都把全球化看成无处不在的推动力，它将改变地缘、族群、宗教和社会经济分裂现状，构建新的世界秩序。

二、未来世界的种种前景

本研究报告由七大部分组成，包括：

1. 走向全球化的世界经济
2. 各国人口增减惹祸端
3. 新玩家登台亮相
4. 充足中的匮乏
5. 潜在冲突日增
6. 国际体系能否应对挑战
7. 美国如何置身权力分享的世界

跟过去的研究报告做法一样，我们将描述世界未来发展的种种可能性[①]，认为未来15—20年是重大历史转折点之一，会有多种因素起作用。这些因素如何互相影响，领导人又在其中扮演何种角色，都将对未来走向起到关键性作用。

在设想种种可能出现的场景时，民族国家比非国家行为体更加重要，关键在于民族国家的未来发展具有不确定性，因此民族

① 见*Global Trends 2015, A Dialogue About the Future with Nongovernmental Experts*, National Intelligence Council, December 2000; and *Mapping the Global Future: Report of the National Intelligence Council's 2020 Project*, National Intelligence Council, December 2004. www.dni.gov/nic/NIC_gobal trends 2015.html and www.dni.gov/nic/NIC_2020_project.html.

国家和全球合作是我们的关注重点。在一些场景中，国家起主导作用，是世界发展变化的推动力；而在另一些场景中，非国家行为体，包括宗教运动、非政府组织（NGOs）和集大权于一身的个人又扮演着比国家更重要的角色。还有一些场景中，主要角色以集团形式展开竞争，这些集团是靠伙伴关系和近邻友好走到一起。再有其他场景中，还会看到一些自治体时而独立行事，时而互相打得火热，时而又彼此冲突。

在所有这些设想的场景中，我们突出全球转型过程中可能引发的挑战。这些场景或展现新情况，或描述两难困境，或预测可能引发全球形势中的乱局。上述这些场景并非在所难免，更非势必如此，跟其他不确定因素一样，都是潜在的搅局者。

西方不再是领导的世界。这是某位上海合作组织（SCO）未来领导人在一封虚构信件中描述的情景：一些新兴大国取代西方，称雄世界舞台。美国不堪重负，从包括阿富汗在内的中亚撤军；欧洲又不愿接棒领导世界。在此情况下，俄罗斯、中国等其他国家为防范中亚潜在动乱，只好插手干预。随着北约地位式微，上海合作组织得势。欧美掀起反华浪潮，搞起贸易保护主义。俄、中权宜“联姻”，印度和伊朗等国向其靠拢。西方也好，非西方也好，不会出现牢固的阵营，动荡和混乱加剧，全球化岌岌可危。

“十月惊魂”。未来的某位美国总统在一则日记中如此描绘世界：许多国家致力于经济增长而牺牲环境；全球气候变化加速，科学界未能大声疾呼，但对即将大祸临头忧心忡忡；大飓风肆虐，袭击纽约，纽约证券交易所惨遭重创。面对如此大灾难，世界各国领导人必须开始谋划采取断然措施，如搬迁部分沿海城市。

“金砖四国”闹翻。这个世界里，中印为争夺关键资源爆发冲突。其他大国赶在冲突升级、战火蔓延全球之前出面干预。冲突起因是中国怀疑印度捣鬼，威胁北京的能源供给。误解和错判会导致冲突。这一情况凸显出能源等资源对经济持续增长、大国崛起何等重要。这表明，跟崛起与守成大国间一样，在多极世界里，崛起国家间也可能发生火并。

政治并非总是地方性的。某位虚构的《金融时报》记者撰文如此勾勒这一世界：非国家网络，如形形色色的非政府组织、宗教团体、商界领袖和地方活跃分子等，联手制订环境方面的国际议程，施加影响，选出联合国秘书长。这样的非国家行为体结成全球政治联盟，在促成一项全球气候变化新协议方面，将扮演关键性角色。在这个崭新世界里，数字化通讯无所不在，中产阶级发展壮大，跨国利益集团日益坐大，三者的互相联系使政治已不再是地方性的，国内和国际日程日益交叉，相互转换。

长期预测：警钟长鸣

20世纪的专家们主要以线性思维来预测未来20年（大致与本研究的时间框架一致），并未探究引发突变的种种可能性，因而经常漏测重大地缘政治事件。一战前，欧洲“列强”间剑拔弩张，杀戮在即，老牌帝国即将崩溃，几乎无人对这些重大变化做出丝毫预测。20世纪20年代初，以“大萧条”、斯大林的劳改营为先导，引发包含多起种族大屠杀的世界大战，对此浩劫，竟然无人事先察觉。二战后，建立了新的国际体系，其中许多机构，如联合国和“布雷顿森林体系”，至今犹存。尽管两极和核时代也不乏战争和冲突，但二战后的国际体系确实提供了一个稳定的框架，一直维持到苏联解体。经济走向全球化开辟了新时代，中国和印度在其中扮演了主要角色，但世界未来的前景尚不明朗。

前事不忘，后世之师：

1. 领导人及其理念至关重要。不研究诸如弗拉基米尔·列宁、约瑟夫·斯大林、毛泽东等领导人的作用及其思想，过去数百年的历史就无从谈起。可是，叱咤风云的世界领导人的行动偏偏最难预测。在20世纪几个重大历史关头上，西方专家认为自由和市场理念已经大获全胜。正如丘吉尔、罗斯福和杜鲁门的历史影响显示出的那样，即便在法治完善、个人掌控力较为受限的社会里，领导人的作用也是至关重要的。

2. 经济波动是导致重大风险的因素之一。历史学家和社会科学家发现，经济大起大落与政治动荡息息相关。1914—1918年“首次”全球化停顿，引起天下大乱，经济剧烈动荡；上世纪20年代和30年代贸易保护壁垒高筑，战败国对《凡尔赛和约》怀恨在心；凡此种种都为二战的爆发埋下祸根。一战后，多民族和多族群大帝国崩溃；二战后，殖民帝国解体，导致一场又一场国家间、族群间的冲突，绵延至今。当前的全球化，也引发大规模移民，打乱传统社会和地缘界限。

3. 相对于技术变革，地缘政治竞争引发更多的剧变。许多人强调，技术会带来根本性变化。无疑，技术一向是个主要推动力。我们和其他一些人经常低估技术的影响。然而，在上个世纪里，与技术这一单项因素相比，地缘政治竞争及其后果，一直是引发多场战争、帝国崩溃和新大国崛起更为明显的原因。

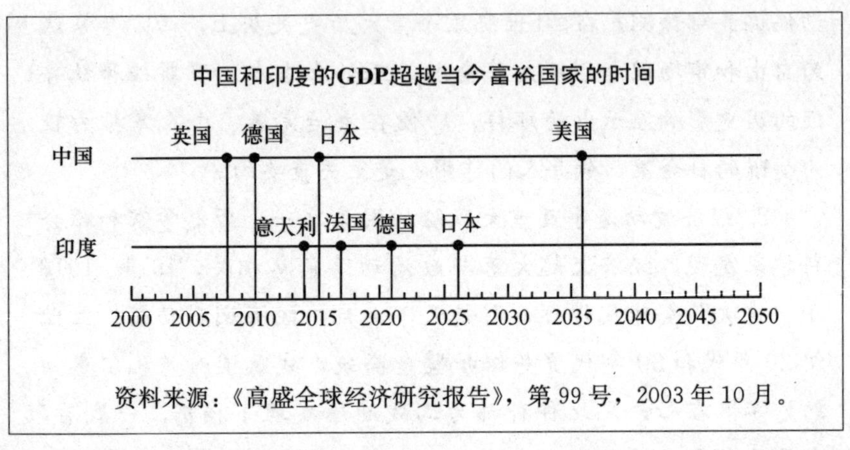

资料来源：《高盛全球经济研究报告》，第 99 号，2003 年 10 月。

第一章　经济全球化

就其规模、速度和流向而言，目前发生的全球性财富与经济实力的相对转移，大体上从西到东，为当代历史所仅见。这种转移主要有两个原因：其一，石油和农矿产品价格持续增长，使海湾国家和俄罗斯积累大量财富。其二，由于劳动力成本相对低廉及特定的政府政策，全球制造业中心和一些服务业便转向亚洲。国际上对这些产品的强劲需求，使亚洲的经济规模越滚越大，在中国和印度尤其如此。这些供求转移是深刻和结构性的，它意味着我们所见证的经济实力转移有可能持续发生。这些转移是全球化背后的驱动力量——如同我们在《勾勒全球未来》报告中所强调的那样，全球化是大趋势，它不但一举扭转财富与经济实力流动的历史模式，而且产生重新分配的压力，这无论对富国还是穷国来说都痛苦万分。

“就其规模、速度和流向而言，目前发生的全球性财富与经济实力的相对转移，大体上从西到东，为当代历史所仅见。”

尽管这种转移并非零和游戏，但是，早期的输家如多数拉丁美洲国家（除巴西和少数国家外）和非洲国家，它们既没有从最初的资产转移中获益，也没有从农矿产品接受国那里得到任何投资回流。与此相反，新兴市场间尚待完善的金融网络，似乎日益开始挑战某些工业化国家如日本。这些新兴市场的许多流动性正在涌向美国和欧元区，但就美、欧当前的处境而言，能否从这些流动资金中获益还取决于许多因素：包括西方国家能否降低油耗和能源需求；能否借助有利出口条件，在具有相对优势的领域，如技术和服务部门有所作为；以及进口国的国内政策，尤其是货币政策和向外国投资开放到什么程度。

一、回到未来

亚洲经济的引擎——中国和印度，正在恢复200年前的盛世，当时中国大约生产世界财富的30%，印度生产15%。中国和印度从18世纪衰落以来，首次注定要成为世界经济增长的贡献者。到2025年，这两个国家的国内生产总值可能超越除美国和日本以外的所有国家，但人均国民收入将继续落后数十年。2025年前后这两个亚洲巨人将会拥有“双重身份”：强大，但与西方人相比，从人均角度看许多中国人或印度人仍会感觉较穷。2040—2050年间，预计巴西、俄罗斯、印度和中国加在一起，将可能增长到与西方七国先前在全球GDP中相当的份额。据同一个预测，2025年世界八大经济体的排名次序将是：美国、中国、印度、日本、德国、英国、法国和俄罗斯。

中国尤其已在国际金融领域成为一个重要的新兴行为体，2008年拥有2万亿美元外汇储备。迅猛发展的国家，如中国、俄罗斯已经创建主权财富基金（SWFs）①，要用数千亿美元资产获得高额回报，从而度过经济风暴。一些这样的基金将通过投资的形式返回西方国家，因此会推动本国生产力发展和提升经济竞争力。不过，新兴国家在发展中国家的对外直接投资（FDI）也在显著增加。

在新兴大国中，一代具有全球竞争力的公司正在涌现，这将进一步巩固它们在全球市场中的地位；其中如巴西的农业企业和近海能源勘探，俄罗斯的能源与金属，印度的信息技术服务、医药和汽车零配件，中国的钢铁、家用电器以及通讯设备。根据波士顿咨询集团2006年的一份报告，在非“经合组织”（OECD）成员国当中，前100名新的跨国公司领导人，有84位将公司总部设在巴西、俄罗斯、中国和印度。

拉丁美洲：经济适度增长，城市暴力依旧

2025年，许多拉美国家在巩固民主制度方面将取得显著进展，有的将成为中等收入国家。其他国家，尤其奉行平民主义政策的国家会掉队。还有一些国家，例如海地，将会更贫穷更混乱，治安仍是棘手问题，有的甚至无法无天。巴西将成为地区领导国家，但在推动南美经济一体化方面只能获得部分成功。

---

① 主权财富基金包括源于政府盈余和投资海外私人市场所获得的资本。从2005年以来，拥有主权财富基金的国家数目从3个增长到超过40个，其控制的资本总额大约为7千亿到3万亿。主权财富基金的作用范围也有所扩大，许多国家创建该基金不是为了实现经常账户的盈余，或者是培养代际储蓄，而是为了缓冲商品市场的变幻无常。如果这种趋势得以保持，主权财富基金将在五年内扩张到6.5万亿，并且在10年内扩张到12至15万亿，这将超过整个财政储备，并且占全球资本的20%。

2025年，委内瑞拉和古巴在南美还会残留一些影响力，但国内经济困难降低了他们的吸引力。除非美国能够持续为拉美国家带来实惠的市场，否则将失去在拉美地区的特权地位，政治影响力也会随之下降。

到2025年，拉美经济会稳步增长，甚至高达四个百分点，这样便可以推动适度降低某些国家的贫困水平，贩毒/卖淫等行业也会逐步有所收敛。教育、累退税税制、财产权保护不力、执法不严等具有关键性意义的辅助性改革，将缓慢推行，成效参差不齐。由于拉美盛产石油、天然气、生物燃料以及其他可替代能源，其重要性会相对增长，这将刺激巴西、智利、哥伦比亚和墨西哥经济增长，但能源国有和政治混乱将阻碍高效开发能源资源。拉丁美洲的经济竞争力仍将继续落后于亚洲和其他经济迅速发展地区。

该地区的人口增长相对稳定，但乡村贫民和原住民人口仍以较快速度增长。随着60岁以上老年人增多，拉丁美洲将出现人口老龄化现象。

拉丁美洲某些地区仍将充斥臭名昭著的暴力活动。部分源于当地毒品消费不断攀升、跨国犯罪集团和本土犯罪帮派团伙的撑腰，毒品走私组织十分猖獗，公共安全堪忧。上述因素，加上长期法治不振，一些小国尤其中美洲和加勒比海的小国将逐步沦为失败国家。除加入国际贸易和某些维和行动以外，拉丁美洲仍将继续在国际体制中扮演边缘性角色。

美国在该地区的影响力将略微降低，部分由于拉丁美洲不断扩大与亚洲、欧洲和其他经济体的经贸往来。但是一般而言，拉丁美洲人寄望美国在全球与本地关系上提供指导。美国国内拉美裔人口日益增多，这就确保美国会越来越关注和参与拉美地区的宗教、文化、经济和政治活动。

二、中产阶级在壮大

我们正在见证人类史上前所未有的时刻：从未有如此众多的人口，像今天这样摆脱极端贫困。1999—2004 年间，1.35 亿人口告别赤贫，这甚至超过了日本总人口，直追目前俄罗斯的人口总数。根据世界银行预测，今后几十年，“全球中产阶级”人口将从 4.4 亿猛增到 12 亿，占世界人口的百分比将从 7.6%陡增到 16.1%。这批新增的中产阶级，多数来自中国和印度。

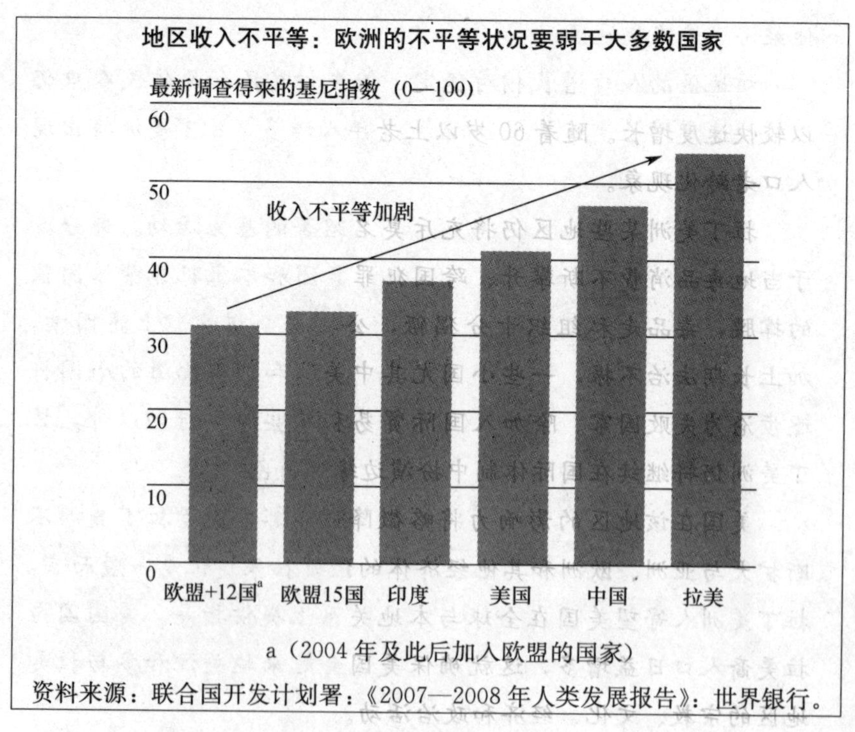

a（2004 年及此后加入欧盟的国家）
资料来源：联合国开发计划署：《2007—2008 年人类发展报告》；世界银行。

与此同时，贫富两极分化这一阴暗面仍将继续。许多国家，尤其是地处内陆、资源贫乏的撒哈拉沙漠以南的非洲国家，缺乏参与全球化竞争的基本条件。据世界银行预测，2025—2030 年间，全球穷人人口将缩减约 23%，但仍有占全球总人口 63%的穷人处于相对更贫穷的状态。

三、国家资本主义：后民主市场模式在东方崛起？

数以百万计的人口摆脱极端贫困，以及新兴国家尤其是中国和印度在国际舞台上崛起，这一非凡成就并非问题的全貌。现在，财富不仅仅在从西方转移到东方，而且越来越多地受政府控制。2008 年全球金融危机爆发后，政府在经济中扮演积极角色，将在世界范围内赢得一片赞誉。

除印度等国外，从财富东移中获益的国家，如中国、俄罗斯和海湾国家，都是非民主国家，经济政策在公私界限上模糊不清。没有遵循西方自由主义“自我发展”模式，而是采用非常不同的“国家资本主义”模式。国家资本主义这一术语不太严谨，指的是政府发挥突出作用的一种经济管理制度。

其他国家（和地区）如韩国、台湾和新加坡，经济起步时选择的也是国家资本主义模式。然而，由于俄罗斯，尤其中国采用这一模式，加之它们在国际舞台上的份量，其潜在影响力非常巨大。令人啼笑皆非的是，面临金融危机，西方国家也在强化政府在经济中的作用，这样一来，新兴国家会更加倾向于扩大政府控制的范围，而不是信任缺乏监管的市场。

这些国家（和地区）普遍支持：

开放的出口环境。财富流入这些国家，尽管国内的经济业绩斐然，它们仍要求政府放手介入货币市场，期望保持弱势货币，结果导致大量外汇资产的累积，尤其是以美国国债的形式。

主权财富基金（*SWFs*）和其他政府投资工具。由于积聚了巨额资产，海湾合作委员会（GCC）和中国政府官员正越来越多地使用各种主权投资形式。国家进入私营市场，部分原因是为了获得高额回报，其中主权财富基金最为人所熟知，但只是众多主权投资工具中的一种而已。

再次狠抓产业政策。严格控制经济的政府，往往对产业政策很感兴趣。中国、俄罗斯和海湾国家都制订了国家计划来推动经济多样化、发展高科技和服务领域，以提升附加值，而现在与以往的做法显著不同，由于手头拥有实施计划的资金，因此没有必要鼓励民间投资或者吸引外资。

私有化倒退，国有企业（*SOEs*）复兴。20 世纪 90 年代早期，许多经济学家预言国有企业将成为 20 世纪的遗物。但他们错了。国有企业非但没有灭绝，反而蒸蒸日上，在许多情况下试图扩张其经营范围，尤其是向农矿产品和能源领域伸手。国有企业，特别是国有石油公司，很可能吸引这些国家已经累积的过量资本前去投资。与主权财富基金相似，国有企业可以充当减压阀，以减轻通货膨胀或货币升值的压力，还可以成为增强政治控制的工具。一些国有公司已经跨越国界，可能成为发挥地缘政治影响力的工具，尤其是那些经营关键性战略资源（如能源）的公司。

政府在迅速崛起的市场中作用日渐增大，几乎与西方前不久的趋势相反，西方政府一直在竭力与私人金融工程同步发展，例如金融衍生产品和信贷交换。这一资本市场深不见底，错综复杂的根源可以追溯到上世纪 80 年代。从 90 年代直到最近，房产价格一直不断上涨并牛气冲天。金融工程靠杠杆作用发财，其规模之大甚至在十年前都不可想象，反过来为全球金融市场注入空前的风险。这场金融危机最终会加强监管与国际规范，可能扭转金融业过度发展的倾向。尽管如此，西方国家与迅速崛起的经济体，对政府在经济中扮演什么角色的认知差异将继续存在。

四、纠正当前全球经济失衡的颠簸之路

新兴市场国家经济繁荣却拒绝货币升值，而美国也愿意承担巨额债务，这事实上造成一种两厢情愿、相辅相成，然而最终不可持续的一轮又一轮的失衡局面。2008 年华尔街金融危机的最终爆发，标志着历史从此翻开新的一页，我们正在纠正失衡，“恢复平衡”。“恢复平衡”的道路将是颠簸的，全球经济实现重组，就得协调各国的经济政策，而政治与金融多极化走向则增加了这样做的困难，使这条道路更加颠簸与曲折。

以下的一种事态或几种事态彼此纠缠在一起可能导致一些调整：美国消费减缓以及随后的储蓄率上升，亚洲新兴市场，尤其是中国和印度的需求增长。这样一来，东西方储蓄与消费失衡到 2025 年就会渐趋稳定甚至出现反弹，不过这将部分取决于这些新兴大国能够具体从这次金融危机中汲取什么教训。有的国家或许会振振有词，把这次危机当作增加储蓄的理由，以便今后缓解危机。有的国家也可能认识到经济严重衰退谁也不能幸免，从而不再会把积累大量外汇储备作为其首要任务。

金融动荡势必要求调整经济与政治政策，其范围经常会超越金融扩展到其他领域。历史经验表明，“恢复平衡”要求长期不懈的努力，以建立新的国际体系，其中需要克服的各种困难包括：

贸易和投资保护主义抬头。新兴国家的企业——许多是国有企业——在境外采取的大肆并购行为会引起政治麻烦，当地民众甚至会强烈反对外国贸易和投资。美国国内认为从全球化中吃亏

的想法，也可能为保护主义势力推波助澜。

加速争夺资源。新兴大国获取资源的手段将越来越多，以确保可持续发展。俄罗斯、中国和印度已经通过国有能源公司，将国家安全与政府控制能源市场联系起来。海湾国家则对租赁土地和在其他地方购置土地很感兴趣，以便获得充足的食物供应。

民主化减速。中国在走上与西方不同的经济发展道路后，又提供了另一种政治发展模式。这种模式对那些政绩不佳的专制政权，以及多年来苦于经济发展滞后的虚弱民主国家，非常具有吸引力。

对国际金融机构的负面影响。与国际货币基金组织和世界银行加起来相比，主权财富基金为新兴市场注入更多的资本，这一趋势即使在全球失衡有所缓解的情况下，仍可能继续。中国着手将主权财富基金投资与直接援助和外援相挂钩，并在许多发展项目投标上击败世界银行。新近富裕起来的国家如中国、俄罗斯和海湾国家的对外投资，将导致外交关系重新组合，它们与发展中国家也会建立新的关系。

美元国际地位的下降。虽然近期流入美元资产的资金增加、美元升值，然而到 2025 年，美元仍可能丧失其举世无双的全球储备货币地位，成为市场中一篮子地位平等的货币中的老大。这也许会迫使美国更加仔细考虑，它的外交行为将怎样影响到美元的地位。如果外部世界对美元的稳定需求消失，美国外交行动稍有不慎就可能导致货币震荡以及更高的利率。

显然人们已经越来越多地在使用欧元，这使得美国未来更难利用美元的独特地位在国际贸易和投资中冻结或者切断其对手的资金流，例如最近对朝鲜和伊朗领导人实施的金融制裁。然而，由于国际金融体系中的不确定性，其他国家并不见得会急于抛弃美元。

2008 年金融危机会危及全球化吗？

正如本报告讨论的大多数趋势，金融危机影响大小主要取决于政府领导能力如何。尽管经济减速会导致全球化放缓，助长贸易保护主义和金融崩溃，但实施积极的财政金融政策，就很可能确保当前的恐慌和国家的严重衰退并不会造成“大萧条”的局面。

这场危机正在加速全球经济重新寻求平衡。发展中国家已遭受损害，如巴基斯坦等一些背负庞大经常项目赤字的国家正面临相当大的风险，连韩国和俄罗斯那样有不少外汇储备的国家也遭受了严重冲击。失业率和通胀陡增，可能触发大规模政治动荡，扰乱新兴国家经济发展。中国、俄罗斯和中东石油输出国如能避免内部危机，会利用仍然可观的外汇储备，通过购买外国资产和为面临困境的国家提供直接金融援助，施加政治恩惠或催生新的地区倡议。在西方，最大的变化是国家加大干预力度，其规模之大在危机前难以预见。西方国家政府目前拥有金融产业的大量份额，并且加强监管，这样一来市场具有潜在的政治色彩。

金融危机引发建立新的“布雷顿森林体系”的呼声日渐高涨，以便更好调控全球经济。但世界各国领导人面临的挑战是如何改革国际货币基金组织，设计一个全球性透明和有效的规则体系，适用于不同资本主义和金融机构发展水平。如果一个新的被所有人接受的体系建不起来，各国便会通过竞争性货币政策和新的投资壁垒，寻求自身安全，从而加剧潜在的市场分割。

五、金融中心增多

由于美国和欧盟在西方、俄罗斯和海湾合作委员会（GCC）国家在中亚与中东、中国及今后的印度在东方出面支撑，国际金融格局在史上首次真正展现出全球化和多极化的特征。此次金融危机凸显出人们开始对杠杆作用低的金融市场产生兴趣，伊斯兰金融市场也可能得到推动。尽管全球化和多极化的金融秩序显示出美国实力相对下降，但市场竞争加剧，复杂性也在加深，这些负面趋势也可能带来积极因素。假以时日，随着这些多元金融中心的发展，它们可能会创造过剩，从而促使市场与金融冲击和货币危机相隔绝，在全球性危机蔓延之前消除其影响。同样，随着地区国家对本地金融中心投资增多，维护地缘政治稳定、保护资金流动的动力也将增大。然而，历史表明，这种重新面向地区性金融中心的趋势，很快就会影响到其他领域。很少有“最后贷款人”愿意将影响力严格限制在金融领域之内。随着美国和欧盟间的经济和货币政策的工作重点愈发不同，西方就更难共同领导和发展全球经济，美欧间的关系紧张可能导致西方的分裂。

科技领先能力：对新兴国家的检验

长期以来，人们认识到科技成就和经济增长之间存在关联，但并不总能预言如何关联。更为重要的是一国国家革新体系（NIS）的整体效率，即知识概念通过商业化生产转变为一国经济利益的过程。一项与美国国家革新委员会签约的对科学家的全球调查显示，目前美国比中国和印度等发展中国家具有更强大的创新体系。

国家革新体系的概念最初是上世纪 80 年代提出的，旨在理解在知识概念转化为促进经济的商品方面，一些国家如何比另一些国家做得更好。随着信息技术和全球化加速（和跨国公司）对一国的经济影响加大，国家革新体系模式本身也在演变。

根据国家革新委员会的委托研究，有 9 项因素对现代国家革新体系起作用，即资本流动性、劳动力市场灵活性、政府对商业的接受度、信息通讯技术、私人产业发展的基础设施、保护知识产权的法律制度、合格的科学和人力资本、营销技能和鼓励创造的文化环境。

10年后中国和印度可望在两个不同领域基本达到美国水平：印度在科学和人力资本方面、中国在政府接纳商业革新方面。在所有其他领域，中、印与美国的差距会明显缩小，但仍然较大。美国有望在知识产权保护、革新技术商业化和鼓励创造性3个领域，保持绝对优势。

中国、印度和其他主要发展中国家的公司具有率先开发众多新兴技术的独特机会。这些公司在建设新的基础设施，摆脱历史发展模式束缚时尤其如此。这样的机会包括电力配备、洁净水源开发、下一代因特网和新信息技术（如普适计算和物联网）。及早和大量采用这些先进技术，会形成可观的经济优势。

六、不同发展模式，但能维持多久？

以国家为中心的发展模式中，由政府做出关键性的经济决策，而民主受到限制，就像在中国和俄罗斯那样。这就使人怀疑传统西方发展模式，大致是自由经济加上民主那一套，是否非走不可。今后15到20年，更多发展中国家将会向往北京的国家中心模式，以提升经济快速发展和政治稳定的机遇，而不是跟着传统西方的市场和民主政治制度走。虽然我们相信其中仍会有差距，然而，政府在西方经济体中被强化的作用，或许将减少这两种发展模式之间的差异。

在中东，随着伊斯兰教政党日益兴起，甚至开始掌权，西方模式重要组成部分的政教分离，或许会越来越不合时宜。在今天的土耳其，伊斯兰化与经济增长和现代化受到同等的重视。

“中国在走上与西方不同的经济发展道路后，又提供了另一种政治发展模式。”

缺乏主宰一切的意识形态，总是东拼西凑，就像巴西和印度那样的市场民主国家，意味着以国家为中心的模式尚未成形，在我们看来，也许永远不会成形。中国今后是否会实现政治经济自由化，这种与西方截然不同的模式能否长期存在，未来 20 年将会经历一次严峻的考验。尽管民主化可能是缓慢的，而且还会具有中国特色，但我们相信崛起的中产阶级将要求获得更大的政治影响力，要求向掌权者问责，如果中央政府不能维持经济增长，或者对日趋严重的“生活质量”问题（如环境污染或卫生与教育服务严重滞后）拿不出对策，中产阶级就会闹得更凶。政府大力推动科技发展，创建高科技经济，也将增加在国内培养人力、从国外吸收专业技能与观念的动力。

历史上其他能源生产者的发展模式清楚表明，对俄罗斯当局而言，回避要求自由化的压力会是比较容易的。传统上，能源生产者也能使用石油收入来买通政治对手；很少有国家在能源收入仍然很丰厚的时候会转向民主。

一旦石油和天然气价格持续下降，俄罗斯实现更多的政治与经济自由化的前景才能够出现。

妇女推动地缘政治变革

未来 20 年，妇女享受政治经济权力可以改变全球形势。这一趋势在经济学上已得到印证：近年全球经济生产力猛增既得益于技术创新，同样得益于丰富的人力资源——部分原因是妇女的健康、教育和就业机会得到改善。

(1) 东南亚国家出口加工产业中女性占优势，她们在推动地区经济成就上发挥了关键的推动作用；哪怕缺乏可靠的土地、信贷、设备和市场，女性农民仍挑起了为世界半数人口供应食物的担子。

(2) 未来20年，由于职业妇女人数稳步上升，各国才能够继续减轻全球人口老龄化带来的影响。

在亚洲和拉丁美洲，妇女受教育水平通常高于男性，在人才密集型的全球经济背景下，这一点尤其重要。

(3) 人口统计学数据显示，女性文化水平较高与地区内经济的高速增长相互关联（例如，美国、欧洲和东亚）。与此相反，世界上哪里女性教育水平低（东南亚和西亚、阿拉伯世界、撒哈拉以南非洲），哪里就最贫穷。

(4) 女性受教育机会不断提高，推动着世界范围内出生率不断下降——从而改善母亲的健康条件。从长远看，这一趋势可能带来孤儿数量下降，营养不良现象减少，更多孩童可以上学等等，全都有助于社会稳定。

与经济领域相比，女性参政的数据相对较少，致使相关分析结论性差。尽管如此，女性参政显示出改变政府政策的轻重缓急。瑞典和卢旺达这两个根本不同的典型表明，那些妇女参政机会较多的国家，更加重视医保、环保和经济发展等社会问题。如果这一趋势持续15—20年，就可能出现如下现象：越来越多的国家支持搞社会项目重于扩展军备。妇女大量出任国会议员或政府高级官员跟腐败现象降低相互关联，这就表明妇女参政可以改善政府的治理情况。

与其他地区相比，穆斯林世界的女性角色对地缘政治的变革更具潜在重要性。欧洲的穆斯林妇女比其男性亲属更容易融入当地社会，部分由于她们受教育多，易于在信息和服务行业找到工作。欧洲穆斯林人口生育率急剧下降，表明妇女愿意走出家门就业，不再只是墨守陈规。短期来看，传统穆斯林家庭结构衰败导致部分当代穆斯林男青年易于受到外来激进伊斯兰言论的煽动，尽管如此，在培养后代方面，妇女有助于推动穆斯林融入当地社会，降低走向宗教极端主义的可能性。欧洲穆斯林女性就业人口不断增长，还影响到欧洲以外的其他地区。地中海沿岸现代化伊斯兰国家与欧洲保持着密切联系，向欧洲输送了大批移民。移民归国探亲和定居，带回了新的思想和期望。借助卫星天线和互联网，通过大众化媒体，这些伊斯兰国家也受到外国的影响。

高等教育水平塑造 2025 年全球图景

全球贸易不断发展，超越国界，劳动力市场间实现了全球性连接，教育便成为左右一个国家经济发展成就和潜力的决定性因素。适当的初等教育是必不可少的，但更加重要的是要看中等和高等教育的水平和普及程度如何。这将决定社会能否登上高附加值产品的阶梯。

随着大量发展中国家，尤其中国开始收获近年投资人力资源的红利，包括教育、营养和卫生保健，美国在高级劳工方面的领先优势可能会缩小。印度贫困地区普遍缺少初等教育，高水平教育机构的大门又只向少数既得利益者敞开，这就吃了苦头。尽管鲜有欧洲大学跻身世界一流大学行列，但大多数欧洲国家的教育经费已经增长到国民生产总值的 5%左右。阿拉伯国家教育开支，在绝对数字上与其他国家大体持平，从教育开支所占国内生产总值的比例来看，还超过了全球平均水平，仅仅略微落后于“经合组织”（OECD）的高收入国家。联合国的数据和其他机构的研究发现，无论如何，中东年轻人的培训和教育，尤其是科技方面，并非受到雇主需求的驱动，近年来这一趋势已经有所改变。

美国独此一家，能够调整其高等教育和研究机构，以满足不断增长的全球需求，维护其世界教育轴心的地位，着眼于人数不断增长的学生，他们将在 2025 年前后踏进教育市场。对美国本土学生来说，向外国学者、学生开放教室和实验室，意味着更多的竞争，尽管如此，美国经济仍然会获得好处，因为公司倾向于在便于招聘人才的地方做生意。在中东、中亚设立大学，继续推广美国的教育模式，可以提升美国大学的吸引力和全球声望。

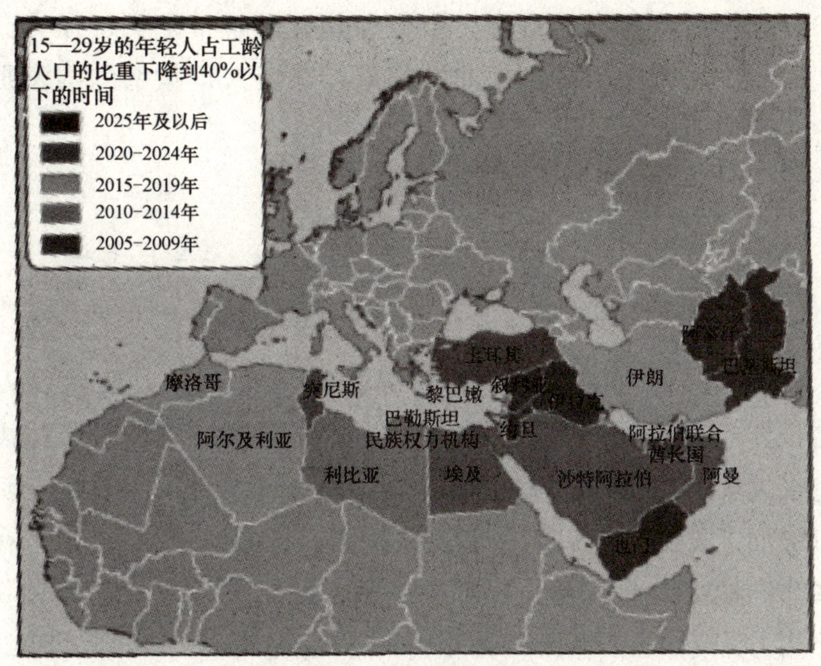

中东地区的年轻人口将会减少

第二章　人口统计学数字难奏和谐音

无论从绝对或相对意义来看，出生、死亡和移民趋势将改变新兴与发达国家内部及其相互之间的老幼、城乡、民族构成的规模与人数。人口统计学方面的重新组合，为一些国家提供了社会、经济发展机遇，而对另一些国家内部的既定秩序则将构成严重挑战。2025 年，50 多个国家人口增长将超过 1/3（一些多于

2/3)，这将对重要自然资源、服务和基础设施带来额外压力。上述国家 2/3 属于撒哈拉以南非洲国家；其余人口猛增的国家则多在中东和南亚。

一、人口增、降、外迁，一片忙

2009—2025 年，预计全球约新增人口 12 亿，人口总数从 68 亿增长到 80 亿。虽然全球人口增长数量不小，随之对资源需求产生很大影响，但与过去相比，人口增长率放缓，1980 年至今，人口增加了 24 亿。人口统计学家预测，人口增长主要分布在亚洲和非洲地区，而欧洲、日本、美国、加拿大、澳大利亚和新西兰等西方国家人口增长只占全球增长总量的 3％以下。到 2025 年，约有 16％的人口居住在西方国家，1980 年、2009 年，这一数字分别是 24％和 18％。

(1) 印度人口增长最快，占全球人口增长总数的 1/5。预计到 2025 年，印度将新增 2.4 亿人，总数高达 14.5 亿。2009 年至 2025 年，亚洲的另一个巨人中国，目前有 13 亿人口，预计会新增 1 亿多人。

(2) 撒哈拉以南非洲总计同期新增 3.5 亿人，而拉丁美洲和加勒比海地区则大约会新增 1 亿人。

(3) 俄罗斯、乌克兰、意大利，几乎所有东欧国家以及日本预计到 2025 年人口会下降几个百分点。下降幅度超过目前俄罗斯、乌克兰和少数东欧国家人数的 10％。

(4) 美国、加拿大、澳大利亚和少数其他工业国家由于移民率相对较高，人口将继续增长，美国大约增长 4000 万，加拿大 450 万，澳大利亚则超过 300 万。

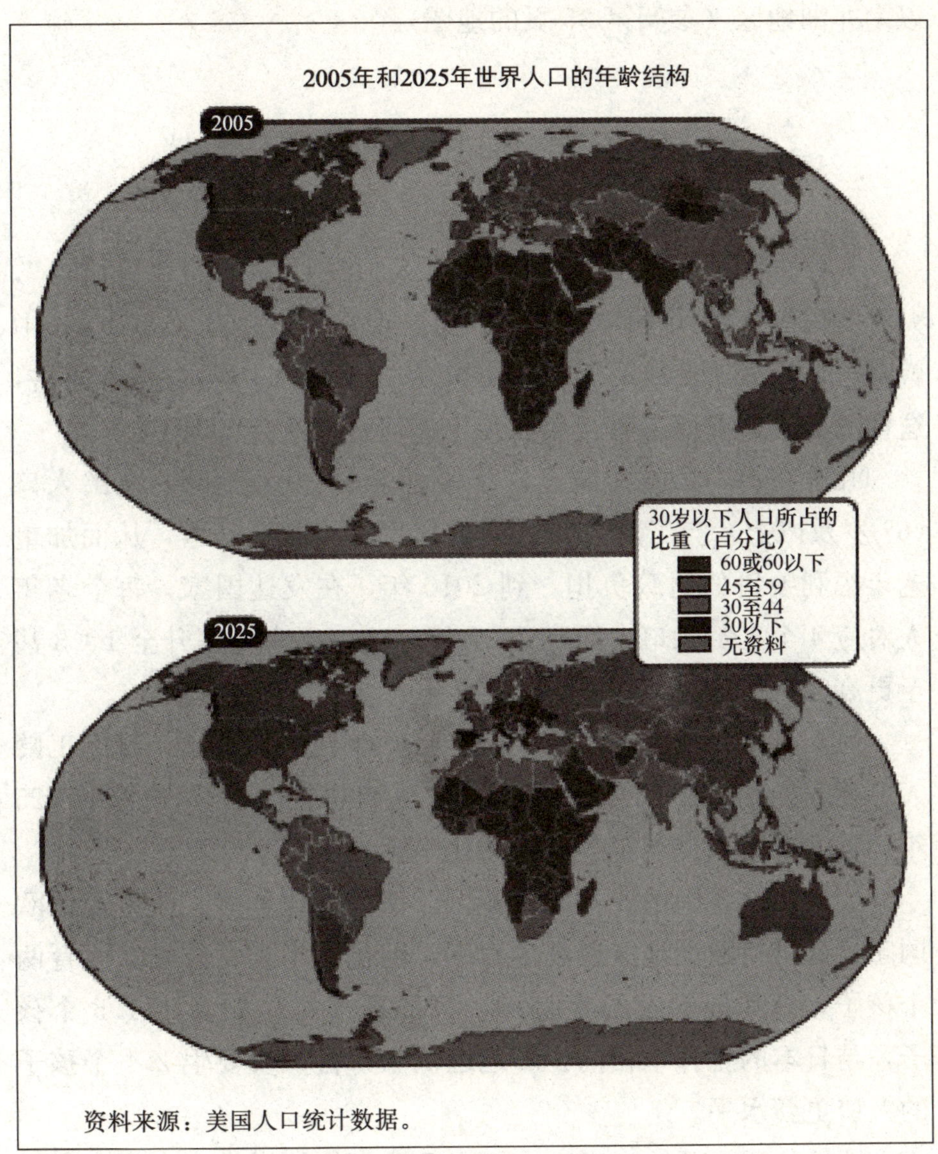

2005年和2025年世界人口的年龄结构

资料来源：美国人口统计数据。

到 2025 年，已然呈现的国家人口年龄结构断层化特征会更加明显，最年轻与最年老人口间的断层将继续扩大。“最老的”国家（指 30 岁以下人口占全国人口总数不足 1/3）将在世界地图的北部边缘地区形成一条带子。相反，“最年轻的”国家（指 30 岁以下年轻人占国家总人口 60％或更多）则将主要集中在撒哈拉以南非洲地区（参阅第 35 页的地图）。

二、老龄潮：老龄人口的挑战

人口老龄化将发达国家带到了人口统计学上的“警戒点”，只有美国等少数几个国家得以幸免。现在，发达国家每 10 人中就有近 7 人处于传统的工作年龄（从 15 岁到 64 岁）。据专家讲，这样的高峰值前所未有，今后无论如何再也不会出现了。

几乎在每一个发达国家，2010 年至 2020 年期间，老龄人口（65 岁及以上）与工龄人口之间的比率，将高速猛增，从而加重老年福利项目的财政负担。到 2010 年，在发达国家，每个老年人对应 4 个工龄人口，而到 2025 年，这一比率将攀升至 1∶3 甚至更高。

（1）日本处境艰难。自 20 世纪 90 年代中期开始，日本工龄人口就开始缩减；自 2005 年起，总人口也在收缩。预计到 2025 年，日本老龄人口与工龄人口的比率会是 1∶2。

（2）西欧各国情况不同。英国、法国、比利时、荷兰及北欧国家可能维持欧洲地区最高生育率，但仍达不到每位妇女生育两个孩子；而其他国家的生育率，可能低于每位妇女生 1.5 个孩子，与日本的生育率相同，却远远低于每位妇女要生 2.1 个孩子的人口更新水平。

即使从现在开始生育率大幅提升及可持续增长，也难以遏止欧、日的老龄化趋势。假设西欧生育率迅速达到人口更新水平，老龄人口与工龄人口间的比例仍将稳步增长至 2030 年代末期；而在日本，则将迟至 2040 年代末。

在西欧，为了保持工龄人口不缩减，年度净移民额将翻番，甚至以 3 倍速度增长。到 2025 年，非欧洲籍少数族裔人口将达到关键比例——在几乎所有西欧国家里达到15%或更高，并且人口结构将比欧洲本土人口年轻得多（见附图）。考虑到欧洲本土人民越来越对移民过多感到不满，移民如此激增看来会加剧紧张局势。

社会老龄化将导致经济后果。即使提高生产率，劳动力减少导致的就业增长放缓，将使欧洲本已疲软的国内生产总值（GDP）增长率再降低一个百分点。到2030年代，一些模型显示，日本的GDP预计将接近零增长水平。为了维持养老金及健康保障覆盖面的花费，将被迫减少防务等优先项目的开支。

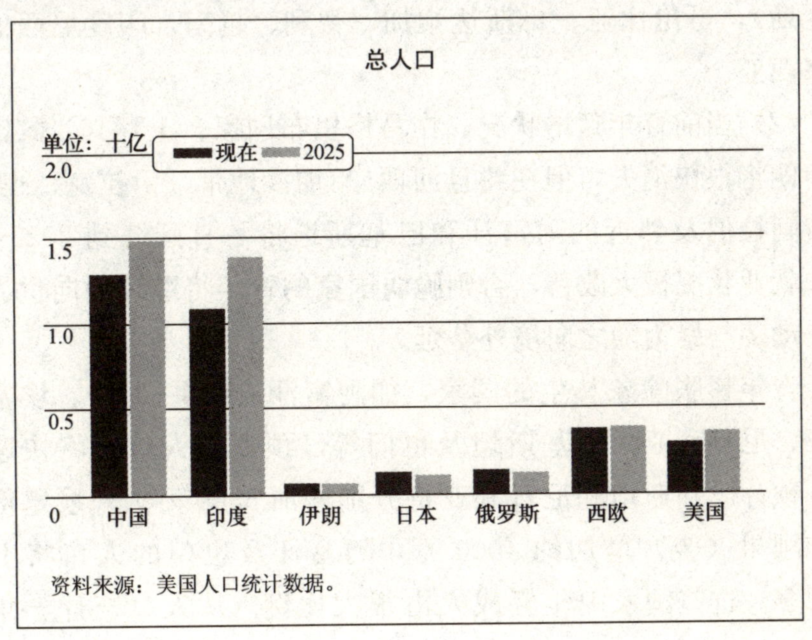

资料来源：美国人口统计数据。

三、青年人数持续膨胀

具有年轻人口结构及人口快速增长的国家形成了一个新月形，从拉丁美洲安第斯地区穿过撒哈拉以南非洲、直至中东及高加索，然后再穿越南亚北部。到2025年，由于生育率降低、成年人口减少，这一“不稳定弧”国家的数量将减少 35%—40%。预计在 2025 年之后，在 36 个仍保持“青年膨胀”的国家中，3/4 位于撒哈拉以南非洲，其他的则位于中东、散落于亚洲及太平洋岛屿。

（1）到 2025 年，在青年膨胀发展为“劳动力膨胀”的地方，可能会出现新的“经济小虎”。专家认为，如果国家拥有受教育程度高的劳动力，并提供实业友好型投资环境，这种人口结构优势将会最大程度地显现。潜在的受益国家有土耳其、黎巴嫩、伊朗、北非的马格里布（Maghreb）国家（摩洛哥、阿尔及利亚和突尼斯）、哥伦比亚、哥斯达黎加、智利、越南、印度尼西亚及马来西亚。

（2）当前青年猛增状况，在马格里布国家、土耳其、黎巴嫩及伊朗将很快消失，但在约旦河西岸/加沙地带、伊拉克、也门、沙特阿拉伯及邻近的阿富汗和巴基斯坦将一直延续到 2025 年。除非就业状况极大改善，否则脆弱国家的青年将继续涌向世界各地，动荡与暴力随之向境外蔓延。

青年膨胀险象丛生的国家，如阿富汗、刚果（金）、埃塞俄比亚、尼日利亚、巴基斯坦及也门等，预计其人口仍将快速增长。预计巴基斯坦和尼日利亚将分别增加 5500 万人，埃塞俄比亚和刚果（金）增加约 4000 万，阿富汗及也门的人口将上升 50%多。这些国家中年轻成人占很大比例。从人口统计学角度看，这样的年龄结构，意味着政治暴力与内乱也就不远了。

艾滋病病毒/艾滋病的影响

有效的艾滋病疫苗或自我给药式抗菌剂，即使在 2025 年以前得以开发和试验，到 2025 年，也不大可能得以广泛应用。虽然防疫措施及地区行为方式的改变将降低全球的艾滋病感染率，但专家预计 2025 年时，艾滋病病毒/艾滋病仍将是以撒哈拉以南非洲为感染中心的全球性流行病。与今天不同的是，大多数艾滋病病毒携带者将终身接受抗逆转录病毒治疗。

（1）如果延续当前的防疫及有效性水平，到2025年时，艾滋病病毒感染者将由今天的3300万（其中2200万分布在撒哈拉以南非洲）攀升至5000万，其中2500万至3000万人将需要接受抗逆转录病毒治疗以维持生命。

（2）假设到2015年时，能实现全方位的防疫，那么，到2025年时，艾滋病病毒感染者人数将达峰顶，随后降到全球近2500万人，需接受抗逆转录病毒治疗者为1500万至2000万。

四、大搬家：移民、城市化及种族迁移

迁移情况： 2025年，人们从乡村涌向城镇、从穷国涌向富国，这种有去无回的移民潮还会汹涌澎湃地继续。相邻区域间，经济及人身安全上的悬殊差距，会为加速这种大迁移火上浇油。

（1）欧洲将继续吸引周边欠发达、发展较快的非洲及亚洲地区的年轻移民。不过，其他新兴工业化中心，如中国、印度南部，可能还有土耳其和伊朗，随着本身工龄人口增长缓慢、工资提高，可能也会吸引上述区域的一些劳动力移民。

（2）20世纪80年代及90年代生育率急剧下降，导致墨西哥人口老龄化。而墨西哥工业基地却不断发展壮大，巴西和南美南部圆锥体区域内诸国也群起竞争，本地就业率上升，前往美国的劳动力移民则会下降。

城市化： 如果当前趋势得以延续，到2025年，大约57％的世界人口将在城镇地区生活，高出当前的50％。到2025年，世界上人口过百万的大城市（megacities），将在当前19个的基础上再增加8个，其中7个在亚洲和撒哈拉以南非洲。不过，城镇

扩张大多数还是出现在这些地区的较小城市，沿着高速公路、道路交汇处和海岸线扩展，通常缺乏正规形式的就业机会及适当的服务。

身份认同的人口统计学：在民族宗教群体出生率有所下降的地区，尚存的少数民族青年人口膨胀，以及各族群人口比例的变化，可能引发重大政治变革。由移民导致的民族宗教构成的变动，则可能激起政治变革，特别是移民在低生育率的发达国家定居后。

（1）以色列种族社区之间人口增长情况各异，可能使以色列议会发生政治变化。占人口总数 1/5 的以色列阿拉伯人，到 2025 年，将增至以色列总人口的 1/4，接近 900 万人。同期，以色列极端正统犹太社区人口可能增加近一倍，占总人口 10%以上。

（2）约旦河西岸约 260 万人及加沙 150 万人，到 2025 年将大幅提升，西岸将提升近 40%，加沙提升几近 60%，人口总和将接近或超过 600 万，且还会继续增长，人口结构年轻化。撇开他们的政治地位不谈，这样的人口结构，给希望提供充足就业及公共服务、供应充足的水及新鲜食物、获得政治稳定的执政机构带来了进一步挑战。

从现在到 2025 年，其他一些民族的人口变化将产生区域影响。例如，在几个安第斯及中美洲民主国家中本土美洲人口比例的不断上升，可能继续推动这些国家的政府走向平民主义。在黎巴嫩，什叶派比其他族群的收入低、家庭规模大，目前生育率下降，将使其人口结构处于成熟期年龄，进一步促进什叶派融入黎巴嫩政治经济生活主流，从而缓解当地种族紧张局势。

西欧已成为每年上百万移民的目的地，还有 3500 万外国出生的人来此定居，多数来自北非、中东及南亚穆斯林国家（参见本章附加内容）。有关移民入境并融入当地社会的政治主张，与穆斯林内保守派在教育、妇女权利及政教关系的主张相对立。这一趋势可能增强欧洲中右派政治组织的力量，而分裂中左派政治联盟这一推动欧洲福利国家的组织。

到2025年，国际移民带来的人才外流、技术转让，给大多数稳定的亚洲及拉美国家带来的好处才开始显现。专业人才的外流可能继续使非洲及中东部分贫穷及不稳定国家吃亏，但许多受过良好教育、富裕的亚洲和拉美人，从欧美回归，将有助于提升中国、巴西、印度及墨西哥的竞争力。

西欧的穆斯林

当前西欧穆斯林人口总数在1500万至1800万。其中法国（500万人）及荷兰（近100万人）比例最高，占6%—8%；德国（350万）、丹麦（30万）、奥地利（50万）和瑞士（35万）比例次之，占4%—6%。在英国和意大利，虽然占总人口的比例较小，分别是3%和1.7%，但数量相对较多，分别为180万和100万。如果当前移民模式不变，穆斯林居民生育率仍旧高于平均水平，到2025年，西欧穆斯林将达2500万至3000万。

穆斯林人口增加的国家，民族结构会快速变化，城镇地区尤其如此，这将增大加速同化和融合穆斯林的难度。城镇地区经济机会可能更多，但由于缺少适当工种，虽说人口密度上升，局势可能更紧张、更不稳定，例如2005年在巴黎郊区就爆发了骚乱。

欧洲需要刹住工龄人口减少的趋势，但是，如果总体人口增长率依旧缓慢、劳动力市场和劳动政策控制依旧过分严厉，增加工作机会将更加困难。工作受歧视，教育程度低，许多穆斯林只能从事社会地位低下、工资水平低的工作，这将加深民族分裂。尽管融入欧洲社会的穆斯林数量相当可观，但在穆斯林文化及宗教活动区，仍遭受疏远冷漠、感到满腹委屈、愤愤不平的穆斯林，可能更加讨厌主流，珍视在穆斯林间抱团，自成一体。

虽然到2025年，移民群体不大可能在议会占据足够议席，从而主导国内外政策议程，但与穆斯林相关的议题将越来越成为关注焦点，进而影响欧洲的政治气氛。由穆斯林融入当地社会所造成的社会与政治紧张局势，可能使欧洲决策者制定中东政策时，对国内潜在反应会越发敏感，担心因采纳带有亲以色列色彩的政策而挨骂，被指责为跟从美国过紧。

五、统计学描绘：俄罗斯、中国、印度及伊朗

俄罗斯：成长中的多民族国家？俄罗斯当前人口约1.41亿，人口结构处于老龄化及数量下降期，预计到2025年将下降到1.3亿人以下。而阻止这一趋势的机会渺茫，因为处于20多岁（即初次生育年龄）的妇女人数将迅速减少，到2025年，人数会降到当前的55%。

俄罗斯中年男性高死亡率问题也不可能有很大改善，而少数族裔穆斯林，保持着高生育率，其占俄罗斯总人口的比例会加大，从土耳其和中国来的移民情况也如此。据一些更保守的预测，穆斯林占俄罗斯人口的比例，将从2005年的14%上升到2030年的19%，2050年将达到23%。在人口总量下降的情况下，非正统斯拉夫人口比例的上升，可能引发种族主义者的强烈反应。俄罗斯生育率低、死亡率高的问题，可能延续到2025年以后。与欧洲及日本不同，俄罗斯还不得不养活很大部分的不能自食其力者。

中国会成为老人国？到2025年，人口统计学家预计中国人口将达14亿，比当前增加1亿人。工龄人口相对比例较大，老、幼及非自食其力者比例较小的优势将在2015年左右开始逐步消

失，工龄人口将开始下降。人口老龄化，一开始以更大比例的人员退休而工人相对减少的形式显现，因几十年来限制出生率、较早退休而加剧。通过大幅度减缓人口增长，来抑制对水、能源、食物的需求上升，这加速了人口老龄化。到 2025 年，大批中国人将退休或进入退休阶段。随着时光流逝，中国可能会改变严厉的生育政策，提高出生率，以平衡新生婴儿的男女比例。然而 2025 年，婚龄成年人仍将面临男性比例过高的失衡状况，从而出现大批光棍。

印度分南北，情况大不同：当前印度每位妇女养育 2.8 个孩子的生育率，掩盖了印度南北部生育率的巨大差别。印度南部及孟买、德里、加尔各答等商业中心，生育率低；而在北方“印地语带”人口众多，生育率要高得多，妇女地位低，公共服务滞后。正是由于人口稠密的印度北部人口猛增，预计到 2025 年左右，当中国人口达到顶峰，开始缓慢下降时，印度人口将超过中国。

印度人口统计学上这一二元性，将增大南北方的差距。到 2025 年，印度劳动力大部分将来自教育程度最低、人口最稠密、最贫穷的印度北部农村。虽然北方创业者家庭已在南部城市生活了几十年，但缺少技能、讲印地语的劳动力大批到来找工作，将再次点燃中央政府与南部族裔民族主义党派之间沉寂的仇恨情绪。

伊朗与众不同：伊朗的生育率从 1985 年每位妇女超过 6 个孩子下降到当今的 2 个孩子，生育率之陡降在历史也不多见。到 2025 年，伊朗人口必将发生剧变。在今后十年，由于人口更成熟，劳动力增长率每年接近 1%，跟美国和中国的不相上下，这会大大化解伊朗政治骚动、渴求工作的青年人数激增的情况。在这一时期，工龄人口的增长高于儿童的增多，从而创造了机会，可增加储蓄，提供优质教育，最终向更高技术的工业转化，提高生活质量。伊朗能否将这种人口优势转化为资本收益，取决于该国政治领导人。这些领导人反感市场及私人商业，让投资商顾虑重重，一心只关注石油收益，而不是扩大工作机会。

另外，两个人口统计学上近乎确定的情况很明显：第一，尽管生育率低，伊朗的 6600 万人口在 2025 年仍会增至大约 7700 万。第二，作为当前生育率的反映，届时将出现又一轮青年人口膨胀，与目前不同的是，15—24 岁人口占工龄人口的比例将是 1/6，而不是今天的 1/3。一些专家认为，青年人激增令人回想起上世纪 70 年代末的伊斯兰革命。另外一些人则不以为然，认为在 2025 年，在一个教育程度更高、更加发达的伊朗社会中，年轻人将发现，比起极端主义政治，工作与消费具有更大吸引力。关于伊朗未来，从人口统计学上讲，只有一点可以确定：社会将比以往成熟，在该地区将独树一帜，鹤立鸡群。

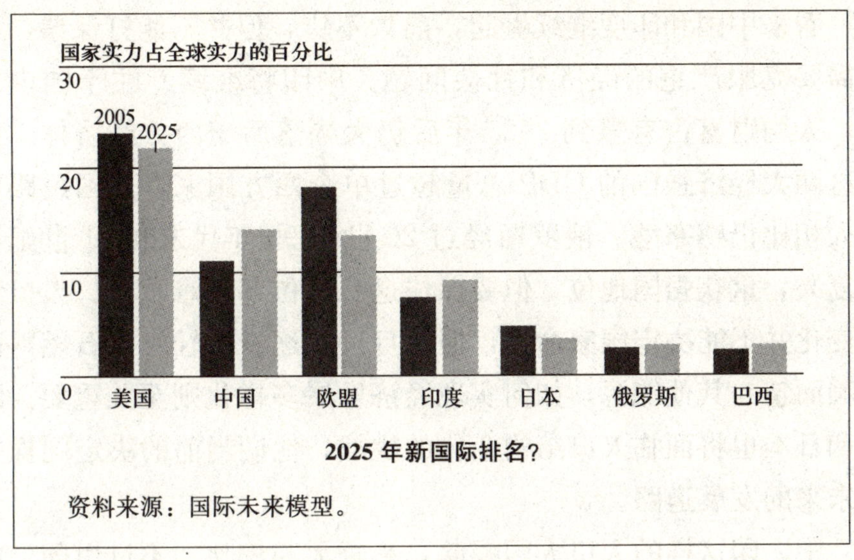

2025 年新国际排名?

资料来源：国际未来模型。

第三章　新玩家

到 2025 年，美国虽然仍在国际上独占鳌头，但也只是多强之一。如果用一个国际未来模型将各国国内生产总值、国防开支、人口和科技等指标计算在内，到 2025 年，各大国政治和经济影响将发生相对变化。（见图）[①] 新兴的多极体系历来没有两极体系甚至单极体系稳定。群雄并起、各行其是，预示着国际体系会更加松散，效率更低。大部分新兴国家联合一些欧洲国家，要求更多发言权，反对单个国家担当霸主。欧洲和日本地位迅速下降，也表明国际体系将更涣散和动荡。

---

① 国家实力的统计，是利用一个国际未来模型，将各国的 GDP、国防开支、人口和科技等指标都计算在内，最后通过百分比的形式表现出来。

看来中国和印度继续崛起，前景不错，但并不能打保票，两国需要克服严重的经济和社会问题。中印将继续专注于国内发展，人均财富占有量到 2025 年后仍大幅落后于西方经济体。即使这两大经济强国的 GDP 总量超过单个西方国家，其国民跟西方人相比仍感寒酸。俄罗斯经过 20 世纪 90 年代末和 21 世纪初的复兴，重获强国地位，但要保住这一地位却困难重重。人口结构变化并不能决定国家命运，但一旦世界逐步减轻对化石燃料的依赖而转向其他能源，如何实现经济发展多样化则至关重要。欧洲和日本也将面临人口结构变化的挑战，他们当前的决定同样关乎未来的发展道路。

中、印这样的人口大国崛起，影响无与伦比。不过伊朗、印尼和土耳其这类国家经济发展潜力巨大，也将在世界舞台上发挥日益重要的作用，并为穆斯林世界树立新的发展模式。

“在今后 15—20 年，中国是对世界影响最大的国家。”

一、崛起的重量级拳手：中国与印度

中国：路途坎坷。今后 15—20 年里，中国对世界的影响最大。如按目前态势发展下去，中国到 2025 年将成为世界第二大经济体，军事力量强大，进口自然资源最多，污染物排放也会更多。

如果中国军事强大、经济充满活力，能源需求巨大，成为与美国势均力敌的竞争对手，美国的安全和经济利益就将面临新的挑战。

在中国，收入差距正不断扩大、社保体系严重滞后、商业管理乏善可陈、对国外能源需求巨大、腐败难除、环境恶化，形成了日益严重的社会压力。即使不断进行改革，经济发展的步伐也将放慢，甚至倒退。解决单个问题并不难，但如果这些问题同时激化，中国将遭受一场“特大风暴”式打击。即便中国政府成功化解了这些问题，可能再也无力确保经济高速发展。中国经济增长很大程度上继续要靠内需来拉动，但一些重要领域则仍依赖国外的市场、资源、技术和全球化的产业链网络。因此，其他经济体，尤其是美国和欧洲的经济将影响中国经济形势的好坏。

为应对这些挑战，中国领导人必须在开放与限制之间保持平衡，开放保证经济的持续发展，使公众能容忍共产党垄断政治权力，而限制则为了保护这一垄断地位。面对社会和经济领域纷繁复杂的变化，共产党及其地位也将继续发生变化。实际上，共产党领导人已公开谈论寻求良策，以使民众继续接受党的领导。但迄今为止，这些做法好像并没有涉及放开体制，实现选举自由和新闻自由。除了出现上述“特大风暴”外，还看不到能促使中国在 2025 年实现真正民主的社会压力。尽管如此，中国的政治还是会变得更加多元，政府问责制也将更加成熟。

不过，中国领导人仍可像过去三十年那样，继续通过促进经济大幅发展来处理种种社会紧张局势，而不损害共产党的政治垄断。一旦经济持续衰退，便会引发严重政治后果，届时执政者可能会指责国外干涉内政，以此激起强烈排外的民族主义，转移民众的批评。

- 习惯了生活水平不断提高的人们期望落空时，通常会怨气冲天，历来如此，而中国人恰恰对未来充满高的期望。

- 中国的国际地位部分取决于外国人的评价，称中国为“未来之星”，如果他们对中国不再敬重，中国人就可能做出愤怒的反应。

印度：崛起路上。今后 15—20 年里，印度领导人将致力于世界多极化，使新德里成为多极中的一极，在美国和崛起的中国之间发挥政治和文化上的桥梁作用。得益于经济增长，民主成功，印度在国际上日益自信，跟许多国家建立起伙伴关系。但这种伙伴关系为的是扩大自主权，而不是跟任何或多个国家结盟。

印度将保持较快的经济增长。虽然国内基础设施建设滞后、技术工人缺乏、能源供应紧张，印度中产阶级将迅速壮大，加上印度人口年轻、对农业依赖减小、储蓄和投资率高，这都将推动经济发展。过去 15 年，印度取得令人惊叹的经济成就，贫困人口也在减少，但日益扩大的贫富差距将成为一个更重要的政治问题。

我们认为，印度将继续信守民主，但一届又一届中央政府都是联合政权，政权内部派系林立，四分五裂。未来的选举是多方插手，联盟同床异梦，纲领不清。经济政策的大方向不会逆转，但改革步伐时快时慢，幅度时大时小。

印度独立以来，被地区和族群暴力闹得不得安宁，这一混乱局面还会持续下去，但不至于闹到威胁国家统一的地步。我们认为，新德里有信心控制克什米尔地区的分离运动，但毛派纳萨尔巴里农民运动可能会在一些地区活跃起来，给印度带来更多暴力和动荡。

印度领导人并不把美国当成军事上和经济上的靠山，现在国际形势的变化也使这类施舍失去了意义。但印度将与美国保持良好关系，部分原因是两头下注，防范有朝一日与中国反目。印度决策者相信，美国的资金、技术和善意，对印度崛起为世界大国非常重要。美国仍将是印度主要的出口市场、获得国际金融机构（如世行和外国商业银行）贷款的重要保证和海外汇款的最大来源。印度裔美国人中很多是高科技尖子，在强化美印关系方面作用突出。印度放宽贸易和投资限制后，美国对印出口会迅速增长。印度军队渴望从两国不断扩大的军事关系中受益，但印度领导人看来不太愿意给外界留下两国结盟的印象。

“到 2025 年，俄罗斯有可能变得更加富强与自信，但多种因素将制约其充分发挥经济增长的潜力。”

二、其他重要的玩家

俄罗斯：是兴还是衰？如果俄罗斯重视人才培养，推动经济多样化并融入国际市场，在 2025 年会变得更富强与自信。另一方面，俄罗斯经济的全面增长会受一些因素制约，主要是能源投资不足、基础设施破旧、教育和公共卫生部门退化、银行系统落后、犯罪和腐败猖獗。如果国际社会从化石燃料（石油、天然气）转向替代燃料的日期提前到来，国际能源价格持续下跌，俄罗斯还来不及抓住机会实现经济多样化，那么俄罗斯的经济增长就要受到制约。

到 2025 年，俄罗斯人口下降将使决策者大伤脑筋。例如，目前俄罗斯有义务兵 75 万，到 2017 年，只有 65 万年满 18 岁的年轻人可供维系俄罗斯军队之需。人口下降还可能造成劳动力短缺，特别是俄罗斯如不大力培养人才、重建科技基地并雇佣外国劳工，经济就要遭殃。

如果实现经济多样化，俄罗斯的制度会更加巩固，中产阶级不断壮大，新出现的利益集团也会要求更大发言权，俄罗斯就会建立起一个虽不民主，但却更多元的政治制度。

俄罗斯重振雄风，成为国际舞台上一个重要玩家，将与西方、亚洲和中东国家结成伙伴，采取更积极、影响更大的外交政策，并带头反对美国主导全球的地位。俄罗斯一心想成为能源超级大国，控制高加索和中亚能源管道，这一野心将驱使它在独联体重建势力范围。面对恐怖主义和伊斯兰极端主义的威胁，俄罗斯会与西方密切协调安全政策，但双方在价值观和其他议题上的分歧仍将长期存在。

俄罗斯国内存在经济自由和政治禁锢这两种截然相反的趋势，这使国家未来走向呈现多种可能性。政治动荡、重大的外交危机或其他难以预料的事件都可能打断其发展进程，再加上经济自由和政治禁锢引发的紧张，俄罗斯可能变成一个依赖石油的、民族主义至上的独裁国家，或者成为一个彻头彻尾的专制国家。这种可能性虽然不大，但亦在情理之中。到 2025 年，俄罗斯不太可能成为一个更开放和进步的国家。

欧洲：影响下降。我们认为，到 2025 年，欧洲将按照其领导人和精英设计的蓝图踯躅前行，成为一个团结、完整和有影响的全球性重要角色，有能力独立通过政治、经济和军事手段促进欧洲和西方的利益与价值观。欧盟需要解决欧盟总部和普通选民对民主的不同认知，不再陷入其制度框架的漫长争论。

通过接纳巴尔干国家，或许还有乌克兰和土耳其为新成员，欧盟将继续在其外围推动政治稳定和民主化。加强欧盟内部经济、政治和社会一体化符合自身利益，但由于一直无法说服心存疑虑的民众，无法实行痛苦的改革，果断处理人口萎缩和老龄化这一难题，欧盟更像一个饱受内部纷争困扰的跛足巨人，其经济实力很难转化为国际影响力。

欧洲实行的社会福利制度，是二战以来西欧政治团结的基石，但当前劳动适龄人口下降，这套制度能否坚持下去大成问题。经济自由化步伐还会很慢，直到人口老龄化和经济长期停滞迫使其进行大刀阔斧的改革，但今后十年，甚至更长时期，还不至于走到这步田地。欧洲人口下降，除了削减医保和退休福利外，没有容易的解决办法，但现在大多数国家没有实施，有的根本就没考虑这件事。为避免对社会福利制度进行大幅改革，各国只能继续削减国防开支。如何把移民，尤其是穆斯林移民融入当地社会，困难重重，如果本地民众期望值落空，像过去那样诉诸狭隘的民族主义，只顾眼前利益，融合外来移民的问题就会更严重。

即使欧盟通过改革，成功地推选出了“欧洲总统”和“欧洲外长”，增强了危机管理能力，欧洲的战略视野仍然比美国狭小。由于欧盟成员国对外部威胁看法不同，在国防开支上难以协调，欧盟到2025年也不会成为一支主要的军事力量。欧洲一些大国出于国家利益，会使欧盟的外交和安全政策更难处理，对北约的支持也可能下降。

土耳其能否在2025年前加入欧盟，是对欧洲对外政策的一场检验。土耳其人认为入盟无望，便会放慢政治和人权改革步伐。一旦入盟碰壁，就会在穆斯林世界和欧洲国家的穆斯林族群中激起强烈反响，认为西方和穆斯林难以共处的一方将更加振振有词。跨欧亚犯罪组织染指能源和矿业领域，赚了大钱，羽翼更丰，欧洲的犯罪问题会更加严重，有的东欧或中欧国家的政府可能吃尽苦头。

欧洲着力提高能源效率，发展可再生能源，减少温室气体排放，尽管如此，到2025年仍将严重依赖俄罗斯的能源。由于对俄依赖程度不同，欧盟各国在俄民主程度及其经济意图、欧盟应扮演的角色等问题上立场相左，无法在能源多元化和安全问题上达成一致。由于欧盟步调不一，俄罗斯的手腕很是管用。德国和意大利等国就把俄罗斯视为可信赖的能源伙伴，经常照顾它的利益。不过，如果俄罗斯公司因在天然气领域投资不足而无法履行合同，如果欧亚能源行业的腐败和有组织犯罪活动四处蔓延，影响到西方的商业利益，欧洲便会因严重依赖俄罗斯付出代价。

日本：夹在中美之间。日本将在2025年保持中等偏上的国际地位，但国内外政策将面临重大调整。从国内看，为应对人口减少、工业基地老化和政局多变，日本将对其政治、社会和经济体系进行改革。人口下降可能迫使政府考虑制定新的移民政策，例如向外籍劳工发放长期签证，但日本人很难克服不愿归化外国人的情结。人口老龄化也将促使日本改革医保和住房制度，以照顾更多老年人。

日本劳动力不断减少，在文化上又排斥大规模外来移民，这给社会服务体系和税收造成很大压力，导致了税收偏高和消费品市场竞争激烈。我们预计日本将继续调整其出口结构，更加重视高科技、高附加值产品和信息技术。日本的农业部门将继续萎缩，从业人员占劳动力人口的比重可能下降到 2%，用于进口食品的开支将增加。日本的劳动力，包括还未参加工作和接受培训的一二十岁年轻人都将减少，白领工人也会出现短缺。

由于选举竞争变得更加激烈，日本一党独大的政治体系到 2025 年可能解体，自民党可能分裂成几个小党。日本各政党之间互相角力、时分时合，从而导致政策瘫痪。

从国际上看，日本的政策主要受中国和美国的影响，可能会出现四种可能性：

第一种可能：中国目前的经济增长模式对日本经济日益重要，东京将继续同中国保持良好政治关系，为其产品拓展市场，并希望在 2025 年前与中国签订自由贸易协定。同时，日本会更加关注中国的军事力量和地区影响力，可能进一步密切日美关系、加强反导和反潜战力、发展与韩国等国的关系、推动东亚多边组织，包括促使东亚峰会发挥更大的作用。

第二种可能：中国经济增长放缓，或对周边国家的政策趋于强硬，日本可能通过强化与东亚民主国家的合作及继续增强军力的方式，展示影响力。在这种情况下，日本将要求美国给予强大支持，并通过塑造本地区政治和经济环境来孤立或限制中国。但对地区内其他国家来说，日本的军事力量令人不安，中国控制周边各国的潜力让人忧虑，在两者间做出选择实属不易。日本会发现，为避免落入日本或中国的控制，东亚国家会采取一种权宜的不结盟对策。

第三种可能：如果美国减弱了对日本的安全承诺或给日本留下这样的印象，日本可能在地区问题上向中国靠拢，最终与其达成安全安排，并在事实上让中国在日本周边海域扮演维护稳定的角色。如失去美国的安全保护伞，除非中国侵略日本的意图十分明显，日本不会实施一套核武计划。

第四种可能：如果中美在该地区实现政治和安全合作，美国认可中国在该地区的军事力量，并重新调整军事部署或削减驻军，日本会适应这一趋势，进一步向中国靠拢以便纳入地区安全和政治安排。韩国、中国台湾、东盟等也会跟着美国走，向日本施压，并促使日本跟上趟。

巴西：夯实基础，称雄拉美。巴西在2025年将成为南美首屈一指的大国，在该地区发挥更大领导作用。但在世界舞台上，除了在能源生产和贸易谈判方面作用增强外，其影响力还比较有限。由于巩固了民主成果并实现了经济多样化，巴西将成为拉美地区的一个发展样板。

巴西的选举程序公正公开、政权交接顺畅自然，因而民主化的根基牢固。现任总统卢拉有强烈的社会主义倾向，国内外政策稳健，为继任者树立了良好的榜样。巴西人重视在地区和国际舞台上发挥主要作用，这一观念已超越党派政治，深入人心。

巴西政局稳定，改革步步推进，这为经济平稳发展打下了坚实基础。由于确立了明智的财政政策和货币政策，曾经肆虐这个国家的由危机引起的混乱可能减轻。巴西既不会采取过度放任的自由市场和自由贸易经济模式，也不会转向国家控制过严的经济模式，当前的经济发展道路会持续下去。

巴西最近在所属海域发现了储量丰富的油田，这进一步促进了经济的多样化和快速发展。桑托斯盆地的石油储量可能有上百亿桶，如果开采充分，巴西将在2020年后成为世界主要的石油出口国。乐观的估计，假定巴西法律和规章健全，大量外资便会涌入石油领域，使石油业到2025年占到GDP的15%，即便如此，这也只占其庞大国民经济的一小部分而已。

“桑托斯盆地的石油储量可能有上百亿桶，这会使巴西在2020年后成为一个主要的石油出口国。”

巴西能否确立未来领导地位，要看在控制犯罪和减少贫困等社会领域的进展情况。如法治不改善，犯罪猖獗，腐败成风，便会社会不稳，经济发展也将大打折扣。巴西正迈向现代化，需要建立一套机制，使更多人在经济上走正道，少搞贩毒、走私、卖淫等歪门邪道，这无疑有助于提升巴西作为现代化世界大国的国际地位。

上海合作组织领导人致北约秘书长的一封信
（2015年6月15日）

我们明天将启动战略对话，在会晤之前，我想跟您分享一下我对上合组织的看法及我们取得的成绩。在15到20年前，我还不敢想象上合组织在国际舞台上能和北约平起平坐，甚至略胜一筹。对我们来说，如果不是西方跌跌撞撞，摔了跟头，我们怎会变得如此“伟大”呢？

说句公道话，造成这一局面是因为你们没有完成平定塔利班的任务便撤出阿富汗。我知道你们别无选择。美国和西方经济长期陷入低增长或零增长，国防开支拮据。美国人自感扩张过头，没有美国撑腰，欧洲人也呆不下去。阿富汗局势危及整个地区稳定，我们怎能袖手旁观，何况我们还要继续依赖中亚的能源呢。令人不安的情报显示，伊斯兰激进势力对中亚一些“友好”国家的政府施加越来越大的压力。中、印很不情愿和我的祖国俄罗斯交手过招，他们万般无奈，都不希望对方获得主导地位；说实在的，我们之间互相猜忌，将来恐怕也好不到哪去。

上合组织所谓“维和”行动，让我们风光起来，我们的名字也叫开了。在此之前，叫做“上海互不信任组织”也许更贴切。中国不希望开罪美国，不会跟俄罗斯一道反美。印度入伙是为了盯紧中、俄，中亚国家则在玩大国平衡游戏，伊朗的阿哈迈德·内贾德才不会放过任何带有反美色彩的机会呢。

即便上合组织做了些事，也不会发展成一个“集团”。中国跟美国原本打得火热，但多亏美、欧反华劲头越来越大，让中国名正言顺地投身上合组织。美国在亚洲无孔不入，也给中国帮了大忙，要不左邻右舍对中国崛起还不提心吊胆。有了美国这堵保护墙，他们心里踏实多了。中、印原本都对现状感到满意，不愿跟我们俄罗斯搞在一起，惹恼美国。只要这一现状当时不发生大的变化，上合组织就很难像今天这样成为一个“集团”。

紧接着美、欧国内从左翼到右翼的政党携起手来搞保护主义，中国的投资受到更严格的审查，被拒之门外的越来越多。中印带头采用了大量新技术，如新一代互联网、洁净水、能源储存、生物基因技术、洁净煤和生物燃料等，这只会火上浇油，让西方在经济上灰心丧气，于是贸易保护壁垒高筑。西方经济衰退不见底，某些非西方国家却要为此付出代价，在贸易保护主义前碰壁。美国维护着全球航道安全，视中国军事现代化为威胁，西方有人信口胡诌说新兴强国骑在美国肩上享清福。不用说，西方的敌意言论肯定会激起中国的民族至上潮。

说来好笑，我们俄罗斯人只好站在一旁，不知所措。我们乐意看到西方好友在经济上栽跟头。西方衰退，油价大跌，我们也深受打击。但这跟我们在20世纪90年代的衰退不同，因为此前我们已攒了一大笔储备。

这一桩桩、一件件，到头来逼着中、俄相互拥抱，对我们来说这可是个福音。此前，俄罗斯比美国更担心中国崛起。我们常放风说要把能源全部输往东方，时不时把欧洲吓得够呛，可是我们也吊足了中日双方的胃口而不拍板成交，让两家互斗。我们主要担心的还是中国会侵占俄罗斯远东地区。在我个人看来，其实我们更怕中国强大起来。脑海里昔日中、苏交恶的阴影也时时浮现，想想看在联合国内，一个不愿永远躲在俄罗斯裙子后面的中国意味着什么。中国人总是喋喋不休地谈论不要重蹈苏联覆辙，令我个人感到愤怒满腔，这样讲太伤人。不是中国人讲的不对，承认我们失败了而他们却可能成功，这实在伤透俄罗斯人的自尊心。

这一切都成了过眼云烟，俄中关系要看今朝。把化石燃料清洁技术弄到手实乃天助，不管是西方送的还是我们偷的，这无关宏旨。我们为中国提供了获取可靠能源供应的机会，减轻了他们对海运中东石油的依赖，夯实了两国关系，中国则回报以长期订货合同。我们还学会了如何在中亚合作，不再相互拆台。印度、伊朗等国，看到中俄伙伴关系升温，不甘受到冷落，而向我们靠拢。美、欧保护主义者把中印混为一谈，也帮了一把忙。印度等国除了向上合组织靠拢外，也实在找不出别的路子。

俄中之间的关系有多牢靠呢？别引用我的上述原话，但这并不是一场新冷战。我们确实讨论了国家资本主义与专制主义的大博弈，但并不涉及当年冷战时期共产主义似的意识形态。中亚地区闹民主，中、俄首当其冲，保证这里不出事符合我们的共同利益。我不能说俄国人与中国人比过去更欣赏对方，实际上，我们还担心各自国内的民族主义会损害两家的共同利益。可以这样说：俄罗斯人和中国人没有彼此迷恋。俄罗斯希望作为欧洲国家受到尊重，而不愿当欧亚国家。中国的精英对西方仍心驰神往。但权宜之交发展为“铁哥们”的事也是有过的，您说对不对？

三、大有希望的其他国家

中、印是人多地广的新兴国家，今后一二十年在世界舞台上不会再冒出类似中、印的一大批强国来。然而，有些发展中国家前景看好，对世界经济增长的贡献会增加，另一些也会在本地区表现得颇为活跃。

印度尼西亚、土耳其和后教权时代的伊朗——这些国家伊斯兰色彩浓厚，但处在阿拉伯世界之外，有望发挥更大影响。良好的宏观经济政策有利于发挥经济自然禀赋的潜力，但就伊朗而言，还要一番带根本性的政治改革。

印度尼西亚的表现取决于能否仿效卓有成效的政治改革，采取措施刺激经济增长。过去十年，印尼从独裁走向民主，温和的政治路线受到广泛支持，形形色色的分离主义运动走向衰败，恐怖分子缺乏公众支持，纷纷落网。由于自然资源丰富、消费市场潜力巨大（世界上排名第四的人口大国），印尼领导人如能采取措施改善投资环境，包括加快法制建设、提高管理水平、改革金融体系、削减燃油和食品补贴，并从总体上降低经商成本，印尼经济腾飞有日。

再看伊朗，天然气等自然资源丰富，人力资本充足，如能实施政治和经济改革，保持稳定的投资环境，将让世人刮目相看，国人眼界大开。为此一来，伊朗经济将迅速复苏，从而为眼界开阔、受过良好教育并向往政教分离的中产阶级打气壮胆。这些人一旦有权有势，就可能拓展伊朗的国际视野，推动伊朗向东看，从中东阿拉伯世界几十年来的冲突泥潭中摆脱出来。

土耳其地缘战略位置突出，近年经济发展不错，新兴中产阶级充满活力，能够在中东地区扩大影响。该国经济发展严重依赖外部能源，领导人正寻求和包括俄罗斯、伊朗在内的能源供应国发展关系，强化本国能源转运枢纽地位，今后将在国际舞台上发挥更大作用。在未来 15 年里，土耳其最有可能出现伊斯兰教和民族主义的混合体，为中东地区其他迅速发展的国家树立榜样。

全球图景之一：一个把西方排挤出局的世界

在这个假想图景中，新兴强国代替西方充当世界领导。但这并非不可避免，更非新兴强国崛起带来的唯一后果。历史上 19 世纪末和 20 世纪初的日本和德国，对既存国际体系不买账，最终酿成世界范围的冲突。我们认为，当前的新兴大国不会直接与现存国际体系较劲，更可能在事关自身核心利益的领域起更大作用，在那些西方国家眼里成为包袱的领域，表现得尤为明显。

新兴力量可能随时抱团，形形色色，向类似北约这样的机构叫板，从而使其他国家可以在西方之外寻求依靠。这些组合扎下根来的可能性并不大，实际上，新兴国家利益多变，围绕资源竞争激烈，他们抱团易，散伙也快。正如前面提到的那样，尽管他们专注国内事务和经济发展，但都有能力成为全球性玩家。这一图景出现的前提条件有：

(1) 西方经济低迷，美、欧开始采取保护主义措施，应对日益壮大的新兴国家。

(2) 中、俄在处理国家与社会的关系上采取了不同模式，这有助于支撑两国形成虽说脆弱但却强大的组合。

(3) 在多极世界中，主要大国因寻求能源安全和扩大势力范围闹得关系紧张，尤其是中、俄在上海合作组织（SCO）框架内竞相寻求可靠的代理人，中亚这一战略要地成了两家后院。

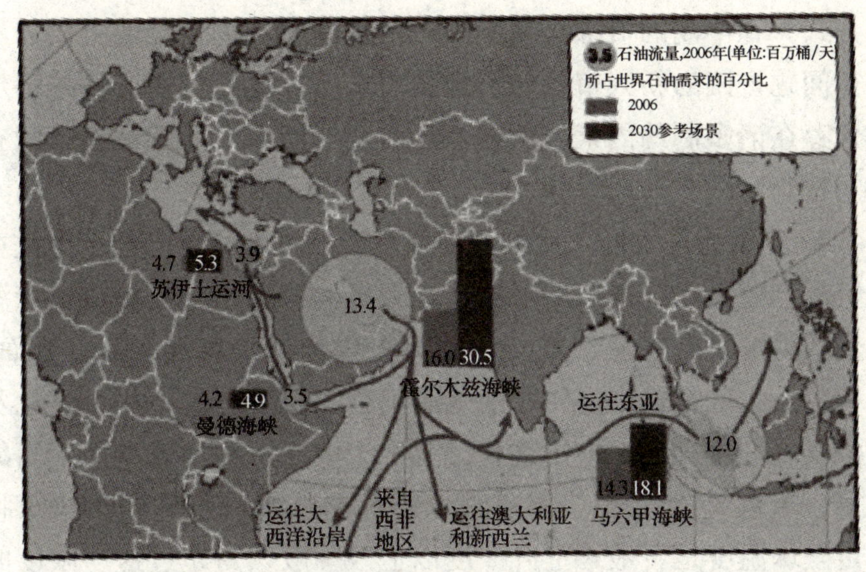

"恐怖海峡"：中东石油出口流向

资料来源：国际能源署的世界能源展望。

第四章　充足中的匮乏？

国际体系要应对新玩家带来的冲击，同时还面临资源日益紧缺这一挑战。未来 15—20 年，对越来越多的国家而言，日益重要的事情将是如何获得供应相对有所保证的清洁能源、如何应对持久的粮食和用水短缺。到 2025 年，世界人口将增加 10 亿以上，这一事实本身就会对上述重要资源的供给构成压力。而世界人口中，越来越多的人将从农村移民到城市和发达地区，寻求更大的人身安全保障和更多的经济机会。很多人（特别是在亚洲地区）将加入中产阶级行列，效仿西方那种人均资源消耗较大的生活方式。和早期的资源短缺不同，未来单靠市场很难解决供需不平衡问题，因为新兴市场对资源的需求增长迅速，而产量的增加却又存在诸多制约因素（例如：目前全球能源市场就被多家国有公司控制）。

2025 年前，气候变化的负面物理影响将加剧，已经压力重重的资源产业面临更复杂的形势，在大多数情况下将更糟糕。能源需求的持续攀升将使气候变化的相关影响很快出现。另一方面，在替代品大范围推广使用之前强制削减化石燃料的使用，将危及经济发展，特别是像中国这种工业生产中能源利用效率尚不高的国家。未来 15 年，围绕温室气体排放的技术进步和政治决策将决定全球温度是否最终上升 2 度以上（一般认为超过这一限度的话，相关的各种影响将变得不可控）。

粮食和用水的问题也与气候变化、能源紧张、人口增加有千丝万缕的联系。能源价格不断上涨，增加了消费者的负担，增加了农业产业化、利用石化化肥的成本。将农耕地转为生产生物燃料不但对解决问题助益有限，而且可能闹得能源、粮食两头吃紧。气候变化方面，降雨失常、积雪冰川消融引起的季节性泛滥，都加剧了水资源短缺状况，导致世界很多地区农业遭殃。能源和环境因素共同作用，还使得其他很多问题日益突出，例如：卫生状况、害虫造成的农业损失、风暴灾害。而最大的危险可能是多重压力交织并发。这种前所未有的综合征将使决策者们承受巨大压力，难以及时采取行动来趋利避害。

一、后石油时代的晨曦？

到 2025 年，全世界在能源利用方面将处于根本性的转变之中，这种转变既包括能源的类别，也包括能源的来源。非欧佩克国家的液态碳氢能源产品（例如原油、液化天然气、沥青砂等非常规能源）将供不应求。许多传统能源生产国的生产水平已经处于下跌中，例如：也门、挪威、阿曼、哥伦比亚、英国、印度尼西亚、阿根廷、埃及、秘鲁、突尼斯。其他一些国家的生产水平也已不再增长，例如：墨西哥、文莱、马来西亚、中国、印度、卡塔尔。能够极大增加产量的国家日渐稀少。只有六个国家的产量会很突出，即沙特阿拉伯、伊朗、科威特、阿联酋、伊拉克（潜在的产油大国）和俄罗斯。2025 年，这六国在全世界石油产量中的份额将达到 39％。主要产油国将日益集中在蕴含世界储量 2/3 的中东地区。2003—2025 年间，欧佩克海湾成员的产量将增加 43％。沙特阿拉伯一国就将占到海湾地区石油产量的一半，其产量将超过非洲和里海地区产量的总和。

石油生产日益集中的后果之一就是国有石油公司对油气资源的控制不断加强。当年罗马俱乐部就能源紧缺做出著名的预见时，“七姊妹”[①] 尚能对全球石油的生产和销售产生强有力的影响。在股东的驱动下，他们对价格变动做出回应，进行开发和投资活动，改进必要的技术，以此增加产量。相反，国有石油公司有着强烈的政治和经济动机，会限制投资、延长可生产年限。毕竟产油国的经济选择有限，将石油存在地底下就为子孙后代留下了资源。

伴随着产油国数目减少、地理分布趋于集中，能源领域还将发生另外一个转变，那就是转向更清洁的燃料。短期内，天然气可能是值得珍惜的燃料。根据能源部能源信息署的估计，到 2025 年天然气的消耗将增加 60％。天然气未必与石油共生，但其储藏

① “七姊妹”指的是七家西方石油公司，它们在 20 世纪中叶主导着石油的生产、提炼、销售。六七十年代，随着欧佩克的建立，这些西方公司的影响日益下降。

却也是高度集中。俄罗斯、伊朗、卡塔尔三国拥有全世界天然气探明储量的57%。综合石油和天然气，俄罗斯和伊朗两国堪称能源巨擘。不过，北美地区（美国、加拿大、墨西哥）的生产有望占2025年全世界产量相当的份额——18%。

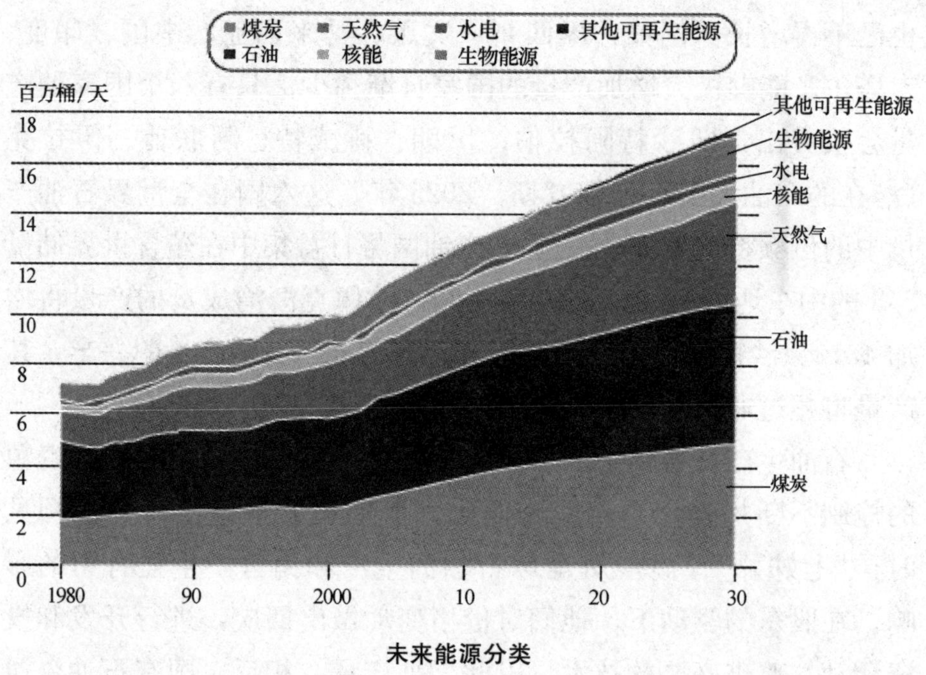

未来能源分类

注：在下1/4个世纪里，全球能源需求将增长一半以上，煤炭使用量的绝对值将上升

资料来源：PFC全球能源战略咨询公司

“未来将继续是历史上前所未有的繁荣时代，但是，发达国家的人口老龄化，能源、粮食、水资源的日益紧缺，对气候变化的担心等，可能产生深刻影响。”

天然气用量的绝对数字上可能会稳定增长，而煤炭尽管“最脏”，仍将是增长最快的能源类型。石油、天然气不断攀升的价格将使得那些价格低廉、供应充足、靠近市场的能源品种重新受到青睐。能源消耗量最大且增速最快的三个国家即美国、中国、印度，加上俄罗斯，是煤炭可采储量最大的四个国家，占到全球已知储量的67%。煤炭生产不断增加，可能使以碳为基础的、不可再生能源体系得以延长一两个世纪。2025年，中国仍将高度依赖煤炭，会面临国际社会要求其采用清洁煤技术的更大压力。中国的GDP比美国少得多，但二氧化碳排放量正在超过美国。

核电将有所增加，但仍难满足日益上升的电力需求。和以前相比，第三代核反应堆发电成本更低，安全性能更高，废料处理和防扩散管理更完善。在目前的电力价格下，第三代核反应堆具有竞争力，开始在世界范围内建立。现在的核电站多数在发达国家，但随着电力需求不断增长，中国、印度、南非及其他经济快速发展的国家，核电需求将不断增大。

核能的首要给料——铀——供给充足，不可能构成未来建设核能的限制性因素。现有的铀无需回收利用就足够用到下半个世纪后很长一段时间。即使不够，增值反应堆加上循环使用燃料，可以继续支持全球核能的增长。

但是，2025年前核能不可能在任何地方都满足日益增长的能源需求，因为其对基础设施的要求高，核技术和核材料的扩散备受关注，相关许可和核废料处理方面存在不确定性。基础设施方面（包括人力和物力设施）、法律方面（许可问题）和建设方面的障碍太大。只有到未来15—20年这一阶段的末期，核技术的应用才可能有长足进展。

关键在于时间

现有能源技术都尚不足以使传统能源结构升级换代、满足规模需求，而新能源技术很可能在2025年前都不具备商业可行性，难以广泛应用。生物燃料目前的生成方式过于昂贵，且会进一步抬高粮价，因此其产出的能量与消耗的能量相互抵消。倒是将其他非粮食类植物转化为能源和化工产品的前景更为可观一些，例如繁殖迅速的藻类、农业废弃物等，特别是纤维类。清洁煤和收集、贮存排放碳的技术都发展势头良好，如果 2025 年前降低成本，那么即使在控制碳排放的形势下，煤炭仍然可以发更多电。氢燃料持久耐用，具有潜力，但仍处于起步阶段，投入商业生产至少是十年后的事。发展“氢能源经济”，需投入巨资进行基础设施建设。阿贡国家实验室的一项研究认为，将氢能从气井装入罐中的成本，是对汽油进行同类处理的两倍。

即便有着良好的政策和资金支持生物燃料、清洁煤、氢能发展，但从历史上看，重大技术都存在“应用滞后”问题。最近一项研究表明，在能源领域，新技术广泛投入使用平均需要 25 年。之所以存在这种“滞后”效应，原因之一是需要建设新的基础设施以供新发明之用，能源领域尤其如此。建设涵盖生产、运输、提炼、销售、零售等一条龙服务所需的基础设施，需要持续投入巨资，耗时将近 150 年。天然气在很多方面优于石油，其应用过程证明了向新生事物转变的难度之大。使用天然气的技术最晚在 1970 年代就广为人知，但直到现在，在全球能源市场上天然气份额仍然少于石油，原因就在于其生产和运输对技术和投资的要求高于石油燃料。

未来 20 年，要满足最低限度的能源需求，需对以碳氢化合物为主的传统能源体系再投资 3 万亿美元。这笔钱要由经过一个多世纪才建立起来的石油公司掏，其市价达上千亿美元。对新能源而言，已有基础设施如不改造几乎无法使用。因此，预期无论是哪种新能源，都会要求大量投资。

尽管目前来看可能性极小，但是我们还是不能完全排除无需基础设施大改造就在 2025 年前实现能源过渡的可能性。相对快捷、廉价的过渡最有可能因使用更好的可再生能源

（光电和风力）和改进电池技术而发生。对单个项目而言，这些技术的基础设施成本较低；因此，微观经济个体为了自身直接利益，会自我实现能源过渡，例如安装为家庭和办公室供电的固定电池，对插电混合动力汽车进行充电、混合提供能源，向能源网络返销能源等。形形色色的能源转换方式也可以避开建设复杂的运输氢能源的基础设施，例如在私家车车库里将电能转变为氢能，供汽车使用。同样，来自转基因原料的非乙醇生物燃料可能会省掉建设石油运输设施的大笔开支。

二、能源地缘政治

能源价格的高企和低走，都有着重要的地缘政治意义。未来20年，这两种情况都会出现。能源部能源信息署和重要能源专家们都确信，至少到2015年前，能源价格将在较高水平上运行，原因是供给停滞而需求不断上升。这同20世纪70年代及80年代早期不同，当时油价攀高乃人为限产之故。另一方面，尽管长期看能源价格整体处于上升状态，但人们也预料石油价格仍会日益波动，每桶价格大大低于100美元的时期可能周期性出现。这种情况将导致新能源技术取得重大突破或替代燃料快速商业化的动力不足。全球经济放缓，伊拉克、安哥拉、中亚和其他地方增产，现有技术下能源利用效率提高，——这些看来合理的情景都可能促成价格走低和市场心理变动。

“在能源价格高企的情况下，俄罗斯、伊朗等主要能源出口国将拥有庞大的财政资源，来增强其国力……”

即便石油价格低于 100 美元/桶，能源贸易带来的资金转移也会使一些国家大获其利，而另一些国家深受其害。能源对外依存度高达 80%甚至更高的 32 国中，大多数的经济增长将随油价升高而放缓。一些专家甚至认为一些国家有沦为“失败国家”的风险，如中非共和国、刚果民主共和国、尼泊尔、老挝等。进口依存度高、人均 GDP 低、经常账户赤字高、国际债务累累的国家尤其危险。东非和非洲之角的多数国家即属此列。那些问题缠身的关键国家（如巴基斯坦）将面临失败风险。

对更稳定一些的国家而言，即使能源价格走高，光景也会好些，但经济增长将放缓，而且可能发生政治动荡。“经合组织”各经济体生产效率高且以服务业为主，尽管难以幸免但却受害最浅。对中国而言，巨额财政储备可以起到某种缓冲、防护作用，但仍将受到高油价打击，让上百万人脱贫更难实现。中国还需要在国内开采和运输更多煤炭，建设更多核电站，提高能源终端利用效率以抵消进口高价油。

在能源价格居高不下的情况下，俄罗斯、伊朗这样的能源出口大国将拥有庞大的财政资源增强其国力。这些国家在多大程度上、以何种形态增强国力、扩大影响，将取决于他们如何利用石油红利来投资人力资本、稳定金融、建设经济领域的基础设施。俄罗斯如果明智地将增加的收入用于发展经济、满足社会需求、运用外交政策工具，那么按照评估国力的相关学术指标，其国力可能翻一番都不止。

后石油时代的赢家和输家

我们确信，2025 年前最可能发生的事是能源技术将取得突破，为石油和天然气提供了替代品。真正的应用会滞后一些，因为需要建设必要的基础设施，实现替代也需要时间。尽管如此，无论这种突破是在 2025 年前还是之后实现，逐渐告别石油和天然气的地缘政治涵义将是极其巨大的。

(1) 沙特阿拉伯受到的打击将最大，王室开支将不得不紧缩。政府将推动一系列重要经济改革，包括允许妇女充分参与经济生活；与公众达成新的社会契约，确立新的职业道德，来加速实施各项发展计划，推动经济走向多元化。而这些措施将使政府与瓦哈比派的关系再趋紧张。

(2) 在伊朗，油气价格的下跌将瓦解平民主义经济政策的基础。推行经济改革的压力将上升，对神权政府的精英构成潜在压力，推动其放松钳制。各种呼声将高涨，要求对西方开放以换取更多外国直接投资，与包括美国在内的西方国家建立或强化联系。领导人可能更乐意拿核政策来做交易，换取援助和贸易。

伊拉克将更加强调投资建设石油之外的经济部门。小一些的海湾国家已经在投入大量资金，努力转变为全球旅游和交通枢纽。它们可能会妥善应对从油气向其替代品的过渡。这当中，充满活力的主权财富基金将起到重要的支持作用。整个阿拉伯世界都在运用这种基金来发展石油之外的经济部门，要跟收入递减、石油资源贬值抢时间。

中东之外的其他国家中，俄罗斯将是潜在的受害最深的国家。如果其经济仍然与能源出口高度挂钩的话，情况将尤甚，俄罗斯可能沦为中等大国。而委内瑞拉、玻利维亚及其他石油平民主义政权可能完全解体。这些政权甚至可能在此之前就因为民怨日沸、石油减产而垮台。至于古巴，没有了委内瑞拉的支持，将被迫开始中国那样的市场改革。

印度尼西亚、墨西哥这些出口国，石油生产的鼎盛期早就过去了、产量已经开始下降了。它们可能会较早准备，转移经济生活焦点，发展非能源部门，实现结构多元化。

2025 年的科技突破

表 1 较大可能的

有哪些科技?	无处不在的**计算机技术**将更多的生活用品连接起来，如食品、家具、房屋传感器和文件等。人们使用无线电频率识别技术、网络传感技术、小型嵌入式服务器技术和能量采集技术，通过丰富、低价、高能的下一代网络连接，对物品实现定位、识别、监控和远程控制。	**洁净水技术**包括一系列更快、更节能地处理淡水和废水，以及淡化半咸水和海水的技术，可为国内农业及工业提供可持续、多样化的水资源，包括对现有技术的改进，如膜生物反应器等替代材料，还有其他一些基于纳米粒子和纳米纤维的独特物化分离纯化技术。	**能量储存科技**包括一系列储存能量的材料和科技，还包括替代化石燃料的能源科技。其中包括电池材料、超电容器和氢储存材料。高效能源储存科技可为各系统提供动力，如以氢为基础的能源体系和一些可再生能源（如风能和太阳能和低排放汽车）。
主要驱动力和障碍是什么?	**主要驱动力**：人们对效率的要求越来越高，从食品安全到更有效的供应链和后勤保障。公司、政府和个人将从能源效率、安全、生活质量和设备故障预警等领域获益。 **主要障碍**：技术能否顺利实施取决于小型免维护设备是否好用，盈利型商业模式是否得以发展，人们对隐私、安全的关心能否得到满足。	**主要驱动力**：人口数量增多和气候变化可能给一些地区带来水荒。洁净水将成为世界上最紧缺的自然资源。国内水需求上升，尤其是农业（包括新型生物制药和生物燃料作物）和工业。 **主要障碍**：大型、小型净水项目都需攻克成本难题。现在的净水项目无论在能源需求，还是基础设备上成本都过高。	**主要驱动力**：化石类燃料价格高昂，许多国家希望减少对外国能源的依赖，急于开发可再生能源。 **主要障碍**：该科技的发展和应用受制于材料科技的发展，大型制造业和基础投资的成本较高也是个问题。

续表

为什么说这些科技能带来改变？	该科技能极大地提高效率，促进社会一体化，带领人们进入信息时代和安全监控时代。新型、节能、高效的供应链还可节省劳动力。	尽管地球富含水资源，但仅有1%适宜使用，世界上有20%的人口无法获得洁净的饮用水。由于人口增长和干旱，缺水地区会增加。发达与发展中国家都会受影响。各企业将更多地争夺水资源，包括农业、食品、饮料、化工、制药业和半导体工业企业。最先研发低廉、高效洁净水技术的国家，将获得巨大地缘政治优势。	能源储存科技将使人们摆脱对化石燃料的依赖，实现能源应用的大跨越。率先出售能源储存技术的国家，占有巨大的经济和社会优势。能源储存技术的广泛应用对以化石燃料收入为主的国家是个沉重打击。

表2　有可能的

有哪些科技？	**“老年生物科技”**指基于细胞和分子研究、诊断和治疗老年病的新型科技。相关支撑科技包括能实时监控人类健康的生物感应器、信息科技、DNA排序和DNA特效药、药物投送到人的机制等。	**清洁煤科技**包括限制二氧化碳排向大气层的碳截留技术、碳气化技术和合成气转化成碳氢化合物技术。碳截留技术可减少或消除从煤厂排放出来的温室气体。碳气化技术可提高煤厂的发电效率和减少废气排放。合成气可为交通工具和化工厂提供燃料，取代石油制品。	**“人类增力技术”**是指使用医学和电子手段增强人类身体力量。它包括可在臀部、肘部及其他关节处配带的外骨骼机械制动装置。这种外骨骼装置就像一个可以配带在身上的机器人，可以使用传感器、界面、电池系统和制动装置来对胳膊和腿的动作做出监控和反应，为使用者提供更强的力量和控制力。	**生物燃料科技**是指从玉米、甘蔗等作物中生产乙醇，或用葡萄和大豆制造生物燃料。下一代科技将把木质纤维材料转化成燃料。高产的微藻类生物可转化成生物柴油或其他生物燃料，且潜能巨大。

续表

主要驱动力和障碍是什么?	**主要驱动力：**人口老龄化、日益昂贵的医疗成本和让老年人发挥余热。 **主要障碍：**研发成本高、实验周期长，还有隐私权、人寿保险如何处理、以及宗教与社会问题引起的担心等。	**主要驱动力：**减少对外国能源的依赖是扩大煤用途的主要驱动力。清洁煤科技要求发展碳截留技术。 **主要障碍：**碳截留技术的扩大和应用存在技术和成本上的障碍。同时，世界石油市场还存在着不确定性，未来的环境法规可能也不鼓励昂贵的碳气化投资。	**主要驱动力：**帮助残疾人和老人加强力量、耐力和身体安全，减轻对护理人员的依赖。 **主要障碍：**制造成本高、盈利无把握、可移动电池技术是否成熟、人们能否接受并使用都是研发和应用的障碍。	**主要驱动力：**高油价、减少对外国能源的依赖、政府发展可再生能源的意愿。 **主要障碍：**研发和应用受制于土地、可用水源、粮食和大规模提高产量等挑战。现在对生物燃料的研发虽然可以维持下去，但还是存在成本过高的问题。
为什么说这些科技能带来改变?	应用这些科技可以降低成本、减少国家拨款和减少医疗资源成本。新型人口结构、老人心理和行为模式将要求国家制定新经济和社会政策，这对国家来说是个挑战。	清洁煤科技对其他碳氢化合物能源（主要是石油）和可再生能源市场将形成挑战。这将减轻一些国家对油气输出国的依赖，并使国家利益发生变化。	这种生物化学装置可以赋予一个人超人的力量和耐力，也可使残疾人恢复能力。该科技的广泛应用可以减少完成一项任务的人数，也可以增加一个人的工作量，以此极大地提高劳动生产率，同时还可让残废人和老人自理。该科技也可极大地提高地面部队的作战效率。	大规模高效地使用生物燃料可以减少对石油的需求，也可减轻对石油供应和存储的国际竞争。此外，生物燃料广泛应用还可从根本上改变一些国家对进口化石燃料的依赖，由此改变国际利益。使用农业废料、野草和藻类的新兴燃料科技可避免大面积占用土地，大幅度减少二氧化碳排放。

表3 可能性较小的

有哪些科技?	**服务型机器人**是指机器人和非工业用途的无人汽车，它使用的科技包括硬件（传感器、制动器、电源系统）和软件平台（将行为规则算法与人工智能合并的高级系统）。这些科技将使大规模的远程控制、半自动（有人工干预）和全自动的机器系统成为可能。	**“人类感知增强技术”**是指为增强人类感知能力而研制的药物、移植、有效的学习系统和可配带装置等。培训软件开发出提高人类能力的神经适应性，可移植或配带的装置可增强视觉、听觉和记忆。生物和信息科技可在人类幼年时期增强人类大脑活动。
主要驱动力和障碍是什么?	**主要驱动力：**人身安全、对老人的医疗和家庭照料、发展制造业的能力和减少服务业劳动力都是该科技的驱动力。 **主要障碍：**可行的商业模式、成本、不确定的科技能力（便携电源和人工智能），还有一些综合性问题（如信息科技、机器人标准）阻碍了服务型机器人技术的发展。	**主要驱动力：**提高军事计划、战斗力水平、应对老年痴呆、提高教育效率和工作能力、加强个人娱乐等都是该科技的驱动力。 **主要障碍：**发展“非自然”的人类能力还存在文化上的顾虑，人们对该科技的未知效果的担忧也可能会减慢研发和应用进程。主要的科技和医学难题尚待攻克。
为什么说这些科技能带来改变?	从国内来看，该科技的广泛使用可以平衡人力、破坏无技术劳动力市场和移民类型、改变对日益增长的老龄人口的照顾。较早使用该科技的政府可以在减少兵力和生命代价的前提下提高战斗力、增强安全保障。	该科技在世界范围内使用步伐不同，先走一步的将快速确立经济和军事优势，获得巨大收益，而对该科技迟疑使用的国家和社会将发现他们落在后面了。如何规范该科技也面临国际压力，一些接受变革的文化将很快获益，而另一些文化将会非常厌恶该科技的“缺少人情味”的特性。

注：这些科技突破的分类是基于该科技的研发和最初应用。有些情况下，基础设施不足会拖应用推广的后腿。

资料来源：SRI 商务知识咨询系统（SRI Consulting Business Intelligence）和托佛勒公司（Toffler Associates）

油价的持续回落，对那些依靠巨额石油收入平衡预算或进行国内投资的国家而言，影响将十分深远。例如在伊朗，如果油价回落到每桶 55—60 美元或者更低，就将对其政权产生沉重压力，迫使其必须做出痛苦的抉择：要么补贴经济项目以笼络人心，要么继续在安全情报等方面大把花钱以提升地区影响力。这样一来，那种认为政府主宰的国家用不着政治自由和彻底放开、经济照样可以取得增长的观念，其可信度将严重削弱，其对基于市场和自由民主的西方发展模式的威胁也将大为降低。尤其是历史已经证明，美国等西方国家有能力更快更有效地适应能源市场的风云变幻。

无论在哪种前景下，能源流动都将催生一些带有地缘政治意义的新型联盟或新型集团：

（1）俄罗斯：需要控制里海地区天然气资源以供应欧洲和其他市场，会把中亚地区保持在势力范围内；若无外部势力插手，俄罗斯很有可能会达到目的。

（2）中国：将继续搞好同其他国家的政治关系，以确保油气供应，支撑其市场力量。中国将继续拉近同沙特阿拉伯的关系，因为沙特是唯一有能力大解中国石油“饥渴”的国家。

（3）中国还会寻求加强同其他产油国的关系，减轻对沙特不断加深的依赖。伊朗把这看作是巩固与中国关系、谋求中国支持的重要机会，这将制约中国与沙特关系的发展。伊朗能够更进一步密切与俄罗斯的关系。

（4）我们相信印度将急于拉拢缅甸、伊朗和中亚国家，争取分享这些国家和地区的能源。不过，这些国家通往印度的油气管线不得不经过那些难以控制的动荡地区，这可能会使印度受到地区动荡的威胁。

气候变化的两大赢家

俄罗斯：俄罗斯可能成为全球气候变化的最大赢家。俄罗斯在西伯利亚和北极的大陆架地区拥有大量尚未开采的油气资源；气候变暖可能使这些资源的开采更加容易。这将对俄罗斯的经济大有裨益。当前，俄罗斯能源生产和原材料出口已经占到其全部出口的80%和政府收入的32%。而且，北极海域的解冻还将为俄罗斯带来经济和贸易方面的便利。不过，俄罗斯也可能因北极地区苔原融解而使其基础设施遭到损坏；而且俄罗斯要开发这些油气资源，也需要新的技术。

加拿大：加拿大将免于遭受北美地区频繁的飓风和热浪的侵袭，而且将为其增加大片可供开发的土地。气候变化还将使加拿大进入资源丰富的哈德逊海湾更为容易；作为一个靠近北极的国家，气候变暖还将给加拿大带来更多经济和地缘政治上的红利。农业的耕种期将变得更长；取暖和制冷所需要的能源也将有所下降；森林也可能拓展到目前的苔原地带。但是，并非所有的加拿大土地都将从气候变暖中受益。由于气候变暖，一些森林目前已经开始遭受病虫害的侵袭。

三、水、食物与气候变化

专家预计，目前约有21个国家的6亿人缺少足够的食物或饮用水。由于人口不断地增长，到2025年，预计将有36个国家的14亿人陷入这种窘境。新增国家有布隆迪、哥伦比亚、埃塞俄比亚、厄立特里亚、马拉维、巴基斯坦和叙利亚。在越来越多的地区，水荒已经到了前所未见的程度（见第75页的地图）。随着城市化进程加快和人口增长，情况还会继续恶化，何况农业灌溉和发电用水还将进一步增长，灌溉耗水量远大于家庭用水。在发展中国家，农业用水已经消耗了全球70%以上的水资源。在主要河流上修建水电站将有助于控制洪水泛滥，但此举也同时加剧了河流下游国家的担心。

“专家目前认为，有21国（总人口6亿）将面临耕地及饮用水匮乏。而到2025年，由于人口的持续增长，将有36国（约14亿人）归入此类。”

世界银行预计，到2030年，由于全球人口的增长、生活日益富裕的中产阶级日常食物结构的转型，全球范围内对食品的需求将增长50%以上。目前，全球的粮食生产部门已经对市场供求高度敏感，但粮食生产仍有可能受到限制投资和人为定价等错误农业政策的制约。以往，为安抚城市低收入阶层、刺激工业投资规模而采取的人为压低粮食价格的做法，已经使粮食价格严重紊乱。如果各国的政治精英们仍然更关注城市的稳定而不是农民的收入——在很多国家这都被看作是一项保险的策略，那么粮食价格将继续紊乱下去，从而使粮食供应压力进一步增加。持续的城市化进程引发的农民进城——尤其是在发展中国家——更增加了这种政策持续下去的可能性。

从现在到2025年，全球各国将不得不在要能源安全还是保食品安全之间进退维谷，从而引发一系列混乱。在美国、加拿大、阿根廷和澳大利亚等主要谷物出口大国，由于政府补贴，生物燃料需求不断增大，这也要求更大规模的种植用地和灌溉用水，即便生产效率和加工工艺变得越来越高效。这种“燃料农业”交易，伴随着亚洲农业出口国周期性的出口控制、全球中产阶级对蛋白质需求的不断增长，将导致全球谷物价格进一步上扬。一些经济学家认为，随全球市场内谷物存量的下降，人们的“预期”——由人们对燃料成本上升的预测以及对由气候变化引发的对环境的担心——将在主导粮食价格方面发挥更大的作用。

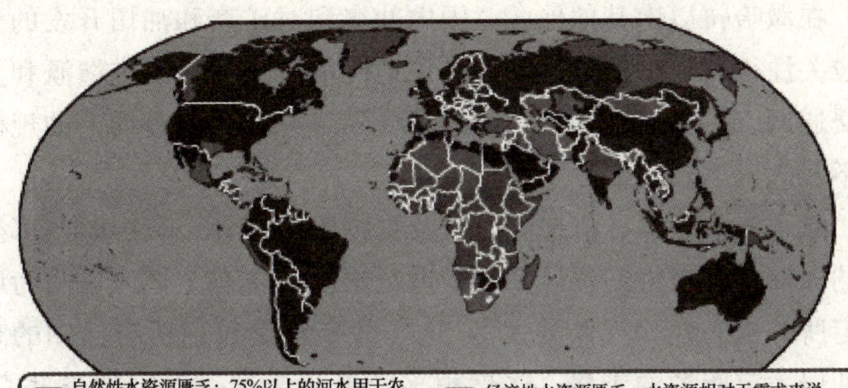

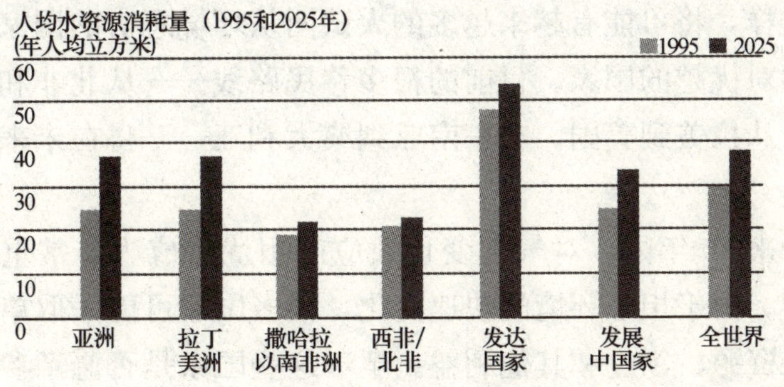

全球水资源不足，2025 年

资料来源：国际食品政策研究所：《2025 年全球水资源展望》。

不过，包括印度、中国、美国和欧盟等在内的农业生产大国联盟，将可能在非洲撒哈拉以南地区协同发起第二次“绿色革命”，这将有助于减少全球粮食价格的无序波动。到 2025 年，非洲地区谷物生产将持续增长，但这种增长将主要来自于非洲大陆南部和东南部地区国家，而这些国家与东亚和东南亚国家的经贸和安全关系也将进一步深化。

在撒哈拉以南其他地区，国内冲突和对矿产和油田开发的全方位关注很可能抵消上述联盟在该地区的努力，使改进灌溉和乡村交通网、扩大信贷和投资的进程受阻，并导致粮食增产的规模远不及人口增长速度。

除了淡水资源、耕地匮乏以及食物匮乏之外，英国财政部推出的《斯特恩报告》预计，到本世纪中叶，将有 2 亿人口沦为居无定所的永久性“气候移民”，这一数字将是目前所有已知的难民和居无定所者的十倍。虽然很多学者认为这一数字被夸大了，但是多数人仍然坚信，大规模移民的风险确实存在，必须对此做好准备。以往，很多流离失所的人会在本国内部重新寻找住所，但未来，很多人将在他们自己的国家内无处容身，只好迁徙国外。这样，将可能有越来越多的人试图从环境恶劣的国家移民到环境相对优越的国家。目前的很多移民路线——从北非和西亚到欧洲、从拉美到美国、从东南亚到澳大利亚——将在未来进一步发展。

未来 20 年内，对气候变化效应的担忧将成为非常重要的决策因素。由于担心环境的快速变化，很多国家可能采取单边行动去确保资源、领土和其他利益。至于这些国家是否愿意参与更大范围内的多边合作，则取决于一系列因素，例如他国的行为、经济背景以及所涉利益的重要程度等。

很多科学家担心，近期的一些评估报告可能低估了气候变化所带来的效应，并且错误判断了人们能感受到这种变化的时间。科学家们目前也没有能力准确地预测发生极端气候变化的可能性和程度，但他们都相信，从历史经验判断，这种气候变化将不会是逐渐性的或缓慢发展的。但是，目前似乎大规模减排又将伴随着巨大的代价。快速减少二氧化碳排放量可能使能源效率仍然较低的新兴经济体处于不利地位，像美国这样的发达国家也将受到震动，全球经济可能就此陷入衰退或者更糟。

北极解冻的战略后果

在北极何时会在夏季出现无冰期的问题上，仍存在着不同预期。全国冰雪数据中心（The National Snow and Ice Data Center）认为，可能会是2060年；目前更多的研究则认为，最快2013年就会出现这种无冰期。北极的解冻将带来两大战略后果：一是当地开采能源和资源更为方便；二是海上航行路线有可能显著缩短。

从北大西洋途经俄罗斯上游的北海航道到北太平洋的路线将就此缩短5000海里，并且比取道苏伊士运河的航期要缩短一周时间。途经加拿大的西北通道在欧洲和亚洲之间的旅行也将比取道巴拿马运河缩短大约4000海里。

但在2025年前，这种资源和航运方面的好处还很难具体体现出来。美国全国石油委员会（The National Petroleum Council）说，在2050年以前，将基本不具备在北极中心地带开采石油的技术。但是，这种潜在的利益已经被美国、加拿大、俄罗斯、丹麦和挪威等国广泛认知，目前他们之间，例如俄罗斯和挪威、丹麦和加拿大，已经在为北极主权而展开争夺。

虽然近期内的紧张关系可能会导致小规模的对峙和口水战，但北极不太可能成为引发大规模军事冲突的问题。北极附近的其他国家都在其他水域有出海港，所以他们不会认为北极是事关国家生死存亡的地区。而且，这些国家在管理好北极地区、防止其他敌对国家或非国家行为体插手北极方面存在共同利益；而且他们也将对高科技公司的开采技术方面有共同的需求。

未来几十年，北极解冻的一个最重要的战略后果是，那些富裕但缺少资源的贸易大国如中国、日本、韩国将由北极解冻带来的更多能源供应和航道的便利中获得更多好处。

撒哈拉以南非洲：互动多、麻烦更多

到 2025 年，就经济挑战、人口压力、国内冲突、政治动荡等方面而言，撒哈拉以南非洲仍然是全球最脆弱的地区。如果没有国际社会的持续性参与甚至是干涉，这些国家政权的脆弱性以及政权与社会间的紧张关系将在未来 20 年内阻碍该地区的发展与进步，而南部非洲仍将在政治和经济方面保持稳定和进步。

撒哈拉以南非洲将继续为全球市场提供石油、天然气和金属等资源，并日益吸引中国和印度等亚洲大国的注意力。但即便全球市场对上述商品的需求持续上涨，由出口资源获得的收入仍可能无法惠及大多数人口，或推动经济增长。由世袭利益和不彻底的经济改革而导致的落后经济政策，将可能激化民族和宗教对立、在更多国家引发更多犯罪和腐败。处于统治地位的社会精英们将继续垄断更多收入和财富，同时贫穷也将在城市和农村蔓延。精英和非精英人口的差距将会拉大，从而为政治和宗教极端主义提供沃土。

到 2025 年，尽管受到艾滋病等的影响。该地区人口预期仍可能超过 10 亿，其中近一半在 24 岁以下，有很多人由于国内冲突、气候变化和大范围失业而选择移民到其他国家和地区，以寻找经济机会和人身安全。气候变化以及水和食品资源的匮乏最早引发的全球效应，将在 2025 年前出现在撒哈拉以南地区。

当前，在撒哈拉以南非洲地区，有近一半（48 个中有 23 个）国家被划为民主国家，大多数非洲国家也都在通向民主的道路上，不过那些人口大国以及人口高增长国家仍可能出现民主倒退。

虽然非洲已经开始越来越多地承担起维和责任，但这一地区仍然是国内冲突和国家间复杂冲突的高发区。民族和其他方面分歧引发的军事冲突、边境地区管制松懈、叛军和犯罪集团对邻国平民的攻击，将是这些冲突的重要诱因。中非是上述现象的高发区，其中有刚果（金）、刚果（布）、中非共和国、乍得等等。

与世界其他地区形成对照的是，虽然很多非洲政府对美国对中东、古巴和全球贸易等方面的政策持批评态度，但非洲对美国的态度总体上是积极的。非洲将继续推动联合国改革，并寻求在联合国安理会的永久性代表权。

全球图景之二：“十月惊魂”

从下面目前尚缺乏确切依据的描述中，我们将看到，全球范围内对气候变化的忽视将导致超乎预期的冲击，使世界的脆弱不堪又加深了一层。科学家们目前还无法确定，是否已经到了一个气候加速变化的时间拐点，而人们对此却无能为力，即便实施减排也无法长期减缓这一趋势。绝大多数科学家都相信，只有到了无法挽回的地步时，我们才有可能知道我们已经到了那个拐点。很多科学家都认为，这种对于气候变化的速度、强度和破坏程度的不确信，将在未来的15—20年内持续存在，即便我们对于气候变化的知识不断深化。

在这一前景中，将出现一种极端的气候事件。应对不断发生的类似事件，以及日益严重的水资源和食品危机，将使各国决策者疲于奔命，可选择的方案也将越来越少。在这一前景中，可能会考虑将纽约证券交易所转移到一个更加安全的地方；或者更有甚者，将更多的类似机构转移到安全的地方，以保证美国的正常运转。虽然此处所设想的情形发生地主要是美国，但其他国家的决策者同样面临着各种不同的环境灾难以及由此带来的损失。根据这种解释，一些试图减轻这些灾害的努力——例如减排——不太可能会奏效，起码在短期内是这样。这种潜在的全球混乱，将既威胁到发展中国家，也威胁到发达国家。

这一前景推理的前提是：

(1) 各国采取“增长第一”的思维方式，导致忽视环境问题，环境大规模恶化。

(2) 各国政府，尤其是那些缺乏透明度的政府，由于未能成功应对环境问题和其他灾难而失去合法性。

(3) 尽管存在重要的技术进步，但对于如何制止气候变化，仍然没有找到万全之策。

(4) 国家解决环境问题只是短期性的，而且是力度不够的。

白宫

总统日记

2020 年 10 月 1 日

“十月惊魂”这个词在我的脑海中反复出现……我猜想我们把它招来了，它狂野而至。一些场景如同二战新闻纪录片中的片断一样，只不过地点由欧洲换成了曼哈顿。航母和运输艇在水灾后穿梭疏散成千上万人的情景在我脑中挥之不去。飓风怎么偏偏与纽约的联合国大会赶在一起呢？发生这样的灾难已经够糟，让世界上半数领导人在此目睹这一切更令人备感难堪，况且为了安全起见，还要秘密运送他们当中的一大批人。

我想问题在于我们曾指望这个灾难不会发生，至少不是现在就发生。大多数科学家认为最恶劣的气候变化影响将在本世纪末出现，当然也有足够多的告诫说，随时会出现极端气候事件、我们的大城市中心将可能被摧毁。我记得，上次气候变化简报会后，我的大多数顾问认为这种可能性极低。不过我们也被告之，需要将发电厂分散，增强基础设施强度，以抵御极端气候。可悲的是，我们没有重视这个建议。

目前，我们得以幸存，但华尔街受到重创。纽约证券交易所看来难以恢复，不能像“9·11”后那样迅速恢复运转。是否还恢复纽约证券交易所都是个问题，取而代之的可能被称作“花园州（新泽西州）证券交易所”之类，这恐怕对纽约人的自豪感是个打击。

这不仅仅事关美国。说实话，问题在于这是我们对全球化的整体态度。这里所说的“我们”，是指世界上大大小小的领导人。我们都关注于刺激或维持更快的经济增长，从这一点来衡量，我们都应深感骄傲。我们回避环保者的敦促，设法为一轮又一轮的贸易谈判注入活力，但是我们没有做好准备，为破坏环境的不负责任的增长支付相应的关税。如果20年前就采取一些措施，纽约的灾难或许仍难避免，但是忽视这些征兆，我们怎能造福后代？我们都认为技术能够解决一切，但是截至目前，仍没有找到万全之策，碳排放量仍持续攀升。

我们没有看到的是，在理解气候变化的紧迫性方面，一些国家的公众走在了领导人之前。至少他们更懂得有必要权衡气候变化因素，较早采用可再生能源发电，使用洁净水技术，利用改进的因特网联络，以避免人群聚集，防止极端气候事件突发时措手不及。当然，欧洲人力求引领能源效率，但他们过于积极，因此牺牲了经济增长。没有经济增长，创造高报酬的工作机会也就无从谈起。

中国的情况则完全相反，那里盛行权贵资本主义。在堤坝溃决、生灵涂炭的不彰政绩下，中国共产党的执政地位能否安然无恙尚不清楚。要是放在几十年前，我会认为这是可能的。当时，中国全力以赴搞现代化，在物质上大受其益，人们感恩戴德，几乎可以原谅领导人的任何事情。但是现在就不同了。中产阶级要求拥有清洁的空气和水，不喜欢以环境恶化为代价快速实现现代化，不喜欢腐败官员任由火电厂关闭美国提供的碳捕获设备。共产党内部也存在分歧。部分人担心过于追求可持续性、在环保方面更谨慎将放慢经济增长速度，减少就业机会，进而在政治上产生毁灭性后果。其他人则明了气候变化将带来的苦头，立场同关注点发生变化的中产阶级一致。针对高官的腐败指控已经动摇着共产党的合法性，最近溃堤灾难中暴卒的 10 万生命很可能进一步推波助澜。

我们对全球化放任自流，结果造成最贫穷国家受害最深。我们也曾谈到水涨未必船高、全球化并不必然给所有国家带来福祉，因此需要针对最贫穷国家有所作为。但是我们设想最好是比尔·盖茨、非政府组织和其他角色来解决这个问题。当然需要各方面都参加进来，但是非政府组织的作用有限，总不能指望它们来实施维和行动吧。在某些问题上，国家行为体必须负起责任来。对多数最贫穷国家而言，没有强大的外力帮助，就不可能应对气候变化。例如，我们有净化水的技术，却没有设法将其送到最需要的地方，导致气候变化的糟糕影响更趋恶劣。

由于气候急剧变化，确保农业产量充足正面临更多难题(尽管这些难题并非完全不可克服)。而比农业增产更严峻的问题是，气候变化意味着一些地区将无法自给自足，人们将移民到城市。但是城市的基础设施又不足以支撑如此不断膨胀的人口，因此就会反过来埋下社会冲突的祸根，而这种社会冲突将阻碍良治的实现、阻碍走出长期的恶性循环。我估计 20 余个国家会处于这种状态。

问题的关键是陷入上述状态的一些国家并非在地缘政治上无足轻重的小国。像尼日利亚这样的国家，我们发达国家在必需的资源上有赖于它们。由于北部地区的沙漠化不断推进，尼日利亚国内伊斯兰教徒和基督徒之间的宗教冲突不断升温，爆发比夫拉式的内战并非臆想，只不过这一次是沿着南北分界线进行。

在 14 国峰会上，我们就这些问题进行了大量讨论，实际上也开始设想采取一些联合行动，然而仍然无法针对即将来临的暴风雨采取具体行动。各国领导人已经被空运到航母上参加联合国大会的欢迎宴会，在去向他们致辞欢迎前，让我写下这篇日记最后的思考：预期的增长数字的确非常低。各种灾害累积，善后清理任务繁重，永冻土融化，农业减产，卫生问题日益突出，凡此种种正使我们付出沉重的代价，这种代价远远大于我们 20 年前的预想。

第五章　潜在冲突日益增长

与我们在《勾勒全球未来》报告中的预测相比，我们评估今后15—20年国家间和国家内部爆发冲突的可能性要大一些，尤其是在大中东地区。在大中东地区，多数地方会比今天更稳定，更接近致力于经济建设的东亚等世界其他地区，但少数地方依旧危机四伏。经济日益开放，而专制政治依然如故，这就为暴乱、内战和国家间冲突提供了滋生的土壤。到2025年，伊朗的核野心可能以这样或那样的方式清楚地展现出来。届时，大中东地区要么被迫进行军备竞赛，要么找到其他途径谋求地区安全。虽然我们相信，在今后15—20年内，“基地”组织等国际恐怖主义团体的吸引力会下降，但一小撮铁杆力量还在，因此威胁也将继续存在。一旦致命技术更易弄到手，尤其会以求一逞。

一、到 2025 年，不稳定弧会收缩？

在先前的研究报告《勾勒全球未来》中，我们认为，那些最可能爆发冲突的国家位于从撒哈拉以南非洲经北非至中东，穿巴尔干、高加索，越中亚、南亚到东南亚部分地区这一大片不稳定弧内。今天，这一弧形地带内的一些国家，经济日趋活跃，GDP稳步乃至高速增长，经济改革步伐虽慢但颇见成效，规章制度逐步改善，金融市场不断深化，区域内外投资与技术转让水平较高，新贸易走廊得以开通。从中长期看，只要能源价格居高不下，又不至于拖慢其他地区经济增长步伐，便有望维持较高经济增长率。对世界能源市场越来越容易发生系统性变化的认识也可能进一步推动经济改革，使能源富国也走上谋求经济多元化的道路。

对一些政权而言，搞经济改革就要在推动经济增长与保持专制统治之间走钢丝。有的可能成功，但成为真正的民主政体寥寥无几，还会有一两个政权的统治者，错估形势，押错了宝，结果国内爆发动乱与冲突。

“我们认为，到 2025 年，有可能出现一个统一的朝鲜。如果不是以单一的政权形式出现，也可能以某种北南邦联的形式出现。”

一个无核的朝鲜？

我们认为，到 2025 年，有可能出现一个统一的朝鲜。如果不是以单一的政权形式出现，也可能以某种北南邦联的形式出现。终止北朝鲜核武计划的外交努力还会继续，但仍不清楚统一过程中北朝鲜最终将如何处置核基础设施和能力。一个重建财政负担沉重的统一的新朝鲜，只有确保半岛无核化（或许与 1991 年以后乌克兰采取的方式类似），才更有可能为国际社会所接受，获得经济援助。朝鲜若以松散的邦联形式实现统一，无核化则会更错综复杂。不过，朝鲜统一也可能带来其他战略后果，包括可能形成新层次的大国合作，以应对种种全新的、长期性挑战，如无核化、非军事化、难民潮和金融重建等。

二、中东地区核军备竞赛风险上升

该地区多个国家已在考虑研发或获取核技术，搞核武器。今后 15—20 年内，伊朗发展核计划的决定将导致区内国家群起效尤，积极考虑搞核武器。这样一来，中东日趋激烈的影响力之争，又添新页，危险更大。其中包括代理人的冲突和外部势力之争。前者如伊朗挺什叶派，其周边国家挺逊尼派；后者乃源于这些外部势力急于保持能源供应畅通，出售先进常规武器以换取政治影响力，赢得更多能源协议。

核军备竞赛并非不可避免……纵观历史，许多国家都曾萌生发展核武器的野心，但都没有走多远。这些国家可能更倾向于获取这项技术能力，而非真正要搞核武器。技术障碍、避免政治孤立、寻求进一步融入全球经济，都可能促使德黑兰放弃搞核武器。然而，即便伊朗只拥有发展核武器的能力，也可能激起区内国家强烈反应，从而酿成动荡。

一旦伊朗确实在发展核武器，或者在区内国家眼里已获得发展核武器的潜在能力，区内其他国家虽然可能决定不谋求拥有相应的能力，却很可能寻求发展能抵消伊朗影响的能力。原因在于，伊朗的一些邻国会视伊朗发展核武器或具备发展核武器的潜在能力为影响生死存亡的威胁，或会导致该地区发生让人无法接受的、带根本性权力转移的威胁，区内国家所信赖的现存核大国的安全保证可能被视为抵抗伊朗核武器能力的充足保障，但仅凭这种保证就想让担心伊朗搞核武器的国家放宽心，未免太强人所难。

……也许，比冷战更大的危险正在酝酿之中。核武器可能使伊朗更强硬，触发更大的动荡，从而打破中东地区的权力平衡。这一前景似乎是该地区阿拉伯国家最提心吊胆的，可能促使一些国家考虑获取自身的核威慑力量。伊朗核能力上升已部分导致中东地区对核能的兴趣猛增，加剧人们对潜在的核军备竞赛的担忧。土耳其、阿联酋、巴林、沙特、埃及和利比亚表示有兴趣建立新核能设施。若伊朗今后展示核能力，从而加强其他国家对其发展核武器的意图和潜能的看法，就会促使更多国家谋求发展自己的核武器计划。

冷战时期出现过的那种稳定的核威慑关系是否会顺理成章地在聚集多个拥有核武开发能力的国家的中东地区重演，谁也说不清楚。缩短或消弭低烈度冲突和恐怖主义，固然可使一国获得安全，但只要冲突双方不跨越红线，一国拥有核武器便可在搞低烈度冲突，甚至发动更大规模常规打击时有恃无恐，更感“安全”。但是，拥有核武器的国家间只要每经历一次这类事件，就可能导致核冲突升级。

在大中东地区，未来 20 年内将有几个国家面临政权更替的挑战。该地区核能力的蔓延会让人们对弱国控制核技术和核武库的能力产生怀疑。拥有核能力的国家多了，愿为其他国家或恐怖主义团体提供核援助的潜在国家也会增加。偷窃或转移核武器、核材料及核技术，以及未经授权使用核武器，种种可能性也将上升。最后，该地区以外的国家也会搞起核武器来，以应对伊朗的核能力。

中东/北非：经济推动变革，动乱风险四伏

从地缘政治角度看，中东和北非（MENA）在 2025 年依然是一个十分重要的地区。其重要性在于石油攸关世界经济发展，而该地区又面临动荡威胁。其未来将取决于领导人如何处理好石油横财、人口变化、政改压力和地区冲突。

一种乐观的前景是，经济增长日趋稳定并可持续。果真如此，地区领导人将选择加大就地投资；执行经济、教育和社会政策，以刺激经济增长；推进政治改革，赋予温和乃至伊斯兰政党更大权力；努力解决地区冲突；贯彻有助于防范未来动荡的安全协议。

（1）悲观的情景则可能是，领导人未能让其不断增长的人口做好思想准备，以有效地参与全球经济；专制政权紧紧抓住权力不放，变得更加独裁；人口增长使资源捉襟见肘，地区冲突依然无望解决。

从人口统计学看，中东和北非不少国家正处在台湾地区和韩国 20 世纪六七十年代经济起飞前的那个阶段。未来 15 年左右时间里，埃及等国积极参与经济活动的人口（15—64 岁）将大大超过经济依赖人口，二者比例之差超过世界上其他任何地区。如果政府经济和社会政策运用得当，这将是个促进经济增长的机会。北非和海湾国家的前景最好。

（2）外国投资多数来自本地区，将增进阿拉伯经济体间的融合，促进私营部门发展。提供就业机会最多的可能是服务业，这将使该地区走上一条跟东亚截然不同的发展道路。

（3）为充分发挥增长潜力，中东/北非国家政府需完善其教育体系，造就一批技术熟练的劳动力，鼓励惯于在公共部门工作的国民适应私营部门的工作需求，顺应变化无常的工作特点。东亚经济体的繁荣，就是靠政府不断努力，通过大学教育，发

展出口产业，迅速提高了劳动力素质。

在其他地区，吸收年纪尚轻的成年人进入工作队伍，为民主化开了一扇门。这一进程是跟出生率下降，年轻人口所占比例下降相联系的。社会科学家已发现，随着在政治体制中获益的人比重越来越大，先前一些专制政体（如韩国和台湾地区）感到可以搞政治自由化试验。一批北非大国，如阿尔及利亚、利比亚、摩洛哥、埃及和突尼斯等，可能在2025年前这段时期，实现这种人口—民主相互关联的演变，但这些专制政体是否会趁机实现自由化，还很难说。

双层的穆斯林世界？虽然政教分离的西方范式对穆斯林大众可能还没有太大说服力，但更多强调经济，尤为重要的是，妇女就业者众，可能催生某些新式的伊斯兰进步主义。这并不是说，极端主义派系会消失；短期来看，他们还可能从妇女角色与家庭模式变化引起的不安中获益。但长期而言，人口出生率下降会促进宗教和政治稳定，如果南欧世俗化具有指标意义的话，现代版的伊斯兰教可能在2025年前扎根。

引导政治异见者进入伊斯兰教讨论（此乃冷战后宗教认同全球复兴的一个变种），以及各国纷纷操控这股伊斯兰教潮流，将加强伊斯兰教在2025年中东地区政治和社会中的主导地位。追求更大程度政治多元性的压力可能推动伊斯兰政党扮演更大角色，也可能促使人们重新思考伊斯兰教和政治应如何互动和相互影响，因为在这进程中可能产生相当大的政治和社会动乱。

即便一些国家可能自由化，其他国家则会栽跟斗：年轻人激增、冲突根深蒂固和经济前景黯淡，可能使巴勒斯坦、也门、阿富汗、巴基斯坦等国处于高风险国家行列。这些国家以及其他国家的动乱引起的外溢效应使出现下述情况的几率增大：该地区其他国家追求更大繁荣和政治稳定性的道路困难重重。妥善处理和解决地区冲突、搭建有助于地区稳定的安全架构，将决定一国能否发展经济，进行政治改革。

尤其是解决叙以冲突和巴以冲突，将拓展世俗世界和伊斯兰世界内部意识形态和政治对话、质疑维持大规模军队和钳制自由的传统借口，并有助于缓和该地区教派和种族间的紧张关系。

伊朗的走向也可能在中东地区产生或好或坏的影响。伊朗的暴戾政权、民族主义认同和对美国的矛盾心态，将使其从地区异见者转变成利益攸关方的过程崎岖不平、险象环生。虽然伊朗不会收敛追求地区领导地位，包括核野心的目标，但其地区导向将难以忽视内外要求改革的压力。比如，伊朗就想跟西方国家在伊拉克和阿富汗分享更多利益，以及阿以和平持续进展，势必将疏远伊朗与叙利亚之间的关系，笼络或排挤伊朗在叙利亚境内的什叶派盟友，凡此种种，都会对伊朗在安全方面又打又拉，促其调整地区角色。在民众一股劲强烈反对腐败和经济管理无方，以及能源收益下滑推动下，伊朗国内会达成共识，进一步发掘经济潜力。这就会再推伊朗一把，使伊朗的派系政治向左转，促使伊朗调整政策以缓和美国与国际社会的制裁。

三、会爆发新的资源冲突吗？

随着人口增长，经济发展，能源需求节节攀升，能源供应的可能性、可靠性与可承受性等方面的问题都会冒出来。国家间为争夺有限资源会闹得不可开交，再跟中东地区政治动荡加剧、人们对市场能否满足需求失去信心搅在一块，情况就更糟糕。国有公司可能控制全球碳氢化合物能源的主要份额，能源与国家政权将难解难分，地缘政治考量也将与此纠结在一起。

痛感能源稀缺，会促使国家采取行动，确保未来获得能源供应的途径。从最坏角度看，如果政府领导人认为获取可靠的能源供应攸关国内稳定和政权生死存亡，上述情景就可能导致国家间爆发冲突。退一步说，只要一国采取战略措施，防范能源供不应求，即便不动刀动枪，也具有重要的地缘政治意义。能源安全考虑已促使中国和印度等国购买油田股权，而激烈竞争正日益得到军事实力的支撑，有可能导致紧张关系升级，甚至爆发冲突。能源短缺国则可能靠转让武器和敏感技术，或承诺建立政治和军事联盟，诱使能源生产国与之建立战略关系。

（1）中亚成为国际能源争夺激烈地区。俄罗斯和中国正联手削弱外部势力，尤其是美国的影响。一旦俄罗斯谋求干预中国与中亚地区的关系，或中国在那里获取能源供应通道的行动更咄咄逼人，两国在中亚的争夺就将逐步升级。

（2）钻探技术发展可能为发现和开采未勘探过的超深油田创造新机遇。不过，这些油田可能位于归属权有争议的地区，比如亚洲或北极圈，由此可能引发冲突。

为确保未来能源供应畅通，海军竞争日趋激烈。尽管输油管道工程日多，但 2025 年亚洲国家仍将依靠海路，从中东供油国运输能源。这使人们更加关注未来波斯湾到东亚和东南亚一线的海上安全，为该地区加强海军实力，推进海军现代化提供了理由，比如中国和印度便发展“蓝水”海军，以保护重要的经济资产和确保能源通道安全。中东和亚洲地区其他国家的海军，在 2025 年仍代替不了美国海军保护战略性海上通道的角色，但地区海军实力增强，可能导致紧张关系、敌对状态和相互抗衡的升级。

（1）日益关注海上安全，可能为多国合作保护重要海上通道创造机会。不过，潜在地区对手间相互猜疑对方海军建设背后的意图，或者建立一些将关键国家排除在外的联盟，都可能削弱国际合作。

（2）亚洲的海军军备竞赛，可能因应对中国海军力量投射能力的增强而出现，还可受北京“反介入”能力（比如攻击型潜艇和远程反舰导弹）的推动。“反介入”能力被广泛视为北京企图在该地区扩张政治影响力，通过威胁切断海上贸易来吓阻其他国家切断中国海上能源供应通道。

气候变化不可能引发国家间战争，但可导致国家间相互指责升级，乃至酿成小规模武装冲突。随着几个地区水资源日益稀少，国家内部和国家间在水资源方面的合作可能越来越困难，从而造成地区关系紧张。这些地区包括喜马拉雅地区（为中国、巴基斯坦、印度和孟加拉几大河流提供水源）；以色列—巴勒斯坦地区；约旦河（以色列—约旦）和中亚的费尔干纳盆地。然而，即便气候变化影响超过预期，这些悲观前景并非不可避免。经济发展、新技术传播、应对气候变化的强大多边合作新机制，都可能促进全球开展更大程度的合作。

能源安全

能源安全军事化的其他例证有：

以控制能源为武器，增强政治影响与胁迫力。俄罗斯正谋求占据有利位置，以控制能源供应和从欧洲到东亚的相关运输网络。这将使莫斯科能利用对能源流动的控制来拓展本国利益与影响力。

恐怖主义和海盗危及能源生产和运输。基地组织头目公开叫嚣，恐怖分子图谋袭击波斯湾的石油设施。武装力量的关键安全考量和使命将是保护能源管道、设施和运输免遭恐怖主义袭击。

具有战略意义的能源生产和出口国的国内动荡、暴乱和冲突。种族和政治暴力以及犯罪活动威胁着尼日利亚大部分石油生产。如此重要的能源生产国政权一旦失败，可能需要外部势力军事介入，以稳定能源流通。

四、恐怖主义：好消息和坏消息

到2025年，恐怖主义不可能销声匿迹，但如果中东经济继续发展，青年人失业问题缓和，恐怖主义的吸引力就可能下降。经济机会和更大的政治多元性将劝阻一些青年人加入恐怖主义行列，但其他人受形形色色动机激励，比如想复仇或想当"烈士"，仍将诉诸暴力以达到自己的目的。

"对那些活跃在2025年的恐怖主义团体而言，技术和科学知识的传播，将使世界上最危险的一些本领能轻易学到手。"

（1）就业机会缺少，合法政治表达手段又不多，很容易滋生不满和极端主义，使年轻人投入恐怖主义团体怀抱。

（2）2025年的恐怖主义和暴乱团体很可能是新老结合。旧团体余孽继承原来一套组织结构、指挥和控制程序、训练方法，擅长老练的袭击；新兴团体则是一帮满腔愤怒，丧失公民权而思想激进的年轻人。

只要因资源短缺、政府治理不善、种族冲突或环境恶化引起的动荡和社会分裂在中东地区一直存在下去，极端主义和叛乱的传播就有土壤。而未来的极端主义可能受全球传播和大众传媒推波助澜。越来越多的网络互接使怀有共同理想的人们能跨越国界，把心怀不满、遭受压迫和丧失公民权的人们集结在一起，组成新帮派。有的新网络能通过非暴力方式迫使政府解决社会不公平、贫困、气候变化的影响和其他社会问题，成为一种推进社会进步的力量。而有的团体则可能利用网络和全球传播媒介，来招募和训练新成员、传播激进的意识形态、理财、操纵公众舆论和协调袭击行动。

从积极面看，穆斯林世界对恐怖主义网络的支持似乎在下降。为达到目的，恐怖主义团体需要大量同情恐怖主义目标的支持者。减少这些支持者数量，是削弱恐怖主义社会号召力的关键。分析恐怖分子间的通信往来可以看出，他们自认为在与西方物质主义价值观的较量中“失利”。对圣战组织网站的调查分析表明，越来越多的民众对恐怖主义行动造成的平民伤亡——尤其是穆斯林同胞的伤亡——表示不满。

对那些活跃在 2025 年的恐怖主义团体而言，技术和科学知识的传播，将使世界上最危险的一些本领能轻易学到手。生物技术产业全球化，使生物技术得到传播，增加了恐怖分子获得生物病原体的途径，便于其搞破坏性袭击。放射性武器和化学武器也可能被恐怖分子或暴乱分子用来对付军队或安全部门，制造大规模伤亡。此外，先进战术武器的扩散也使其被恐怖分子利用的可能性增大。比如，恐怖分子可能利用改良过的反坦克导弹和其他便携式武器系统、温压炸弹和其他先进的爆炸装置、可用来制造更大威力的简易爆炸装置的廉价传感器和机器人技术等。

一些政府可能通过扩充国内安全部队，提升监视能力，雇佣特别行动队，来应对日益严峻的恐怖主义和内部威胁。随着城市化水平提高，反恐和反暴乱任务将日益需要在市区采取行动。为满足日益提升的国内安全需求，控制不受欢迎的难民和移民涌入，政府可能会在领土四周大肆设立路障和围墙，阻止外人进入。社区大门紧闭将随处可见，因为精英总想跟国内威胁隔离开来。

会再一次使用核武器吗？

未来 20 年间，使用核武器的风险仍很低，但几大趋势汇集在一起，风险就可能升级，比今天高。核技术及核知识扩散，引起人们担心出现新的核武器国家或担心恐怖主义团体搞到核材料。印度和巴基斯坦之间持续的低烈度冲突使人们更加提心吊胆，唯恐印巴冲突升级为核大国间更大的冲突。拥有核武器的国家，如朝鲜可能发生破坏性的政权更迭或政权崩溃，继续让人对弱国能否控制和确保其核武库产生怀疑。

除了这些早就存在的关切外，新的政治军事发展也会进一步冲击核“禁忌”。伊朗拥有核武器，将在大中东地区引发核军备竞赛，给这一冲突频仍地区带来新的安全挑战，尤其再跟远程导弹系统扩散纠缠在一起时，更是如此。何况未来指挥控制程序和安全措施薄弱的国家，一旦获得核武器，偶然或擅自动用核武器的可能性便增加。

潜在对手间常规军事力量的非对称性，可能诱使弱小国家将核武器当作必要和合理的手段，以应对势不可挡的常规打击。在此情况下，防御的一方可能利用核武器试验来显示决心、吓阻侵略，或将使用核武器限于保卫本国领土，从而尽力避免冲突升级。有限的破坏性打击，比如使用低当量核武器或搞高空核爆炸，从而通过电磁脉冲效应切断敌方的信息网络和系统，将进一步冲击使用核武器的禁忌，推动人们重新评估现代常规军事力量的脆弱性。

如果在未来15—20年内，出现上述滥用核武器搞破坏的情况，国际体系将为之震荡，立即产生人道主义、经济和政治军事方面的严重后果。但是在远期，世界如何应对再次使用核武器，可能将取决于使用这些武器的背景。对下述问题的流行看法将左右全球对反扩散与核裁军的反应，这些问题包括：使用核武器是否合情合理？造成的破坏大小如何？核武器未来有何用处？等等。

恐怖分子使用核武器，或两个核国家间（比如印度和巴基斯坦）冲突升级，将生动显示出核武器的危险，激起全球核裁军的呼声，鼓励反扩散和反恐举措。

另一方面，如果一国进行核武器试验或使用核武器来威慑或阻止常规打击来达到目的，人们便会感到核武器管用，能保卫领土主权，这就会推动核武器在未拥有强大常规军事或安全保障的国家中扩散。

在任何一种情况下，未来核武器的使用可能带来重大的地缘政治变革，一些国家将寻求与现存核国家建立或强化安全联盟关系，另一些国家则将推动全球核裁军。比如，在欧洲，支持核裁军的西欧国家与依然对俄罗斯的核武库深感担忧的东欧国家间便会产生分歧。

为什么说“基地”组织的“恐怖主义浪潮”可能结束？

基地组织庆祝20岁生日时，大多数专家声称，与基地组织的斗争将遥遥无期，即所谓的“长期战争”。其他一些研究过恐怖主义“浪潮”的专家认为，按恐怖主义的标准，基地组织是一个“老化”团体，而且存在可能导致其日益边缘化的战略弱点，这或许将缩短伊斯兰恐怖主义浪潮的寿命。

一轮恐怖浪潮就是一轮有张有缩的活动，可一直持续40年：兴起、暴力活动风起云涌、衰退。恐怖浪潮的概念是加州大学洛杉矶分校的戴维·拉珀波特（David C. Rapoport）教授提出来的，为恐怖主义活动的比较分析提供了基础。每一轮浪潮中，相似的恐怖主义活动在许多国家出现，受共同的理念指引，比如无政府主义、马克思主义、民族主义或伊斯兰极端主义。处于每轮浪潮风口浪尖的恐怖主义团体通常在退潮前散伙，走向衰落，浪潮也随之结束。基地组织的弱点多多，战略目标无法实现、无法获得广泛支持、行动招致自我毁灭，导致其衰落可能比许多人想的都来得快。

研究表明，恐怖分子的战略目标在两条阵线失败。危及现存政治秩序的目标招致严厉的反恐措施，而既无法实现、又解决不了问题的目标对精英或普通大众都没有吸引力。基地组织的两大优先战略目标——建立全球伊斯兰哈里发、消除美国和西方的影响以推翻“变节”政权——对许多穆斯林政府而言显然是威胁，正招致力度更大的反恐措施。

(1) 没有证据表明绝大多数穆斯林相信这些目标能实现，或相信假设这些目标能实现，会解决失业、贫困、教育体系落后和政府治理不善等实际问题。

尽管基地组织的一些思想获得同情，其分支机构在非洲西北部地区也建立起来，但基地组织并未在伊斯兰世界获得广泛支持。其严酷的泛伊斯兰意识形态和政策只对一小部分穆斯林有吸引力。

(2) 一项有关民众对极端主义暴力行为的态度的研究显示，在所调查的国家（阿尔及利亚、埃及、约旦、科威特、黎巴嫩、摩洛哥、卡塔尔、沙特阿拉伯、阿拉伯联合酋长国和也门）中，基地组织获得的支持很少。该研究也发现，所有阿拉伯国家大多数民众都反对任何团体在本国土地上搞圣战暴力活动。

(3) 基地组织在袭击中杀死穆斯林，正在丧失穆斯林的支持。最近的学术研究表明，杀害平民的恐怖主义团体很少能实现其战略目标。虽然很难确定全球死于基地组织袭击的穆斯林人数，但对现有证据的调查表明，至少40%的受害者是穆斯林。

每一轮恐怖主义浪潮的周期长约40年，这表明诱惑恐怖主义团体成员的前辈们入伙的那些梦想，对后代并无吸引力。鉴于其意识形态严酷、战略目标无法实现、无法发展为大众运动，基地组织代代相传的可能性并不高。

“基地”组织几乎全靠恐怖主义实现其战略目标，而不是将其转变成类似黎巴嫩真主党或哈马斯的政治运动，这种谋略很少能获得成功。最近的学术研究表明，过去40年比较活跃的恐怖主义团体，只有6%实现其宣称的战略目标。基地组织对“远敌”打击鲜有成功，这可能预示着，基地组织已进入行动枯竭期，导致挫败感日深、组织热情冷却、吸引不了新成员。

历史表明，与基地组织相比，全球伊斯兰恐怖主义运动将会持续更长时间。反恐战略要把重点放在弄清楚在这轮“伊斯兰恐怖主义浪潮”剩下的几年里，会不会有后续的恐怖主义团体冒出来，怎样冒出来以及原因何在。

冲突特点正在起变化

随着潜在对手进一步适应先进的科学与技术、武器质量改善以及安全环境变化，未来 20 年仍将冲突不断。

信息重要性不断提升。信息技术进步使得新的协同作战可以综合运用先进的精密武器，提高寻找目标与监视能力，加强指挥与控制，增加使用人工智能和机器人技术等手段。远程精密武器扩散，越来越多的国家能威慑对手，威胁要迅速摧毁其重要经济、能源、政治、军事及信息设施。信息技术日趋提升现代作战能力，将使信息本身成为未来冲突的主要目标。至 2025 年，一些国家可能部署能够瘫痪或摧毁敌方信息、传感器和通讯网络的新式武器以及反卫星、射频和激光武器系统。

非常规战争能力提高。国家以及非国家行为体，将采用非常规战争战术作为主要作战方式跟先进的军队对抗，这将成为 2025 年冲突的一大特点。今后 15—20 年，轻便武器的推广将导致来自非常规作战形式的威胁急剧增加。这些武器包括精密战术武器、便携式武器系统，信息以及通信技术等。采取同样办法，如当代通讯技术将极大增强非正规部队组织、协同与执行分散的战争行动的能力。这些通讯技术有卫星、手机、互联网、商业编密码，并与手携导航装置、高效信息系统（含有大量文本、地图、数字图像与录像）相结合。

战争的非军事作用更加突出。战争的非军事手段，如计算机、经济、资源、心理以及基于信息的冲突形式，将在未来 20 年更为普遍。未来，国家和非国家敌手将发动“媒体战”，控制 24 小时的滚动新闻内容，操纵公众舆论，推出己方议程，为他们的事业争取公众支持。

传统战场之外的冲突扩大与升级。控制冲突的扩大和升级，在未来将困难重重。武器水平不断提升，如远程精密武器的问世、大规模杀伤性武器继续扩散、计算机和太空战争的运用，为国家军队和非国家团伙提供了手段，使其可以在传统战场之外，扩大冲突或使冲突升级。

五、阿富汗、巴基斯坦和伊拉克：地方发展轨迹与外部利益

阿富汗、巴基斯坦和伊拉克的事态发展将严重影响地区稳定。到2025年，这三个国家将走向各不相同的发展道路。

到2025年，**阿富汗**可能仍将清楚呈现出部落运动与冲突的格局。除塔利班之外，阿富汗从未出现过强大的中央权威，即使喀布尔控制力增强，地方离心势力仍将坐大。

西方援建基础设施，提供经济援助以及建筑工程很可能只是为地方间竞争提供新的本钱，而难以为具有凝聚力的西式经济和社会统一奠定基础。

全球化使鸦片成为阿富汗主要的经济作物。除非跟中亚、巴基斯坦、印度的经贸关系进一步发展，阿富汗就没有别的路子好走。

随着不同力量间的分分合合，阿富汗部落与教派纷争可能会继续闹起来，你争我斗，变幻无常。外部势力就必须做出选择，或组成临时同盟来摧毁恐怖主义分子，或获取地方资源，或推进其他眼前利益，或追求更为雄心勃勃但代价高昂的目标。

考虑到邻国阿富汗的状况，**巴基斯坦**的前途是个未知数。巴基斯坦西北边省和部落地区可能继续治理无方，成为阿、巴边境

地区动荡的根源或后台。如果巴基斯坦到 2025 年依旧四分五裂，巴、阿边境两边的普什图部落就会携起手来废除杜兰线，[①] 挤占巴方旁遮普族和阿方塔吉克等族的地盘，让普什图部族占最大便宜。要不然就轮到塔利班和其他伊斯兰活跃分子称王称霸，至少在一些部落的政治事务中能说一不二，最终拍板。

在**伊拉克**，众多种族、教派、部落以及地方显要之间将展开激烈竞争，最大限度地争夺政治与社会统治权，获取资源，并通过保护人网络控制这些资源的分配权。

至 2025 年，巴格达政府仍将成为不同派系的争夺对象，以便寻求外援和显要职位，而不能独立行事，难以具有政治权威，享有合法地位，成为执行独立经济政策的有名望代理人。

在伊拉克所发生的一切，不仅对国内竞争各方，也对邻国产生影响。伊朗、叙利亚、土耳其以及沙特阿拉伯将很难置身其外。一个乱糟糟的伊拉克将继续闹得四邻不安。一旦冲突升级为内战，伊拉克会继续为其他国家提供教派冲突的反面教材，而稳定的伊拉克则将树立一个经济增长、政治发展的正面样板。

伊拉克内外有关各方都寄望美国确保伊拉克的稳定。但是出于本身主权和政权生存的考虑，又担心美国从中捣鬼。

各种民调也可能继续显示普通民众们坚持要当“伊拉克人”。但是，互相竞争的安全体系、地方与教派各自的安全靠山、社会组织及经济生活网络，互不相让，形同水火，到头来强调得最起劲的还是对各自特点的认同感。

---

① 杜兰线是巴基斯坦与阿富汗的分界线——这是一条人为的分界线，阿富汗政府未予承认。

意识形态的终结?

我们认为，在多数国家一心应对全球化的现实挑战、全球权力组合变动转移之际，类似冷战时期的意识形态冲突不可能扎下根来，固定不变。当今只有在穆斯林世界尤其是在阿拉伯核心地带才最讲意识形态，伊斯兰教形形色色派别继续对社会规范和政治活动产生深刻影响，成为个人观察全球化经济和文化力量的一个视角。随着宗教仪式花样翻新，以及阿拉伯世俗民族主义乏善可陈，这就为在今后15—20年里，伊斯兰政治和社会运动在多数穆斯林国家大显身手提供了条件，势必会对政府和公众施加意识形态影响。

伊斯兰教掌门人，与悠久的学术殿堂与法学传统相隔绝，死死保住自身对可兰经和圣训（穆罕默德言行录，现已成为古兰经的一个补充）的解读，伊斯兰运动的前途日益流动易变。这种置传统于不顾的趋势，将受媒体技术的协助，推动萨拉菲主义的传播，（刮起一股回归崇尚早期伊斯兰教风）。包括力主不计代价搞垮穆斯林世界特别是中东地区亲西方政权的最激进派在内。与此恰恰相反，宗教权威分散成为以志同道合者组成的网络，又为主张恢复从创新角度看待伊斯兰国家与现代世界的关系的一派搭建了舞台，跟伊斯兰激进势力对着干，唱对台戏。

这场伊斯兰内部的意识形态斗争向何处去将主要取决于各地具体情况。在经济发展和人口结构良好、公众和政府主张享受全球化红利的国家中，将会出现一股强大推动力，力主振兴和传播扩大伊斯兰教教规，促进创新文化、学习科学、进行政治试验、尊重宗教多元化。而在年轻人激增、经济底子薄的国家，如阿富汗、尼日利亚、巴基斯坦与也门，激进的萨拉菲主义就可能受到追棒。

逊尼派只有在巴格达向其提供该派控制区以外的足够资源时，才会对中央政府感兴趣，否则逊尼派圣战者、部落领导人以及其他显要人物的强烈不满就会继续成为一种不稳定因素。此外，伊拉克逊尼派移居约旦和叙利亚人数的任何显著增长，也将破坏这些国家的稳定。

因便于取得主宰地位而称心如意的**什叶派**历来四分五裂，萨德尔派和哈基姆派以及其他显要间的个人争权夺利可能仍是什叶派政治活动一大特点。逊尼派与什叶派混居的部落可以起到教派粘合剂的作用，但只有经济发展了，才会出现一个更为透明、值得信赖的中央政府以及促进物质生产与分配的全国性体系。

一支不分教派、融为一体的全国性军队是伊拉克国家正常运转的一个重要因素，这就要求目前效忠部落教派意识强烈的部队官兵换脑筋，具备同心同德，一心为国的精神。

可能爆发全球性传染病

一旦出现一种异乎寻常、传染速度快、病毒性的人类呼吸系统疾病，而又缺乏足够应对措施，就会触发全球性大流行病。如果 2025 年爆发疫情，国家要竭力控制住力图躲避传染、获取生活资料的人口流动，这就可能引起境内外紧张局势和冲突。

是否出现全球性传染病取决于自然基因变异或目前流行性疾病品种重新排列组合，乃至出现某种新的以人类为宿主的病原体。专家十分重视类似 H5N1 禽流感病原体（HPAI），认为该病原体很可能成为转型源。但是其他病原体，如非典（SARS）冠状病毒或其他流行性疾病也有可能成为转型源。

这类传染病通常首先出现在人烟稠密和人畜杂处地区，如中国和东南亚大部分地区。畜牧不讲章法导致 H5N1 这样的动物疾病易于在牲畜之中流行，增加变异为人类流行病菌株的机会，进入人口稠密区后，便会蔓延开来。

这种假想情景下，疾病原发地卫生监管能力差，无法早期判断，反应滞后使人们很晚才意识到出现了传染性强的疾病。最终通过实验确认时，数周早已过去，疾病已在东南亚城镇流行。尽管禁止患者出国旅游，症状轻微或无症状的游客可能携带病毒，前往其他大陆。

每隔几个月就会出现一波新病例。缺乏免疫性强的疫苗，人体免疫力几乎普遍欠缺，人们易受传染（注1：美国和世界卫生组织正努力研发能够阻止或减轻流行性的流感病毒疫苗。未来几年如取得突破，今后几十年流感病毒威胁将为之减轻）。情况糟透时，美国本土会有数千万乃至上亿人患病，数千万人丧生（注2：疾病传播多快，多少人染病，病期多长，死亡率多高，症状如何，有无后遗症将依病原体特点而异。这一假想情景描述的特点站得住脚，是从若干变量之中筛选出来的）。在美国境外，医疗基础设施严重破坏，经济损失遍及世界，影响所及全球近三分之一人口患病，成千上万人死于非命。

全球情景之三："金砖四国"闹翻

在这种虚构的情况下，中国担心能源供应问题将与印度发生冲突。随着2025年能源供给吃紧，围绕资源的纠纷将日益成为冲突潜在根源。能源生产国数量减少，又大都集中在中东的动荡地区，能源的脆弱性暴露无遗。为了其他问题，如新贸易壁垒吵得不可开交的世界，任何潜在纷争都有可能升级。正如本展望中所勾勒的那样，误判多，沟通少，形同真实威胁。同时，新兴国家间争夺资源。中国与印度尽管煤炭资源丰富，但油与天然气资源不多，产量日益下滑，只好依赖境外资源。考虑到多极化世界爆发冲突的潜在可能性日增，我们需要记住新兴国家间发生冲突的范围也不小。支持这一假想情景的前提条件还有：

(1) 国家间竞相应付能源资源短缺，经济增长由平稳转向缓慢。亚洲国家经济尤为严重。

(2) 在一方赢多少另一方就输多少的零和世界中，随着能源

竞争加剧，民族主义情绪上扬。

(3) 1914 年第一次世界大战前国际政治军事实力均势在 21 世纪再次上演。

巴西

现任外交部长给巴西前总统的一封信

2021 年 2 月 1 日

我听过一个故事，尽管不知道是不是真的。现在闻名于世的新兴国家集合体“金砖四国”（BRICs）中的巴西，是高盛集团后来经过考虑才加上去的。传闻说他们需要第四个国家，最好在南半球，因为其他三个都是北半球的。当然，巴西的英文开头字母“B”也有很大帮助。

不管是真是假，在过去六个月里，巴西显示了它的影响，展示了外交功绩，即令当下的美国也稍逊一筹。

这一切是怎么发生的呢？让我们从事情的开头说起，尽管您可能已经知道了。整个事情源于这次中印冲突。而中印冲突事实上从以前的相关报道中即可找到蛛丝马迹。由于一连串微不足道的事件，中国袭击了阿曼湾附近的两艘印度军舰，随后招致美国的报复性袭击，美军在中国军舰要撤离该区域的时候，打得中国军舰丧失了战斗力。

多年来，中国从自己的立场出发，一直关注着几个可能严重危害其经济甚至政治生存的严重事态，包括：

第一，日本在一些有油气开采价值的竞争性海域，海上控制能力得到明显增强。

第二，印度在力图消蚀中国扩展在东南亚影响的同时，军事现代化明显加速，增强了油气从中东输往中国的区域的海上切断能力。中国对此做出了反应，经由在巴基斯坦建立海军基地，拓展其在该地区的海军存在。北京的战略很清楚，通过反过来威胁印度的海上通道，来遏止印度切断中国海上能源通道的任何企图。中国潜艇在监视印度海军演习后未经解释即消失得无影无踪，导致中印紧张骤然升级。

第三，中俄关系也几乎在同时摔了跟头，尽管此前两国在上海合作组织合作良好。北京察觉到俄罗斯暗中损害中国与中亚产油国关系的日益增多的行迹，因而加剧了中国的能源不安全感。因为，随着中国和美国的巨额投资未产生作用，新兴替代能源技术（清洁煤、太阳能、风、地热）并未转化为实际能源。

正如你所知道的那样，早在中印冲突之前，中俄两国去年就在俄罗斯的远东地区有过一两次小磨擦。如果说中国担心俄罗斯在中亚的两面作派，那么俄罗斯则对中国在俄远东的行为胡乱猜想。俄罗斯指控一些从北京来的学生犯有间谍罪，并把他们关押在符拉迪沃斯托克。就像你记得的那样，随后轰动一时的中国营救行动使俄罗斯人丢尽颜面。有人将其与 1905 年日本击沉俄舰队相提并论，称之为第二次“亚瑟港事件”。

最后，中东成为中、印、俄三大竞争对手角逐战略影响和能源通道的新舞台。随着美国在伊拉克撤军之后减少中东军力，其他大国寻求填补战略真空。某些海湾阿拉伯国家认为美国在伊拉克之后对中东的安全承诺已大大削弱，开始寻求加强与其他大国的关系，作为对美安保承诺弱化的一种弥补。

同时，由于伊朗继续显示其日益增长的实力，中东地区仍现紧张之势。危机在伊朗海军与阿拉伯海军在波斯湾一系列磨擦之后发生。伊朗威胁要切断除“友好”国家之外所有外国海军进入波斯湾的航道，美国随即对伊朗实施新经济制裁作为回应，并寻求对伊朗实施武器禁运。伊朗威胁美国收回成命，否则就切断波斯湾石油供应线。

美国向中、印及其他国家施加强烈压力，要求它们拒绝伊朗的讨好，中止与伊朗的贸易往来。由于担心能源供应中断，北京寻求两面讨好，既与沙特保持良好关系，又承诺继续支持伊朗。中国虽在几年前即建立战略储备，但也只能维持到这么久，接下来几个月可能出现的不确定因素给当局造成巨大政治压力。新德里的反应也很微妙，既表明它需要伊朗的天然气，又寻求与美国和阿拉伯国家搞好关系。结果，印度拒绝参与必然对伊朗普通民众最具伤害的经济制裁行动，但同意协助美国实施对伊朗武器禁运。

你可以想见所有这一切如何最后导致海上冲突。中国人的神经紧绷，但在俄罗斯远东事件后，中国人信心满满。印度试图拦截一艘据信载有反舰巡航导弹前往伊朗的中国军舰，但遭到中国海军的抵抗。中国把印度军舰看作是美国的替代品。美国的反击证实了这一点。这场源于中东、确系美欧反对伊朗的危机，就这样突然转变成一场严重的全球性危机。

所幸与 1914 年不同，在过去几周内，所有国家都悬崖勒马了。但现在油价则飙升至超过 300 美元一桶，全球股市一派惨象。凡此使我开始从巴西视角观察局势。我们可谓被所有国家都信任的唯一国家。即便是欧洲，也因在伊朗危机中与美国牵连而失信。中国正在竭力寻求避免与美、印发生全面冲突的出路。美国也想打破僵局，挽回面子，因为整场危机的胜利者看起来是伊朗人，某种程度上也可说是俄罗斯人，他们从油价峰值中收获大笔财富，为坐收渔利而洋洋得意。当然，我们继续负责任地开发生物燃料，使我们的信誉只增不减。

在谈判中，我尽力让各方都后退一步，并相互赔偿各自舰队损失。中国需要一旦恢复进口必须得到波斯湾能源供给的保证。

我不确定我是否成功地推动各方重建信心和信任。我感到美、中、印三国军方都会利用此次事件去推动更大的能源安全军事化保障。我们将亲历一场新的海军军备竞赛。

在中国，美国的袭击使政府脸上无光，所以政府仍惧怕公众的激烈反应。当然，美国暂时成为中国民族主义情绪宣泄的对象——美国大使馆一片狼藉。伊朗向后退了一步，尤其当美国及其欧洲盟友做出一些让步，允许伊朗原油自由流动，并与中、印解除了危机。

我得知危机三方——美、中、印要在里约热内卢进行下一轮对话。我希望对话在欢乐的气氛中进行。里约热内卢狂欢节即将到来……

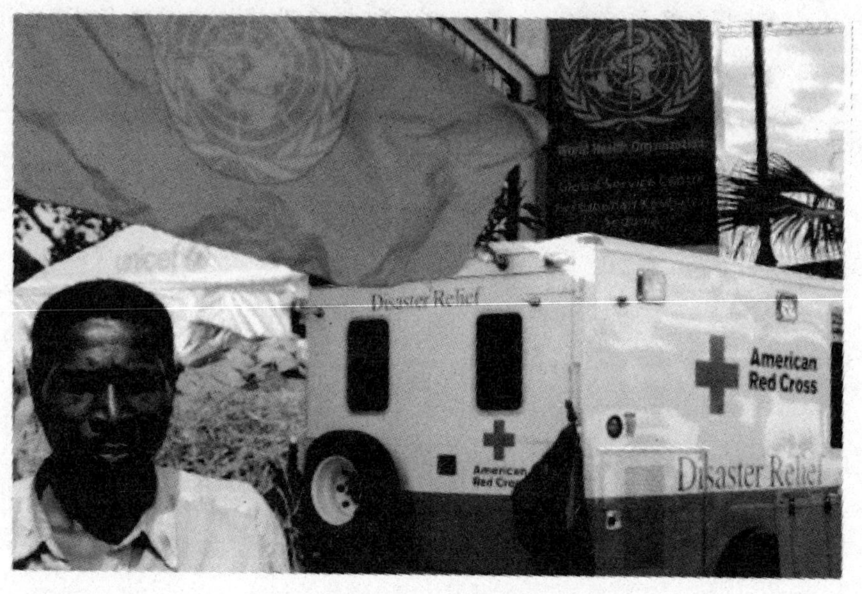

第六章　国际体系能应对挑战吗?

近一二十年来出现的权威与实力扩散之势很可能加快。这是因为出现了一批新的全球参与者，种种国际机构日益低效无能，地区集团纷纷兴起，先进通讯技术、非国家行为体和网络力量增强。

到 2025 年，民族国家既非国际舞台上的唯一，也非最重要的参与者，“国际体系”势将变革以适应新的现实。但是，这种变革既不完善，也不均衡。尽管国家不会从国际舞台上消失，但是各种非国家行为体，包括企业、部落、宗教组织乃至犯罪网络将对社会、经济、政治等广泛议题的决策产生影响，因而其相对实力将不断增强。

行为体多样性的增加固然可以填补二战以来日趋陈旧的国际机构留下的空白，对国际体系起到促进作用，但也可能进一步分裂现存体系，阻碍国际合作。在原有国际机构应对新的跨国挑战明显无力的情况下，行为体形式和类型的多样性使得未来二十年国际机构分裂的可能性大大增加。

一、没有多边主义的多极世界

在这样一个世界中，我们不太可能看到一个总体的、综合的、单一的全球治理模式。目前的趋势表明，2025 年的全球治理模式将是一个重叠的、临时拼凑的混合体，其中成员国、国际组织、社会运动、非政府组织、慈善基金会以及公司将分分合合，变化不断。

这种利益和行为体的分化组合将使联合国的前景堪忧，使之在成员国之间，特别是在现有或扩大后的联合国安理会成员中加强共识、以采取有效多边行动或继续扩大联合国机制改革的努力受到掣肘。

这样的多极世界同样不会容下一个单一主宰民族国家，凭借超强实力与合法性而成为机制性变革的代理。（下面将讨论美国的作用）。

多数紧迫的跨国问题，包括气候变化、国际金融市场监管、移民潮、失败国家、犯罪网络等等，绝非单一国家采取行动就能有效解决。亟需找到有效的全球治理模式，这一需求将超过现有机制的反应能力。领导者需要寻求适合的办法来解决跨国问题，或利用新机制，或更可能利用众多非正式组织。近来的趋势表明，现存多边机构通常规模庞大而又缺乏灵活性，在承接新任务、应付不断变化的成员结构、获取必要资源等方面很难迅速发挥作用。非政府组织和慈善基金会关注一些具体问题，将日益成为整个机制的一部分，但是如果没有多边机构或各国政府群策群力，它们进行变革的能力也会受到限制。

为体现新兴大国崛起而要求国际组织扩员的需求日增，使国际组织在应对跨国挑战更加力不从心。对成员国不同观点的尊重将继续影响各组织的议程，并限制通过可能的解决方案。从联合国大会到北约和欧盟等大型组织以及规模正不断扩大的组织，可能会发现挑战尤其严峻。为此使得任何想要“推倒重来”、改造国际组织结构的努力，如废除或重新改革某些组织，都将是徒劳的。

机构臃肿、目标含混、合法性不足、有效性不够，也可能阻止有效行动。这种情况之普遍，无论西方主导还是第三世界建立的机构，都概莫能外。

我们预料，军备竞赛、领土扩张及军事对抗等 19 世纪后期的多极化特征，在正在出现的多极化中重要性将大为降低，但也不能排除这种特征的可能性。对多数国家来说，战略竞争很可能围绕贸易、投资、技术创新和收购等展开。然而，对能源或水等资源的日益担忧很容易将焦点重新转向领土纷争或悬而未决的边界问题。

在亚洲，众多此类边界问题特别引人注目。以中亚为例，该地区储备丰富的能源资源增大了 19 世纪那样的“大博弈”重演的可能，外部势力为控制市场准入往往采取排他性政策。事实上，一旦化石燃料替代品迅速发展，许多国家的实力将显著下降，这将对地区稳定构成潜在威胁。当中国、印度等国实力不断增强，周边小国可能会试图寻求外部势力保护或介入，以保持平衡。

扩大的地区主义——对全球治理是利还是弊？

在亚洲地区层面，多极化深入、多边主义弱化的趋势可能成为现实。亚洲如果进一步整合，将填补多边国际秩序日益弱化带来的真空，同时进一步削弱该秩序。1997 年亚洲金融危机后，一系列泛亚洲集团——最重要的是东盟 10＋3——登场。尽管很少有人认为 2025 年之前将出现欧盟的亚洲版，但如果以 1997 年为起点，亚洲十年来的整合速度无疑要比欧洲联合的前十年快得多。在经济领域，美国等区外参与者仍将是 2025 年亚洲经济联合体中的重要成员。然而，未来 15 年亚洲货币一体化的趋势，即使亚洲货币还不是第三种国际储备货币，已经超出理论范围了。

亚洲整合的发展很大程度上将是亚洲国家为免遭区外金融动荡影响，推动经济整合，为在国际舞台上寻求更多发言权而努力的结果。

亚洲地区主义在一些方面难以量化，包括合作意识提高，信心倍增，高层官员会晤频仍以及弥合政治历史分歧、从而形成新的社会认同的文化传播。

亚洲地区主义将具有国际意义，可能刺激或推动三个可能成为准集团的贸易金融圈的形成（北美、欧洲、东亚）。

准集团的建立具有重大意义，既会影响未来世界贸易组织达成协议，也会影响地区集团的形成。这些集团可以在设定跨地区产品——信息技术、生物技术、纳米技术、知识产权保护等“新经济”产品——标准方面相互竞争。

亚洲在能源问题上的态度将主导世界其他地区的政策立场。中东石油约有三分之二出口给亚洲，而亚洲的进口约有 70％来自中东。这一模式很可能得到强化。不论这种联系主要是商业上的——互补性投资和武器买卖——还是具有更多政治、战略意义，都将决定国际体系的特征。

在最坏的情况下，地区合作停滞不前，对石油供应线的关注可能引发中、日、印海军军备竞赛。

从安全领域的进展看，目前亚洲在该领域整合程度最弱，竞争和对抗趋势仍在继续，这就可能会削弱地区主义。朝鲜半岛能否统一、如何统一，朝核问题，台湾与大陆走向冲突还是和平解决问题，都是影响地区局势变动的关键因素。目前的趋势表明，传统安全问题的重要性正在下降，可能被资源竞争等新问题取代。为向统一的朝鲜过渡而进行调整，将把六方会谈扩大为一个机制，其特征是美国、日本和中国的合作达到了新水平。

亚洲地区整合的进步与倒退很大程度上还取决于未来的中日关系。中日两国现代史上首次同时作为地区和全球大国。关键问题是，它们能否超越历史猜疑，和平竞争。朝鲜和台湾问题的和平解决以及遵循法德模式的中日协定将极大降低亚洲国家对美国“离岸”平衡角色的需求。然而，在中国崛起的政治经济影响尚未明朗前，美国的亚洲盟友和安全伙伴不会牺牲美国的平衡作用来换取任何集体安全安排。

二、国际体系知多少？

新兴国家，特别是中国和印度，在维护稳定和开放的秩序方面有着共同利益，但采取的“方式”不同。它们取得惊人经济成就所遵循的模式与西方传统自由放任政策大不相同。正如我们所看到的那样，由于它们仍将持续地将经济增长作为首要目标，气候变化、能源及其他资源需求将会更成问题。由于理念和观念不同，问题便在所难免：这些国际体系的新玩家及其所采取的方式，是否能够跟传统的西方体系相融合，建立一个具有内聚力的国际体系来解决不断增加的跨国问题。

新兴大国均信奉“国家中心”的观念，因此国家利益迥异，并严重依赖全球化，似乎难以形成一个集团与更加完善的西方秩序直接对抗。现存国际组织，如联合国、国际货币基金组织和世界银行，可能会做出充分反应和调整，以容纳新兴大国的主张。但新兴大国能否获得或想要获得更多的权利与责任，则另当别论。事实上，某些甚至所有这些新兴大国都可能满足于利用这些机构为自己谋利，而不用承担与其地位相称的领导责任。同时，其成员国身份并不意味着必须承担重大义务或责任。这样，它们就可以寻求经济发展。对于某些国家而言，未来15—20年就联合国安理会新增常任理事国问题达成一致还遥遥无期，这就为它们放弃可能有损国内目标的国际角色提供了另一借口。为了向新兴大国提供足够责任，使之承担更多国际义务而重塑国际体系，这样的政治意愿是否存在，是个很大的不确定因素。

“多数专家……预测新兴大国不会挑战或急剧改变国际体系。”

我们咨询的大多数专家，包括美国和外国的，都认为新兴大国不会像19世纪以及20世纪初的德国和日本那样挑战或彻底改变国际体系。新兴大国将拥有充分自由来“量身定做”其政治经济政策，而非完全照搬西方模式。由于其地缘政治影响、国内市场以及在全球资源开发、制造业、金融业、科技方面的地位提高，新兴大国因此可能想保留进行回旋的政治行动自由，而让别国承担应对恐怖主义、气候变化、防扩散、能源安全等全球挑战的责任。例如，俄罗斯和中国的资源民族主义和国家资本主义支撑其精英政治，限制了它们在贸易、能源、金融、气候变化等重大国际经济议题上做出妥协的意愿。

其他国家，比如印度，缺乏经济、政治方面的战略眼光，也不具备加大经济自由化力度的国内基层支持。许多全球问题需要这些国家在发展规划方面做出牺牲或突然改变，这是它们宁愿作为多边体系的旁观者而非领导者的另一原因。

民主的未来：更有可能倒退，而非掀起另一波浪潮

从长远看，民主化继续深入的前景仍很乐观，但进展可能放缓，全球化将使许多最近民主化的国家面临更大的社会经济压力，这些压力可能动摇自由制度的根基。

(1) 说来奇怪，经济上的挫折反而会推动中国和俄罗斯向多元主义和民主化方向前进。中国共产党的合法地位日益依赖其确保社会物质财富增长的能力。对精英腐败的怨恨日益高涨，一旦出现严重经济危机，这种愤怒情绪就会推翻现存体制。与此类似，如果俄罗斯人民的生活水平急剧下降，政府的统治地位也将受到挑战。

(2) 有调查显示，民主已经在世界其他地方扎根，特别是在撒哈拉以南非洲和拉丁美洲。在那里，舆论积极地视民主独立于任何物质利益之外。然而，历史上处于萌芽状态的民主国家都不稳定，缺少强大的自由制度，特别是法制这一经济衰退时支撑民主的要素。个案研究表明，腐败泛滥威胁性最大，削弱了人们对民主制度的信仰。

(3) 正如我们在文章其他部分提及的，许多集权国家政府在经济发展上的成功，将促使人们质疑民主是最好的政府形式这一观点。调查显示，许多东亚国家更强调善治而非民主。善治包括生活水平的提高。而在其他地区甚至许多成熟的民主国家，人们对目前民主政府的运作愈感忧虑，精英阶层对民主政府能否为迅速、有效应对不断增加的跨国挑战而采取果断行动表示质疑。

三、网络何其多

为应对可能出现的全球治理缺位，国家和关注特定问题的非国家行为体之间将形成网络。这些网络将寻求趋同的目标和利益，包括解决问题的真实意图、自身商业利益、道义根据以及国际政府间组织和非政府组织参与解决变动世界面临问题的强烈愿望。在某些情况下，一个围绕问题形成的网络核心可能是某个国家或国际委员会也可能是某个专家机构，它们不是选出来的，却具有重要影响力，就治理、贸易等问题做出报告，进行监督。目前此类网络包括金融稳定论坛、碳捕获领导人论坛以及氢能经济国际合作伙伴计划等等。

问题型组织（lssue groups）可能有助于制定和推广各领域的标准和规则，包括信息技术、监管机制、“新后工业经济”管理等。对于某类问题，网络可能为民族国家达成协议奠定基础。在非正式背景下打好基础后，民族国家就能够采取解决问题的措施，获得合法性，有时还可以把提出倡议的功劳归为己有，并可能因为发起倡议而受到赞誉，同时避免背上受外来国际组织强制提出解决办法的坏名声。到2025年，非政府组织的数量和类型将呈爆炸式增长。准入成本低、管理费用低，个人和组织又能通过因特网形成隶属关系，都将推动此类集体组织发展。

除此之外，一系列新的社会行为体，具有超级权力的个人甚至犯罪网络，将日益影响国际体系的发展结果。这些精英的权力是财富和一系列遍及商业、政府、国际组织和非政府组织的国家与跨国联系所赋予的。精英们利用其广泛联系和多国身份，提升了跨越国家和组织边界的“跨国”影响力。

“尽管宗教组织已是全球化的极大受益者，宗教仍有可能成为抵制现代化进程的主要工具。”

宗教作用的提升。以宗教为基础建立起来的网络可能成为典型的问题网络，到 2025 年，它们将在施加影响力和塑造国际体系方面发挥比世俗跨国组织更强大的作用。事实上，我们可能要进入一个神职人员领导的新时代，那时，宗教领导人将是解决未来国际争端和冲突的主要权力掮客。

跨越南北两个半球的宗教活动家和电视传教士已经获得了权力和影响力方面的丰厚回报。如伊斯兰教的艾米尔·哈立德，基督教的艾许牧罗或乌克兰的穆林德牧师。哈立德的网站是全球第三大受欢迎的阿拉伯文网站（半岛电视台排名第一）。

在基督教传统范围内，遍布南半球的全新模式的权威和领导的出现必然催生独立的牧师和宗教活动家，他们的活动带来显赫地位和滚滚财源。在 2025 年之前，一些福音派和超大型教会传教士很可能觊觎国家领导人地位，特别是在那些在全球衰退中遭受毁灭性经济打击的国家。

尽管宗教组织一直是全球化的巨大受益者，宗教仍有可能成为抵制这一现代化进程的主要工具。宗教组织可以引导社会和政治示威，对于那些缺乏社会精英拥有的交流手段和影响力的人们来说，尤为如此。其相关性在于，许多将在未来 20 年占主导的经济趋势，可能激起社会分裂和民怨，其中包括贫富差距扩大，印度和中国的城乡鸿沟，从现代化中受益或掉队的国家和地区之间、以及能够应对全球化结果和应对无方的国家之间的巨大差异。宗教积极分子可以引用神圣的经文，借鉴悠久的历史传统，以社会正义的言辞和平等主义的方式，为民众诉苦伸冤。

一旦世界经济增长遭遇类似上世纪 90 年代晚期的印尼危机但却范围波及全球的严重倒退，以宗教为基础的地方叛乱和民族冲突可能接踵而至，席卷巴西、印度、中国以及非洲大部分地区。如果对中等严重程度的气候变化的预测应验，也将在非洲和亚洲大部分地区触发宗教冲突。其中风险最大者以及由少数群体充当替罪羊的国家，当属那些穆斯林占主导而有大量少数基督徒的国家（埃及、印尼、苏丹）、基督徒占主导而有大量少数穆斯林的国家［如刚果（金），菲律宾、乌干达］或基督徒和穆斯林势均力敌的国家（埃塞俄比亚、尼日利亚、坦桑尼亚）。

宗教组织既可以成为人们抵制全球化的工具，也可以帮人们应对同样的问题，促进社会稳定和经济发展。如果没有宗教安全网，发展中国家的混乱和分裂程度将会更加严重。近三四十年，以农村为主的社会日益城市化，上百万移民涌向城市，而城市却没有为他们提供充足的医疗、福利、教育资源与基础设施。宗教组织却能提供替代性的社会体系，弥补空缺。这已成为宗教赢得大众支持的强大因素，这正是信仰的力量之所在。

国家及其机制越薄弱，宗教组织的作用就越重要，通常具有原教旨主义或神权政治性质的宗教意识形态的吸引力也越强。

2025 年会出现一个“影子”国际体系吗？日益增多的跨国犯罪网络除参与传统的国际毒品走私，还试图控制全球资源，特别是能源、矿产等战略资源市场，这一威胁将进一步分裂国际体系。世界范围内不断增长的能源需求为犯罪分子扩展活动提供了便利，他们能够与能源供应商及其所在国领导人直接打交道。随着能源供应渐渐聚集到治理无方、长期腐败、缺少法治的国家，有组织犯罪向那里渗透的潜在可能性极大。

- 有组织犯罪在能源领域的非法活动使其所属企业在国际能源市场上获得了不公平的竞争优势。
- 假以时日，犯罪分子可能会凭借其对政府机构和公司董事会会议室的惨透，逐渐控制国家，影响市场走向，即使不是外交政策。对于许多资源富有国而言，能源收入是整个经济的基础，能源政策是其外交决策中的关键因素。

- 在欧亚大陆市场上，有组织犯罪一直是当地政治和经济环境制度化的一部分，有组织犯罪头目渐渐转变为有影响力的商人，成为腐败官员的重要合作伙伴。因此，犯罪网络渗透活动的可能性最大。

- 随着俄罗斯和欧亚能源供应商在欧洲和亚洲能源市场上占有越来越大的份额，可以预测，这些有组织犯罪网络将扩展活动，从而助长更严重的腐败和外交政策操纵，以便从中渔利。

全球图景之四：政治并非总是地方性的

在这个虚构的情景中，出现了一个不再由民族国家负责设定国际议题的新世界。从民族国家分离出的实力和权威，促进了包括社会政治运动在内的次国家和跨国实体的成长。在这一情景中，公众对环境恶化和政府无所作为的不断关注相结合，“赋予”政治激进网络以“权力”，使其从中央政府官员手中夺走了问题的控制权。全球通讯技术使个人可以直接隶属于超越地理边界、由认同感驱动的组织和网络。环境保护主义成为利益和欲望水乳交融的一个大问题。该情景的前提条件包括：

(1) 在权力日益分散的世界中，各国政府的权力和重要性下降。

(2) 散居国外的侨民、工会组织、非政府组织、少数族群、宗教组织等行为体获得显著权力，与国家建立正式和非正式联系。

(3) 通讯技术使得人们能够无处不在地不断融入到其所认同

的网络中去。

政治并非总是地方性的

《金融时报》2024年9月14日

我们正处于一个新时代，国家政府不再是最重要的行为体。关于威斯特伐利亚时代的结束，我们已讨论过很多，但从未真正相信过。进言之，深入观察非国家行为体比报道政府高官及其高级住所还要困难。现在我们需要认识这些松散网络的力量。与政府不同，它们的确干成了一些事，已经证明自己的确很重要。现在，我要谈谈最近达成的气候变化协议，确切地说，是在前一协议到期之前刚刚达成的。新协议对碳排量限额做出了更严格的规定，制定了全球可再生能源和新技术计划，以应对日益严峻的水荒。

当然，这并非是一个单一网络可以实现的，也许这就是秘诀所在。除了各种政府组织，还有许多负责推动气候变化谈判的网络超越了国家、阶级、文化差异，将职业组织、非政府组织、宗教团体整合到一起。新一代因特网的广泛应用（计算机运算无处不在），尽管出于商业原因，但大大推动这些非国家利益集团获得权力。

如果没有爆发一连串环境灾难，新协议很可能不会达成。纽约飓风是一诱因。重要的是，这正好发生在联合国大会召开期间，许多网络和组织已经计划参加大会，因此推动了最初的联合。然而，如果没有一年前摧毁孟加拉国的龙卷风，如果没有联合国政府间气候变化专门委员会最近发表报告指出二氧化碳排放水平过高，可能新协议也达不成。危机情绪正在蔓延。事实上，这是一个历史瞬间，新千年的警示性气氛正在弥漫开来，如同世界末日就在眼前，行动迫在眉睫。

从某种意义上说，我们已经到了期望中的乐土，全球合作超越了精英间的“阴谋”，超越国家和文化差异，在民间应运而生。我们曾期待欧盟会达到如此境界，但并未实现。人人都抱有狭隘的观点，张口就是法国人或波兰人如何如何，而绝口不提欧洲人怎样怎样。

这很大程度上可以归因于俄罗斯、中国、印度中产阶级的壮大。跟 19、20 世纪西方的中产阶级一样，他们现在足够富有，可以谴责污染和快速增长对健康构成的威胁。他们希望政府采取行动，但政府无所作为。他们为灾难来临时直接导致大量伤亡的拙劣建筑与规划感到愤怒。反腐败与环境保护主义思潮兴起。随着气候变化对撒哈拉以南非洲等地造成的影响日益严峻，宗教激进分子也动员起来了。来自农村的移民离开了贫瘠的土地，却无法获得干净的水源，于是寻求教会帮助。

国际组织比政府更会察觉变化。达沃斯年会近年来出现了变化，吸收了这些网络中的激进分子，组织了可由上千人参加的虚拟大会。成员国无法忽视这样的压力。联合国大会为 20 个非政府组织分配了席位。它们每年通过竞争获得一席，与民族国家拥有相同的投票权。即便我很怀疑这些组织能否在其他问题上起作用，但国际政治真地变了。避免世界末日的广泛共识推动了环境问题的合理解决。我想，如果遇到别的议题，国家、宗教、民族和阶级的差别将再次浮现。然而非政府组织参与国际政治成果斐然，鉴于此，国家政府不得不重视非政府组织，或许要成为它们的合作伙伴了。

第七章　多极世界下的权力共享

在未来15—20年，尽管对国际体系如何演变，美国较其他任何一个国际行为体都更具影响力，但同过去数十年相比，美国在一个多极世界中的权力变小了。随着经济实力相对衰落，以及较小程度而言军事实力相对下降，美国不再享有多种政策选择的灵活性。我们相信，在选民重新评估担当世界领袖的政治、军事和机会成本后，美国发挥领导作用的兴趣和意愿也将更受限制。特别是考虑到经济、机会成本，美国公众愿意往后退一退。

世界其他地区的发展，包括几个重点国家的内部发展，特别是中国和俄罗斯，也可能成为决定美国政策的关键因素。在当今世界，美国与其他主要大国之间没有太多冲突，这有利于多极体系的形成，到时候美国仅是“平辈中的第一”（first among equals）。最终，美国对外政策将因时因事而异。核武器的使用、掌握大规模杀伤性武器的恐怖主义等紧急事态将冲击国际体系，也将重新界定美国的作用。

一、对美国领导作用的需求仍然强烈，但美国的能力却在萎缩

尽管过去十年里反美主义有所上升，但在中东和亚洲美国仍继续被视为最被需要的地区平衡者。最近的调查显示，周边国家对中国的崛起感到日益不安，不少地区对美国的敌对情绪虽未能说改善，却也有所缓解。

随着中国经济实力不断增长，周边国家对中国军事现代化的担忧也在增加。即使亚洲的安全环境得以改善，这种担忧可能还会增加。例如，尽管台海两岸和解了，但是形势逆转的可能性依然存在。在中东，一个拥有核武器的伊朗，将迫使美国扩大对以色列等国家的安全保护。

“世界其他地区的发展，包括几个重点国家的内部发展，特别是中国和俄罗斯，有可能成为决定美国政策的关键因素。”

其他国家仍将在诸如气候变化等新兴“安全”议题上寻求美国的领导。例如，许多国家相信，要让中国和印度等主要发展中国家或温室气体主要排放国在 2012 年后的减排机制中采取认真行动，美国的领导作用不可或缺。“77 国集团”多数国家认识到，他们是别国环境污染的受害者，并不反对美国干预北京。

此外，其他国家将在防止大规模杀伤性武器扩散问题上寻求美国领导，希望美国劝阻对大规模杀伤性武器的兴趣、加强防扩散机制、阻止获取大规模杀伤性武器及相关技术、清除有关国家的大规模杀伤性武器或迫使他们从这些项目上退回去、推动对使用大规模杀伤性武器的威慑、减少使用大规模杀伤性武器的危害。

二、新的关系和对旧伙伴关系重新校准

处于多极化进程中的世界，国际行为体的数量陡增，包括有影响的非国家行为体，美国及其他国家不得不与之竞争。如果一些国家越来越热衷于重商主义和资源民族主义，就会出现一个零和世界，这可能会减少美国盟友的数量，大国关系紧张的风险将会增加，甚至爆发冲突。相反，如果全球继续繁荣，将极大地促进责任分担、多边主义与全球机制的复兴。

在2025年之前，中国和印度仍可能是维持现状的国家，专注于自身发展，从现存体系中受益，并不急于要求美国及其他国家急剧改变现存国际秩序。直到北京和新德里判定、自己处于设定新规则的有利地位时，它们才会那么干。

尽管新兴国家期望摆脱美国，以保持足够的空间和自主权、发挥地区影响力，但如果它们仍想维持更大的经济发展，其与美国之间的关系可能会进一步深化。若发生经济崩溃，尤其是中国，则会导致国内民族主义高涨，造成与外国关系紧张，包括美国。

欧洲将面临严峻的内部挑战，特别是在安全领域，这将制约其发挥更大的全球作用。无论是复兴后的俄罗斯，还是恐怖主义，都会增加欧洲的不安全感，这可能改变欧洲的一些想法，使

他们更愿意投资国防，更希望加强统一行动的能力。欧洲对北非和中东经济、社会发展的兴趣日渐浓厚，有望发挥稳定功能，就像他们在东扩中做的那样。为了赶上中国的步伐，日本也会增加在本地区的政治、安全作用。我们预期，巴西等国家将发挥更大的地区影响力，并积极参与一些关键性全球性议题，诸如贸易、气候变化。

从目前的趋势看，对于挑战所谓美国主导的国际秩序，俄罗斯比其他几个主要大国的兴趣更浓。然而，经济多样化、独立中产阶级的壮大、对国外技术依赖的增加、能源领域对外交的需求扩大，这些因素都可能改变俄罗斯的外交轨迹。若对化石能源的依赖提前结束，俄罗斯复兴的动力将消失。

在中东，美国还是最大的外部势力，但是当前趋势显示，亚洲国家的影响在上升，它们正在努力将不断增长的经济关系同更加强劲的政治关系相联。除欧洲国家外，无论主动寻求还是被动卷入，亚洲国家在未来的中东安全议题中将发挥更大作用。气候变化引起人道主义需求增加，非政府组织的作用相应扩大。结果，包括美国在内的国际社会将更多地依赖非政府组织，以减轻人道主义救助负担。

三、犯不起金融错误

一次大规模金融危机使美元地位趋弱。到 2025 年美元的国际地位将会从“独一无二的全球储备货币”走向一篮子货币中“平辈中的第一”。这种局面可能在一次突发性危机后出现，也可能随全球性再平衡而缓慢形成。这种衰落需要真正的妥协，将迫使美国外交做出新的、艰难的选择。

反美主义退潮?

数十年来，美国的海外声誉一直处在波动中。1950年代有“丑陋的美国人”，1960、1970年代有遍布全球的反越战，1980年代有欧洲的反核运动。过去十年，反美主义再度上升。2002—2007年，在33个国家的民调中，27个国家不喜欢美国的形象。对美国的不满可分为两大类：

(1)“瞬间的批评”，不满意美国的某些特定方面，如美国外交。但会因时间变化而改变。

(2)“反美主义”，深刻而冷酷地讨厌美国的几乎所有方面。

对于美国生活的一些特定领域，如政治制度、人民、文化、科技、商业，海外是钦羡的，对美国的观感较复杂，随时可能调整和改变。上述美国声誉的下跌可能是最低点。2008年皮尤中心“全球态度项目”的民调显示，在21个拥有调查数据的国家，10个国家对美国的好感上升。展望未来，哪些地区的力量和动力是推动这种趋势的关键呢?

欧洲/欧亚。同那些一律亲美或反美的地区不同，欧洲/欧亚的美国观极具不稳定性。西欧的态度取决于，美国、重要盟国、北约和欧盟在多大程度上采取多边主义方式处理国际问题。中东欧传统上对美国有好感，未来可能也会退回到西欧的立场上。没有某一类特定的行为能让前苏联国家对美国放心，但是避免向莫斯科认定的周边地区大规模投放军事力量，将减轻美俄紧张局势。

近东/南亚。巴基斯坦、北非与伊斯兰中东社会对美敌视最甚。印度是一个关键的例外。强力推动巴以关系取得实质进展，将反恐与想像中的反伊斯兰战争剥离，援助军事安全精英集团外的其他有需要者，都能改善美国的形象。除伊朗被认为是一个危险的修正主义国家外，本地区的人民和国家将趋于对美国军事力量持正面态度。

南撒哈拉非洲。非洲持续对美国持友好态度。南撒哈拉非洲民众羡慕美国的生活方式和生活条件。民调显示，如果美国新的司令部——非洲司令部能够少些军事色彩，能持续提供人道主义和经济援助，非洲对美国的态度仍将是友好的。

东亚/东南亚。该地区的美国观相对积极。尽管中国经济快速增长，亚洲融合正在出现，但是美国的软实力仍让中国相形见绌。在东北亚，美国仍然被当作可靠的安全伙伴；在东南亚，也差强人意。因为中国官方媒体对美国的负面报道，美国在中国公众中的形象有下滑的危险。

拉丁美洲。总体而言，中美洲对美国的态度相对友好而稳定，安第斯地区稍差一点。一些人来美国打工，再把钱汇回拉美，发挥了关键作用。同样重要的是，美国和拉美有一些共同利益，特别在多边合作领域，如切断毒品供应和打击有组织犯罪、帮派。

综合各地区的情况看，哪些因素将影响 2025 年前反美主义的起伏呢？首先，有利于美国的因素有：

(1) 多数国家领导人和公众不信任强权，所以跟强权保持距离。随着中国日益强大，对美国强权的担忧将转向北京。美国将作为一种平衡力量更受欢迎。

(2) 美国将从一场意识形态战争的结果中获益。首先，最重要的是，过去几年在许多穆斯林国家中，对恐怖主义的支持大幅下降。现在越来越少的穆斯林会认为自杀性炸弹袭击是正义的，对本·拉登的信任也在萎缩。

(3) 随着亚洲及世界其他地区大型新兴市场的发展，全球化将不再等同于美国化。当全世界的传统生活方式受到冲击时，外来观念和习惯更多地以现代化的结果出现，而不是美国影响的蔓延。

潜在的不利因素是，在处理全球气候变化、食品安全和能源安全等跨国性问题上，美国被认为行动迟缓。当前的一个不确定因素是，日益蔓延的移动电话、互联网联接、直接接收的卫星媒体，将如何影响全球看待美国的形象。但总体而言，主要趋势均显示，反美主义正在退潮。

美元作为全球储备货币的地位给美国带来了优势，包括远离货币震荡的风险，维持低利率。同时，国外对美元持续的需求能让美国拥有一种独特的能力，在拥有庞大的财政赤字时，没有损害世界经济。

美国享有这种优势长达60余年，以至习以为常而不太在意。完全丧失国际货币储备地位虽不可能，但是美元地位的衰落将迫使美国在实现宏伟的外交目标和为此付出的高昂国内代价间作出艰难抉择。例如，在面对高利益、高税收和潜在石油震荡时，美国公众将不得不重新思考强硬军事行动的经济后果。如果美国衰落，或美国不再愿意采取行动，这对美国发挥更大作用的意愿将产生重要冲击。此外，为了保持财政稳定，美国对外部强权形成了金融依赖，这将以未曾预见的方式限制美国行动的自由。

四、更有限的军事优势

到2025年，美国仍然拥有独一无二的军事实力，特别是全球军事投送能力，其他国家将继续羡慕美国，并依赖美国确保一个更安全的世界。随着对能源安全的担忧增加，美国保护全球公共产品和确保能源自由流通的能力显得越发重要。许多国家在面对敌对的核国家崛起时，仍把美国当作安全伙伴。尽管新兴核武国家的出现将制约美国的行动自由，但是由于美国在常规武器、核武器和导弹防御能力等方面享有军事优势，这在威慑任何新兴核国家采取公开的进攻性行动时非常关键。在使用军事力量进行全球反恐方面，人们也预期美国发挥关键作用。

“2025年前安全环境的发展将对美国在常规军事实力领域的

传统优势提出挑战。”

然而，美国的潜在对手将利用美国的军事和政治弱点，采取非对称性战略，力图拉平同美国的差距。未来，为了能在冲突之前瓦解美国的军事行动，发达国家将进行反太空打击、网络攻击、信息战。一些对手认为，对美国的关键性经济、能源和交通设施进行数字化攻击或损害性攻击，可以替代战场对决和直接攻击美国本土利益。此外，尽管美国拥有常规军事优势，但是远程导弹系统、反进入能力、核武器和其他大规模杀伤性武器不断扩散，将使美国的潜在对手和盟友都认为，美国在危机时刻的行动自由受到越来越多的限制。

由于人口结构出现不利变化，资源短缺，中东和中亚地区日益激烈的军事竞争，特别是如果对美国的安全保证产生怀疑，到2025年，美国传统盟友，特别是以色列和日本，安全感将不如今天。

五、意外和无意的后果

正如我们所说，今后15—20年里意外将多于确定性。所有国家（不仅仅是美国）都会受到不可预测事件的冲击。由于种种原因，同其他大多数国家相比，美国更有能力应对这些冲击。但是，美国的命运也取决于整个国际体系的力量和灵活度。而根据我们判断，国际体系将更脆弱，尚未做好应对能源安全、气候变化和冲突增多等已经明显的趋势的准备，更不用说意外事件了。

由于意外事件本身难以预测，我们试图提出几种可能性，展示几种可能的未来景象，每一种景象都预示着美国作用的变化。

一个没有西方的世界。在这种景象中，美国淡出，作用消退。在应对诸如阿富汗等周边不稳定地区时，中国、印度和中亚国家必须组建和推动其他伙伴关系，如上海合作组织。全球秩序裂变为地区和其他集团（当然规模比不上美苏的两极对抗），将宣告这样一个时代的到来：经济和全球化放慢、应对气候变化和能源安全的效率下降、政治不稳定的可能性上升。

十月惊魂。不仅美国不能有效平衡全球化、经济增长和环境破坏之间的关系，其他主要大国也是如此。这种景象暗示，如果这个世界想避免更具毁灭性的灾难，就需要美国发挥更好的领导作用，就需要更强的多边机制。如果误判别的国家，如中国，将付出严重的政治代价，可能让美国和其他国家更难制定出一个经济可持续发展的计划，也可能引起主要大国间的冲突。

“金砖四国”闹翻。在这种情景中，大国对立加剧，能源安全形势恶化，引发中印之间的军事冲突。在中国看来，美国站在印度一边伤害中国。大国战争是可以避免的，但必须借助第三方来重组国际秩序，在这个案例中就是巴西。鉴于“金砖四国”处于一片混乱，美国的权力得到极大提升。但是军事导致内部动乱，民族主义上升，国际秩序将处于动荡之中。

政治并非总是地方性的。在环保等一些问题上，政府和非国家行为体之间的权力对比发生位移。一个非国家行为体的联盟，首次被大批选民视为能更好地代表“星球”（planetary）利益，在这种景象中，政府必须留意他们的建议，否则就会付出沉重的政治代价。但是，形势并不总是这样。在国家安全等较传统的议题上，民族、种族、阶级和其他差异可能重新显现，削弱跨国政治运动的力量。同其他国家一样，美国必须适应变化中的政治形势。

六、领导是关键

在本研究的开头，我们就指出人的行动可能是关键决定因素。纵观历史，领导人和他们的思想，不论是积极的还是消极的，在上个世纪都是最重要的决定因素之一。在未来 15—20 年，领导人个人和集体，将对世界走向何处发挥关键作用，特别是为了确保有一个好结果。正如我们所强调的，今天的趋势正导致未来 15—20 年世界将向一个更加分裂、更多冲突的方向发展，但是这种坏结局并非不可避免。应对全球挑战，以及理解这种挑战的复杂性，国际领导和国际合作必不可少。这项研究就是为了帮助这种进程：通过预测未来趋势，我们希望决策者将我们引向好结局。

Global Trends 2025：
A Transformed World

We prepared ***Global Trends 2025*: *A Transformed World*** to stimulate strategic thinking about the future by identifying key trends, the factors that drive them, where they seem to be headed, and how they might interact. It uses scenarios to illustrate some of the many ways in which the drivers examined in the study (e. g. , globalization, demography, the rise of new powers, the decay of international institutions, climate change, and the geopolitics of energy) may interact to generate challenges and opportunities for future decisionmakers. The study as a whole is more a description of the factors likely to shape events than a prediction of what will actually happen.

By examining a small number of variables that we judge probably will have a disproportionate influence on future events and possibilities, the study seeks to help readers to recognize signposts indicating where events are headed and to identify opportunities for policy intervention to change or lock in the trajectories of specific developments. Among the messages we hope to convey are: "If you like where events seem to be headed, you may want to take timely action to preserve their positive trajectory. If you do not like where they appear to be going, you will have to develop and implement policies to change their trajectory." For example, the report's examination of the transition out of dependence on fossil fuels illustrates how different trajectories will entail different consequences for specific countries. An even more important message is that leadership matters, no trends are immutable, and that timely and well-informed intervention can decrease the likelihood and severity of negative developments and increase the likelihood of positive ones.

Global Trends 2025 is the fourth installment in the National Intelligence Council-led effort to identify key drivers and developments likely to shape world events a decade or more in the future. Both the product and the process used to produce it benefited from lessons learned in previous iterations. Each edition of ***Global Trends*** has tapped larger and more diverse communities of experts. Our first effort, which looked out to 2010, relied primarily on expertise within the US Intelligence Community. There was some outreach to other elements of the United States Government and the American academic community. For ***Global Trends 2015***, we engaged more numerous and more varied groups of non-US Government experts, most of whom were American citizens.

For the third iteration, ***Global Trends* 2020**, we greatly expanded the participation of non-American specialists by convening six seminars on five continents. We also increased the number and varied the format of meetings in the United States. These sessions enhanced our understanding of both specific trends and drivers and the ways these factors were perceived by experts in different regions of the world.

Each past iteration produced an even more interesting and influential report. Indeed, the worldwide response to ***Global Trends 2020*** was extraordinary. The report has been translated into several languages, debated in government offices, discussed in university courses, and used as a point of departure in community meetings on international affairs. The report was closely read and constructively criticized by myriad experts and members of the public.

Seeking to capitalize on the interest generated by previous reports and to capture even wider circles of expertise, we modified our processes yet again to produce ***Global Trends 2025.*** In addition to increasing still more the participation of non-USG experts from the United States and abroad to develop the framework for the current study, we shared several drafts with participants via the Internet and a series of discussion sessions across the US and in several other countries. This iteration of ***Global Trends*** is the most collaborative yet produced; that collaboration has made it a better product and we are extremely grateful for the time and intellectual energy that literally hundreds of people have devoted to this effort.

As was the case with our previous looks at global trends that will shape the future, the process and spin-off benefits of preparing ***Global Trends 2025*** were as important as the final product. The ideas generated and insights gained during the preparation of the accompanying report have enriched the work of countless analysts and been incorporated into numerous analytic products published by the National Intelligence Council and other Intelligence Community agencies. Anecdotal evidence indicates they have also influenced the thinking and work of many participants in the process who do not work for the United States Government. We are pleased by and proud of these ancillary benefits and look forward to reaping many more when others have a chance to read and react to this edition of ***Global Trends.***

Many people contributed to the preparation of ***Global Trends 2025***, but no one contributed more than did Mathew Burrows. His intellectual gifts and managerial abilities were critical to the production of this report and everyone involved owes him a huge debt of gratitude. Mat's own note of appreciation on the following page lists others who made especially noteworthy contributions. Many others also made important contributions. We could not have produced this edition of ***Global Trends*** without the support of everyone who participated and we are deeply grateful for the partnerships and the friendships that facilitated and resulted from this collaborative effort.

Thomas Fingar

C. Thomas Fingar

Chairman, National Intelligence Council

Acknowledgements

In preparing this work the National Intelligence Council received immeasurable help from numerous think tanks, consulting firms, academic institutions, and literally hundreds of experts inside and outside governments here in the United States and overseas. We cannot possibly name all the institutions and individuals we consulted but would like to acknowledge a number for their important contributions.

The Atlantic Council of the United States and the Stimson Center were both important for opening doors to institutions abroad and viewpoints that we would not easily have gathered for this project. Dr. William Ralston, Dr. Nick Evans and their team at SRI Consulting Business Intelligence provided needed S & T expertise and guidance. Dr. Alexander Van de Putte of PFC Energy International put together a series of meetings in three regional hubs across the globe to help us begin the process of conceiving and constructing the scenarios. Others involved in that effort include Professor Jean-Pierre Lehmann of the Evian Group at IMD in Lausanne and Peter Schwartz and Doug Randall at the Monitor Group's Global Business Network in San Francisco. Professor Barry Hughes of the University of Denver contributed notably in the scenario construction process and in plotting out the possible trajectories of major powers. Dr. Jacqueline Newmyer and Dr. Stephen Rosen from the Long Term Strategy Group organized three workshops that were critical to advancing our thinking on the complexities of the future security environment and the changing character of conflict. Several individuals and institutions helped organize roundtables to critique drafts or delve deeply into various aspects, including Dr. Geoff Dabelko at the Wilson Center; Dr. Greg Treverton of RAND; Sebastian Mallaby at the Council on Foreign Relations; Carlos Pascual at Brookings; Dr. Michael Auslin at AEI; Professor Christopher Layne at Texas A&M University; Professor Sumit Ganguly at Indiana University and Dr. Robin Niblett and Jonathan Paris at Chatham House in London. Professor John Ikenberry from Princeton's Woodrow Wilson School organized several workshops of prominent international relations scholars, helping us with changing geopolitical trends. Two workshops—one organized by Professor Lanxin Xiang and hosted by CICIR in Beijing, the other organized and hosted by Dr. Bates Gill at SIPRI in Stockholm—were particularly instrumental in gathering international perspectives on strategic challenges facing the world.

Within the United States government, special thanks goes to Julianne Paunescu from the State Department's Bureau of Intelligence and Research (INR). In helping us at every step of the way, she and her team fulfilled their mandate spearheading intelligence community outreach to nongovernmental experts in an outstanding manner. Marilyn Maines and her experts at NSA provided essential expertise on S&T and organized workshops with Toffler Associates to delve more deeply into future trends. The NIC's Analysis and Production staff, including Elizabeth Arens' deft editorial hand, provided essential support.

The 2025 Global Landscape

Relative Certainties	Likely Impact
A global multipolar system is emerging with the rise of China, India, and others. The relative power of nonstate actors—businesses, tribes, religious organizations, and even criminal networks—also will increase.	By 2025 a single "international community" composed of nation-states will no longer exist. Power will be more dispersed with the newer players bringing new rules of the game while risks will increase that the traditional Western alliances will weaken. Rather than emulating Western models of political and economic development, more countries may be attracted to China's alternative development model.
The unprecedented shift in relative wealth and economic power roughly from West to East now under way will continue.	As some countries become more invested in their economic well-being, incentives toward geopolitical stability could increase. However, the transfer is strengthening states like Russia that want to challenge the Western order.
The United States will remain the single most powerful country but will be less dominant.	Shrinking economic and military capabilities may force the US into a difficult set of tradeoffs between domestic versus foreign policy priorities.
Continued economic growth—coupled with 1. 2 billion more people by 2025—will put pressure on energy, food, and water resources.	The pace of technological innovation will be key to outcomes during this period. All current technologies are inadequate for replacing traditional energy architecture on the scale needed.

续表

Relative Certainties	Likely Impact
The number of countries with youthful populations in the "arc of instability"① will decrease, but the populations of several youth-bulge states are projected to remain on rapid growth trajectories.	Unless employment conditions change dramatically in parlous youth-bulge states such as Afghanistan, Nigeria, Pakistan, and Yemen, these countries will remain ripe for continued instability and state failure.
The potential for conflict will increase owing to rapid changes in parts of the greater Middle East and the spread of lethal capabilities.	The need for the US to act as regional balancer in the Middle East will increase, although other outside powers—Russia, China and India—will play greater roles than today.
Terrorism is unlikely to disappear by 2025, but its appeal could lessen if economic growth continues in the Middle East and youth unemployment is reduced. For those terrorists that are active the diffusion of technologies will put dangerous capabilities within their reach.	Opportunities for mass-casualty terrorist attacks using chemical, biological, or less likely, nuclear weapons will increase as technology diffuses and nuclear power (and possibly weapons) programs expand. The practical and psychological consequences of such attacks will intensify in an increasingly globalized world.

① Countries with youthful age structures and rapidly growing populations mark a crescent or "arc of instability" stretching from the Andean region of Latin America across Sub-Saharan Africa, the Middle East and the Caucasus, and through the northern parts of South Asia.

续表

Key Uncertainties	Potential Consequences
Whether an energy transition away from oil and gas—supported by improved energy storage, biofuels, and clean coal—is completed during the 2025 time frame.	With high oil and gas prices, major exporters such as Russia and Iran will substantially augment their levels of national power, with Russia's GDP potentially approaching that of the UK and France. A sustained plunge in prices, perhaps underpinned by a fundamental switch to new energy sources, could trigger a long-term decline for producers as global and regional players.
How quickly climate change occurs and the locations where its impact is most pronounced.	Climate change is likely to exacerbate resource scarcities, particularly water scarcities.
Whether mercantilism stages a comeback and global markets recede.	Descending into a world of resource nationalism increases the risk of great power confrontations.
Whether advances toward democracy occur in China and Russia.	Political pluralism seems less likely in Russia in the absence of economic diversification. A growing middle class increases the chances of political liberalization and potentially greater nationalism in China.
Whether regional fears about a nuclear-armed Iran trigger an arms race and greater militarization.	Episodes of low-intensity conflict and terrorism taking place under a nuclear umbrella could lead to an unintended escalation and broader conflict.

续表

Key Uncertainties	Potential Consequences
Whether the greater Middle East becomes more stable, especially whether Iraq stabilizes, and whether the Arab-Israeli conflict is resolved peacefully.	Turbulence is likely to increase under most scenarios. Revival of economic growth, a more prosperous Iraq, and resolution of the Israeli-Palestinian dispute could engender some stability as the region deals with a strengthening Iran and global transition away from oil and gas.
Whether Europe and Japan overcome economic and social challenges caused or compounded by demography.	Successful integration of Muslim minorities in Europe could expand the size of the productive work forces and avert social crisis. Lack of efforts by Europe and Japan to mitigate demographic challenges could lead to long-term declines.
Whether global powers work with multilateral institutions to adapt their structure and performance to the transformed geopolitical landscape.	Emerging powers show ambivalence toward global institutions like the UN and IMF, but this could change as they become bigger players on the global stage. Asian integration could lead to more powerful regional institutions. NATO faces stiff challenges in meeting growing out-of-area responsibilities with declining European military capabilities. Traditional alliances will weaken.

Contents

Executive Summary

The **international system**—as constructed following the Second World War—will be almost unrecognizable by 2025 owing to the rise of emerging powers, a globalizing economy, an historic transfer of relative wealth and economic power from West to East, and the growing influence of nonstate actors. By 2025, the international system will be a **global multipolar one** with gaps in national power① continuing to narrow between developed and developing countries. Concurrent with the shift in power among nation-states, the relative power of various nonstate actors—including businesses, tribes, religious organizations, and criminal networks—is increasing. The players are changing, but so too are the scope and breadth of transnational issues important for continued global prosperity. Aging populations in the developed world; growing energy, food, and water constraints; and worries about climate change will limit and diminish what will still be an historically unprecedented age of prosperity.

Historically, emerging multipolar systems have been more unstable than bipolar or unipolar ones. Despite the recent financial volatility—which could end up accelerating many ongoing trends—we do not believe that we are headed toward a complete breakdown of the international system, as occurred in 1914—1918 when an earlier phase of globalization came to a

① National power scores, computed by the International Futures computer model, are the product of an index combining the weighted factors of GDP, defense spending, population, and technology.

halt. However, the next 20 years of transition to a new system are fraught with risks. Strategic rivalries are most likely to revolve around trade, investments, and technological innovation and acquisition, but we cannot rule out a 19th century-like scenario of arms races, territorial expansion, and military rivalries.

This is a story with **no clear outcome**, as illustrated by a series of vignettes we use to map out divergent futures. Although the United States is likely to remain the single most powerful actor, the United States' relative strength—even in the military realm—will decline and US leverage will become more constrained. At the same time, the extent to which other actors—both state and nonstate—will be willing or able to shoulder increased burdens is unclear. Policymakers and publics will have to cope with a growing demand for multilateral cooperation when the international system will be stressed by the incomplete transition from the old to a still-forming new order.

Economic Growth Fueling Rise of Emerging Players

In terms of size, speed, and directional flow, the transfer of **global wealth and economic power** now under way—roughly from West to East—is without precedent in modern history. This shift derives from two sources. First, increases in oil and commodity prices have generated windfall profits for the Gulf states and Russia. Second, lower costs combined with government policies have shifted the locus of manufacturing and some service industries to Asia.

Growth projections for Brazil, Russia, India, and China (the BRICs) indicate they will collectively match the original G-7's share of global GDP by 2040-2050. **China** is poised to have more impact on the world over the next 20 years than any other country. If current trends persist, by 2025 China will have the world's second largest economy and will be a leading military power. It also could be the largest importer of natural resources and the biggest polluter. **India** probably will continue to enjoy relatively rapid economic growth and will strive for a multipolar world in which New Delhi is one of the poles. China and India must decide the extent to which they are willing and capable of playing increasing global roles and how each will relate to the other. **Russia** has the potential to be richer, more powerful, and more self-assured in 2025 if it invests in human capital, expands and diversifies its economy, and integrates with global markets. On the other hand, Russia could experience a significant decline if it fails to take these steps and oil and gas prices remain in the $50-70 per barrel range. No other countries are projected to rise to the level of China, India, or Russia, and none is likely to match their individual global clout. We expect, however, to see the political and economic power of other countries—such as Indonesia, Iran, and Turkey—increase.

For the most part, China, India, and Russia are not following the Western liberal model for self-development but instead are using a different model, **"state capitalism."** State capitalism is a loose term used to describe a system of economic management that gives a prominent role to the state. Other rising powers—South Korea, Taiwan, and Singapore—also used state capitalism to develop their economies. However, the impact of Russia, and particularly China, following this path is potentially much greater owing to their size and approach to "democratization." We remain optimistic about the *long-term* prospects for **greater democratization**, even though advances are likely to be slow and globalization is subjecting many recently democratized countries to increasing social and economic pressures with the potential to undermine liberal institutions.

Many other countries will fall further behind economically. **Sub-Saharan Africa** will remain the region most vulnerable to economic disruption, population stresses, civil conflict, and political instability. Despite increased global demand for commodities for which Sub-Saharan Africa will be a major supplier, local populations are unlikely to experience significant economic gain. Windfall profits arising from sustained increases in commodity prices might further entrench corrupt or otherwise ill-equipped governments in several regions, diminishing the prospects for democratic and market-based reforms. Although many of **Latin America's** major countries will have become middle income powers by 2025, others, particularly those such as Venezuela and Bolivia that have embraced populist policies for a protracted period, will lag behind—and some, such as Haiti, will have become even poorer and less governable. Overall, Latin America will continue to lag behind Asia and other fast-growing areas in terms of economic competitiveness.

Asia, Africa, and Latin America will account for virtually all **population growth** over the next 20 years; less than 3 percent of the growth will occur in the West. Europe and Japan will continue to far outdistance the emerging powers of China and India in per capita wealth, but they will struggle to maintain robust growth rates because the size of their working-age populations will decrease. The US will be a partial exception to the aging of populations in the developed world because it will experience higher birth rates and more immigration. The number of migrants seeking to move from disadvantaged to relatively privileged countries is likely to increase.

The number of countries with youthful age structures in the current "arc of instability" is projected to decline by as much as 40 percent. Three of every four youth-bulge countries that remain will be located in Sub-Saharan Africa; nearly all of the remainder will be located in the core of the Middle East, scattered through southern and central Asia, and in the Pacific Islands.

New Transnational Agenda

Resource issues will gain prominence on the international agenda. Unprecedented global economic growth—positive in so many other regards—will continue to put pressure on a number of **highly strategic resources**, including energy, food, and water, and demand is projected to outstrip easily available supplies over the next decade or so. For example, non-OPEC liquid hydrocarbon production—crude oil, natural gas liquids, and unconventionals such as tar sands—will not grow commensurate with demand. Oil and gas production of many traditional energy producers already is declining. Elsewhere—in China, India, and Mexico—production has flattened. Countries capable of significantly expanding production will dwindle; oil and gas production will be concentrated in unstable areas. As a result of this and other factors, the world will be in the midst of a fundamental energy transition away from oil toward natural gas, coal and other alternatives.

The World Bank estimates that **demand for food** will rise by 50 percent by 2030, as a result of growing world population, rising affluence, and the shift to Western dietary preferences by a larger middle class. Lack of access to stable supplies of water is reaching critical proportions, particularly for agricultural purposes, and the problem will worsen because of rapid urbanization worldwide and the roughly 1. 2 billion persons to be added over the next 20 years. Today, experts consider 21 countries, with a combined population of about 600 million, to be either cropland or freshwater scarce. Owing to continuing population growth, 36 countries, with about 1. 4 billion people, are projected to fall into this category by 2025.

Climate change is expected to exacerbate resource scarcities. Although the impact of climate change will vary by region, a number of regions will begin to suffer harmful effects, particularly water scarcity and loss of agricultural production. Regional differences in agricultural production are likely to become more pronounced over time with declines disproportionately concentrated in developing countries, particularly those in Sub-Saharan Africa. Agricultural losses are expected to mount with substantial impacts forecast by most economists by late this century. For many developing countries, decreased agricultural output will be devastating because agriculture accounts for a large share of their economies and many of their citizens live close to subsistence levels.

New technologies could again provide solutions, such as viable alternatives to fossil fuels or means to overcome food and water constraints. However, all current technologies are inadequate for replacing the traditional energy architecture on the scale needed, and new energy technologies probably will not be commercially viable and widespread by 2025. The pace of technological innovation will be key. Even with a favorable policy and funding environment for biofuels, clean coal, or hydrogen, the transition to new fuels will be slow. Major technologies historically have had an "adoption lag." In the energy sector, a recent study found that it takes an average of 25 years for a new production technology to become widely adopted.

Despite what are seen as long odds now, we cannot rule out the possibility of an **energy transition** by 2025 that would avoid the costs of an energy infrastructure overhaul. The greatest possibility for a relatively quick and inexpensive transition during the period comes from better renewable generation sources (photovoltaic and wind) and improvements in battery technology. With many of these technologies, the infrastructure cost hurdle for individual projects would be lower, enabling many small economic actors to develop their own energy transformation projects that directly serve their interests—e. g. , stationary fuel cells powering homes and offices, recharging plug-in hybrid autos, and selling energy back to the grid. Also, energy conversion schemes—such as plans to generate hydrogen for automotive fuel cells from electricity in the homeowner's garage—could avoid the need to develop complex hydrogen transportation infrastructure.

Prospects for Terrorism, Conflict, and Proliferation

Terrorism, proliferation, and conflict will remain key concerns even as resource issues move up on the international agenda. Terrorism is unlikely to disappear by 2025, but its appeal could diminish if economic growth continues and youth unemployment is mitigated in the Middle East. Economic opportunities for youth and greater political pluralism probably would dissuade some from joining terrorists' ranks, but others—motivated by a variety of factors, such as a desire for revenge or to become "martyrs" —will continue to turn to violence to pursue their objectives.

In the absence of employment opportunities and legal means for political expression, conditions will be ripe for disaffection, growing radicalism, and possible recruitment of youths into **terrorist groups.** Terrorist groups in 2025 will likely be a combination of descendants of long-established groups—that inherit organizational structures, command and control processes, and training procedures necessary to conduct sophisticated attacks—and newly emergent collections of the angry and disenfranchised that become self-radicalized. For those terrorist groups that are active in 2025, the diffusion of technologies and scientific knowledge will place some of the world's most dangerous capabilities within their reach. One of our greatest concerns continues to be that terrorist or other malevolent groups might acquire and employ biological agents, or less likely, a nuclear device, to create mass casualties.

Although **Iran's** acquisition of nuclear weapons is not inevitable, other countries' worries about a nuclear-armed Iran could lead states in the region to develop new security arrangements with external powers, acquire additional weapons, and consider pursuing their own nuclear ambitions. It is not clear that the type of stable deterrent relationship that existed between the great powers for most of the Cold War would emerge naturally in the Middle East with a nuclear-weapons capable Iran. Episodes of low-intensity conflict taking place under a nuclear umbrella could lead to an unintended escalation and broader conflict if clear red lines between those states involved are not well established.

We believe **ideological conflicts** akin to the Cold War are unlikely to take root in a world in which most states will be preoccupied with the pragmatic challenges of globalization and shifting global power alignments. The force of ideology is likely to be strongest in the Muslim world—particularly the Arab core. In those countries that are likely to struggle with youth bulges and weak economic underpinnings—such as Pakistan, Afghanistan, Nigeria, and Yemen—the radical Salafi trend of Islam is likely to gain traction.

Types of **conflict** we have not seen for awhile—such as over resources—could reemerge. Perceptions of energy scarcity will drive countries to take actions to assure their future access to energy supplies. In the worst case, this could result in interstate conflicts if government leaders deem assured access to energy resources, for example, to be essential for maintaining domestic stability and the survival of their regimes. However, even actions short of war will have important geopolitical consequences. Maritime security concerns are providing a rationale for naval buildups and modernization efforts, such as China's and India's development of blue-water naval capabilities. The buildup of regional naval capabilities could lead to increased tensions, rivalries, and counterbalancing moves but it also will create opportunities for multinational cooperation in protecting critical sea lanes. With water becoming more scarce in Asia and the Middle East, cooperation to manage changing water resources is likely to become more difficult within and between states.

The risk of **nuclear weapon use** over the next 20 years, although remaining very low, is likely to be greater than it is today as a result of several converging trends. The spread of nuclear technologies and expertise is generating concerns about the potential emergence of new nuclear weapon states and the acquisition of nuclear materials by terrorist groups. Ongoing low-intensity clashes between India and Pakistan continue to raise the specter that such events could escalate to a broader conflict between those nuclear powers. The possibility of a future disruptive regime change or collapse occurring in a weak state with nuclear weapons also continues to raise questions regarding the ability of such a state to control and secure its nuclear arsenals.

If nuclear weapons are used in the next 15-20 years, the international system will be shocked as it experiences immediate humanitarian, economic, and political-military repercussions. A future use of nuclear weapons probably would bring about significant geopolitical changes as some states would seek to establish or reinforce security alliances with existing nuclear powers and others would push for global nuclear disarmament.

A More Complex International System

The trend toward greater diffusion of authority and power that has been occurring for a couple decades is likely to accelerate because of the emergence of new global players, the worsening institutional deficit, potential expansion of regional blocs, and enhanced strength of nonstate actors and networks. The **multiplicity of actors** on the international scene could add strength—in terms of filling gaps left by aging post-World War II institutions—or further fragment the international system and incapacitate international cooperation. The diversity in type of actor raises the likelihood of fragmentation occurring over the next two decades, particularly given the wide array of transnational challenges facing the international community.

The rising BRIC powers are unlikely to challenge the international system as did Germany and Japan in the 19th and 20th centuries, but because of their growing geopolitical and economic clout, they will have a high degree of freedom to customize their political and economic policies rather than fully adopting Western norms. They also are likely to want to preserve their policy freedom to maneuver, allowing others to carry the primary burden for dealing with such issues as terrorism, climate change, proliferation, and energy security.

Existing multilateral institutions—which are large and cumbersome and were designed for a different geopolitical order—will have difficulty adapting quickly to undertake new missions, accommodate changing memberships, and augment their resources.

Nongovernmental organizations (NGOs) —concentrating on specific issues—increasingly will be a part of the landscape, but NGO networks are likely to be limited in their ability to effect change in the absence of concerted efforts by multilateral institutions or governments. Efforts at greater inclusiveness—to reflect the emergence of the newer powers—may make it harder for international organizations to tackle transnational challenges. Respect for the dissenting views of member nations will continue to shape the agenda of organizations and limit the kinds of solutions that can be attempted.

Greater **Asian regionalism**—possible by 2025—would have global implications, sparking or reinforcing a trend toward three trade and financial clusters that could become quasi-blocs: North America, Europe, and East Asia. Establishment of such quasi-blocs would have implications for the ability to achieve future global World Trade Organization (WTO) agreements. Regional clusters could compete in setting trans-regional product standards for information technology, biotechnology, nanotechnology, intellectual property rights, and other aspects of the "new economy." On the other hand, an absence of regional cooperation in Asia could help spur competition among China, India, and Japan over resources such as energy.

Intrinsic to the growing complexity of the overlapping roles of states, institutions, and nonstate actors is the **proliferation of political identities**, which is leading to establishment of new networks and rediscovered communities. No one political identity is likely to be dominant in most societies by 2025. Religion-based networks may be quintessential issue networks and overall may play a more powerful role on many transnational issues such as the environment and inequalities than secular groupings.

The United States: Less Dominant Power

By 2025 the US will find itself as one of a number of important actors on the world stage, albeit still the most powerful one. Even in the military realm, where the US will continue to possess considerable advantages in 2025, advances by others in science and technology, expanded adoption of irregular warfare tactics by both state and nonstate actors, proliferation of long-range precision weapons, and growing use of cyber warfare attacks increasingly will constrict US freedom of action. A more constrained US role has implications for others and the likelihood of new agenda issues being tackled effectively. Despite the recent rise in anti-Americanism, the US probably will continue to be seen as a much-needed regional balancer in the Middle East and Asia. The US will continue to be expected to play a significant role in using its military power to counter global terrorism. On newer security issues like climate change, US leadership will be widely perceived as critical to leveraging competing and divisive views to find solutions. At the same time, the multiplicity of influential actors and distrust of vast power means less room for the US to call the shots without the support of strong partnerships. Developments in the rest of the world, including internal developments in a number of key states—particularly China and Russia—are also likely to be crucial determinants of US policy.

2025—What Kind of Future?

The above trends suggest major discontinuities, shocks, and surprises, which we highlight throughout the text. Examples include nuclear weapons use or a pandemic. In some cases, the surprise element is only a matter of **timing**: an energy transition, for example is inevitable; the only questions are when and how abruptly or smoothly such a transition occurs. An energy transition from one type of fuel (fossil fuels) to another (alternative) is an event that historically has only happened once a century at most with momentous consequences. The transition from wood to coal helped trigger industrialization. In this case, a transition—particularly an abrupt one—out of fossil fuels would have major repercussions for energy producers in the Middle East and Eurasia, potentially causing permanent decline of some states as global and regional powers.

Other discontinuities are less predictable. They are likely to result from an interaction of several trends and depend on the quality of leadership. We put uncertainties such as whether China or Russia becomes a democracy in this category. China's growing middle class increases the chances but does not make such a development inevitable. Political pluralism seems less likely in Russia in the absence of economic diversification. Pressure from below may force the issue, or a leader might begin or enhance the democratization process to sustain the economy or spur economic growth. A sustained plunge in the price of oil and gas would alter the outlook and increase prospects for greater political and economic liberalization in Russia. If either country were to democratize, it would represent another wave of democratization with wide significance for many other developing states.

Also **uncertain** are the outcomes of demographic challenges facing Europe, Japan, and even Russia. In none of these cases does demography have to spell destiny with less regional and global power an inevitable outcome. Technology, the role of immigration, public health improvements, and laws encouraging greater female participation in the economy are some of the measures that could change the trajectory of current trends pointing toward less economic growth, increased social tensions, and possible decline.

Whether global institutions adapt and revive—another key uncertainty—also is a function of leadership. Current trends suggest a dispersion of power and authority will create a global governance deficit. Reversing those trend lines would require strong leadership in the international community by a number of powers, including the emerging ones.

Some uncertainties would have greater consequences—should they occur—than would others. In this work, we emphasize the overall potential for greater conflict—some forms of which could threaten globalization. We put WMD terrorism and a Middle East nuclear arms race in this category. The key uncertainties and possible impacts are discussed in the text and summarized in the textbox on page vii. In the four fictionalized scenarios, we have highlighted new challenges that could emerge as a result of the ongoing global transformation. They present new situations, dilemmas, or predicaments that represent departures from recent developments. As a set, they do not cover all possible futures. ***None of these is inevitable or even necessarily likely***; but, as with many other uncertainties, the scenarios are potential game-changers.

In ***A World Without the West***, the new powers supplant the West as the leaders on the world stage.

October Surprise illustrates the impact of inattention to global climate change; unexpected major impacts narrow the world's range of options.

In ***BRICs' Bust-Up***, disputes over vital resources emerge as a source of conflict between major powers—in this case two emerging heavyweights—India and China.

In ***Politics is Not Always Local***, nonstate networks emerge to set the international agenda on the environment, eclipsing governments.

Introduction

A Transformed World

The international system—as constructed following the Second World War—will be almost unrecognizable by 2025. Indeed, "international system" is a misnomer as it is likely to be more ramshackle than orderly, its composition hybrid and heterogeneous as befits a transition that will still be a work in progress in 2025. The transformation is being fueled by a globalizing economy, marked by an historic shift of relative wealth and economic power from West to East, and by the increasing weight of new players—especially China and India. The US will remain the single most important actor but will be less dominant. As was true of the United States in the 19th and 20th centuries, China and India will at times be reticent and at other times impatient to assume larger roles on the world stage. In 2025, both will still be more concerned about their own internal development than changing the international system.

Concurrent with the shift in power among nation-states, the ***relative*** power of various nonstate actors—including businesses, tribes, religious organizations, and even criminal networks—will continue to increase. Several countries could even be "taken over" and run by criminal networks. In areas of Africa or South Asia, states as we know them might wither away, owing to the inability of governments to provide for basic needs, including security.

By 2025, the international community will be composed of many actors in addition to nation-states and will lack an overarching approach to global governance. The "system" will be multipolar with many clusters of both state and nonstate actors. Multipolar international systems—like the Concert of Europe—have existed in the past, but the one that is emerging is unprecedented because it is global and encompasses a mix of state and nonstate actors that are not grouped into rival camps of roughly equal weight. The most salient characteristics of the "new order" will be the shift from a unipolar world dominated by the United States to a relatively unstructured hierarchy of old powers and rising nations, and the diffusion of power from state to nonstate actors.

"…we do not believe that we are headed toward a complete breakdown [of the international system] …However, the next 20 years of transition toward a new international system are fraught with risks…"

History tells us that rapid change brings many dangers. Despite the recent financial volatility, which could end up accelerating many ongoing trends, we do not believe that we are headed toward a complete breakdown—as occurred in 1914-1918 when an earlier phase of globalization came to a halt. However, the next 20 years of transition toward a new international system are fraught with risks—more than we envisaged when we published ***Mapping the Global Future***[①] in 2004. These risks include the growing prospect of a nuclear arms race in the Middle East and possible interstate conflicts over resources. The breadth of transnational issues requiring attention also is increasing to include issues connected with resource constraints in energy, food, and water; and worries about climate change. Global institutions that could help the world deal with these transnational issues and, more generally, mitigate the risks of rapid change currently appear incapable of rising to the challenges without concerted efforts by their leaders.

Comparison Between Mapping the Global Future: Report of the Intelligence Council's 2020 Project and Global Trends 2025: A Transformed World

The most dramatic difference between ***Mapping the Global Future: Report of the Intelligence Council's 2020 Project and Global Trends 2025: A Transformed World*** is the latter's assumptions of a multipolar future, and therefore dramatic changes in the international system. The 2025 report describes a world in which the US plays a prominent role in global events, but the US is one among many global actors who manage problems. In contrast, the 2020 report projects continued US dominance, positing that most major powers have forsaken the idea of balancing the US.

The two documents also differ in their treatment of energy supply, demand, and new alternative sources. In 2020, energy supplies "in the

① See ***Mapping the Global Future: Report of the National Intelligence Council's 2020 Project***, National Intelligence Council, December 2004, which can be found at: www.dni.gov/nic/NIC_2020_project.html.

ground" are considered "sufficient to meet global demand." What is uncertain, according to the earlier report, is whether political instability in producer countries, supply disruptions, or competition for resources might deleteriously affect international oil markets. Though 2020 mentions the global increase in energy consumption, it emphasizes the domination of fossil fuels. In contrast, 2025 sees the world in the midst of a transition to cleaner fuels. New technologies are projected to provide the capability for fossil fuel substitutes and solutions to water and food scarcity. The 2020 report acknowledges that energy demands will influence superpower relations, but the 2025 report considers energy scarcity as a driving factor in geopolitics.

Both reports project probable strong global economic growth—fueled by the rise of Brazil, Russia, India, and China, absent major shocks. The 2025 report, however, assesses the likelihood of major discontinuities to be high, emphasizing that "no single outcome seems preordained" and that the next 20 years of transition toward a new international system are fraught with risks, such as a nuclear arms race in the Middle East and possible interstate conflicts over resources.

The scenarios in both reports address the future of globalization, the future structure of the international system, and the dividing lines among groups that will cause conflict or convergence. In both reports, globalization is seen as a driver so pervasive that it will reorder current divisions based on geography, ethnicity, and religious and socio-economic status.

More Change than Continuity

The rapidly changing international order at a time of growing geopolitical challenges increases the likelihood of discontinuities, shocks, and surprises. No single outcome seems preordained: the Western model of economic liberalism, democracy, and secularism, for example, which many assumed to be inevitable, may lose its luster—at least in the medium term.

In some cases, the surprise element is only a matter of timing: an energy transition, for example, is inevitable; the only questions are when and how abruptly or smoothly such a transition occurs. Other discontinuities are less predictable. Recognizing that what may seem implausible today could become feasible or even likely by 2025, we have looked at a number of single development "shocks." Examples include the global impact of a nuclear arms exchange, a rapid replacement for fossil fuels, and a "democratic" China.

New technologies could provide solutions, such as viable alternatives to fossil fuel or means to overcome food and water constraints. A critical uncertainty is whether new technologies will be developed and commercialized in time to avert a significant slowdown in economic growth owing to resource constraints. Such a slowdown would jeopardize the rise of new powers and deal a serious blow to the aspirations of those countries not yet fully in the globalization game. A world in which shortages predominate could trigger behaviors different from one in which scarcities are overcome through technology or other means.

Alternative Futures

This study is organized into seven sections that examine:

- The Globalizing Economy.
- Demographics of Discord.
- The New Players.
- Scarcity in the Midst of Plenty.
- Growing Potential for Conflict.
- Will the International System Be Up to the Challenges?
- Power-Sharing in a Multipolar World.

As with our previous works, we will describe possible alternative futures that could result from the trends we discuss.[①] We see the next 15-20 years as one of those great historical turning points where multiple factors are likely to be in play. How such factors intersect with one another and the role of leadership will be crucial to the outcome.

In constructing these scenarios, we focused on critical uncertainties regarding the relative importance of the nation-state as compared with nonstate actors, and the level of global cooperation. In some of the scenarios, states are more dominant and drive global dynamics; in others, nonstate actors, including religious movements, nongovernmental organizations (NGOs), and super-empowered individuals play more important roles. In some of the scenarios, key players interact in competing groups, through partnerships and cross-border affiliations. Other scenarios envision more interaction as autonomous players operate independently and sometimes conflict with one another.

In all the ***fictionalized scenarios***, we highlight challenges that could emerge as a result of the ongoing global transformation. The scenarios present new situations, dilemmas, or predicaments that would cause upheavals in the global landscape, leading to very different "worlds." ***None of these is inevitable or even necessarily likely***; but, as with many other uncertainties, they are potential game-changers.

A World Without the West. In this world, described in a fictional letter from a future head of the Shanghai Cooperation Organization (SCO), new powers supplant the West as the leaders on the world stage. The US feels overburdened and withdraws from Central Asia, including Afghanistan; Europe will not step up to the plate and take the lead. Russia, China, and

---

① See ***Global Trends 2015, A Dialogue About the Future with Nongovernment Experts***, National Intelligence Council, December 2000; and ***Mapping the Global Future: Report of the National Intelligence Council's 2020 Project***, National Intelligence Council, December 2004. The reports can be found at www. dni. gov/nic/NIC _ global trends 2015. html and www. dni. gov/nic/NIC _ 2020 _ project. html respectively.

others are forced to deal with the potential for spillover and instability in Central Asia. The SCO gains ascendance while NATO's status declines. Anti-China antagonism in the US and Europe reaches a crescendo; protectionist trade barriers are put in place. Russia and China enter a marriage of convenience; other countries—India and Iran—rally around them. The lack of any stable bloc—whether in the West or the non-Western world—adds to growing instability and disorder, potentially threatening globalization.

October Surprise. In this world, depicted in a diary entry of a future US President, many countries have been preoccupied with achieving economic growth at the expense of safeguarding the environment. The scientific community has not been able to issue specific warnings, but worries increase that a tipping point has been reached in which climate change has accelerated and possible impacts will be very destructive. New York City is hit by a major hurricane linked to global climate change; the NY Stock Exchange is severely damaged and, in the face of such destruction, world leaders must begin to think about taking drastic measures, such as relocating parts of coastal cities.

BRICs' Bust-Up. In this world, conflict breaks out between China and India over access to vital resources. Outside powers intervene before the conflict escalates and expands into a global conflagration. The clash is triggered by Chinese suspicion of efforts by others to threaten Beijing's energy supplies. Misperceptions and miscalculations lead to the clash. The scenario highlights the importance of energy and other resources to continued growth and development as a great power. It shows the extent to which conflict in a multipolar world is just as likely to occur between rising states as between older and newer powers.

Politics is Not Always Local. In this world, outlined in an article by a fictional ***Financial Times*** reporter, various nonstate networks—NGOs, religious groups, business leaders, and local activists—combine to set the international agenda on the environment and use their clout to elect the UN

Secretary General. The global political coalition of nonstate actors plays a crucial role in securing a new worldwide climate change agreement. In this new connected world of digital communications, growing middle classes, and transnational interest groups, politics is no longer local and domestic and international agendas become increasingly interchangeable.

Long-Range Projections: A Cautionary Tale

In the 20th century, experts forecasting the next 20 years—roughly the time frame of this study—often missed major geopolitical events, basing their predictions largely on linear projections without exploring possibilities that could cause discontinuities. Before WW I, while tensions between European "great powers" were on the rise, few had an inkling of major changes in the offing, from the extent of mutual slaughter to the downfall of age-old empires. In the early 1920s, few envisioned the lethal situation about to unfold, ushered in by the Great Depression, Stalin's gulags, and an even more bloody world war encompassing multiple genocides. The postwar period saw the establishment of a new international system—many of whose institutions—the UN and Bretton Woods—remain with us. Although the bipolar and nuclear age did not lack war and conflict, it did provide a stable framework until the collapse of the Soviet Union. The development of a globalized economy in which China and India play major roles has opened a new era without clear outcomes.

Lessons from the last century, however, appear to suggest:

- **Leaders and their ideas matter.** No history of the past hundred years can be told without delving into the roles and thinking of such leaders as Vladimir Lenin, Josef Stalin, Adolf Hitler or Mao Zedong. The actions of dominating leaders are the hardest element to anticipate. At several junctures in the 20th century, Western experts thought liberal and market ideas had triumphed. As demonstrated by the impacts of Churchill, Roosevelt, and Truman, leadership is key even in societies where institutions are strong and the maneuvering room for wielding personal power is more constrained.

• **Economic volatility introduces a major risk factor.** Historians and social scientists have discovered a strong correlation between rapid economic change—both positive and negative—and political instability. The massive dislocation and economic volatility introduced by the end of the "first" globalization in 1914-1918 and the rise of protectionist barriers in the 1920s and 1930s, combined with the lingering resentments over the Versailles peace settlement, laid the groundwork for WW II. The collapse of multinational and ethnic empires—begun after WW I and continuing with the end of the colonial empires in the post-WW II period—also unleashed a long series of national and ethnic conflicts that reverberates today. Today's globalization also has spurred the movement of people, disrupting traditional social and geographic boundaries.

• **Geopolitical rivalries trigger discontinuities more than does technological change.** Many stress the role of technology in bringing about radical change and there is no question it has been a major driver. We—as others—have oftentimes underestimated its impact. However, over the past century, geopolitical rivalries and their consequences have been more significant causes of the multiple wars, collapse of empires, and rise of new powers than technology alone.

When China's and India's GDPs Will Exceed Today's Rich Countries

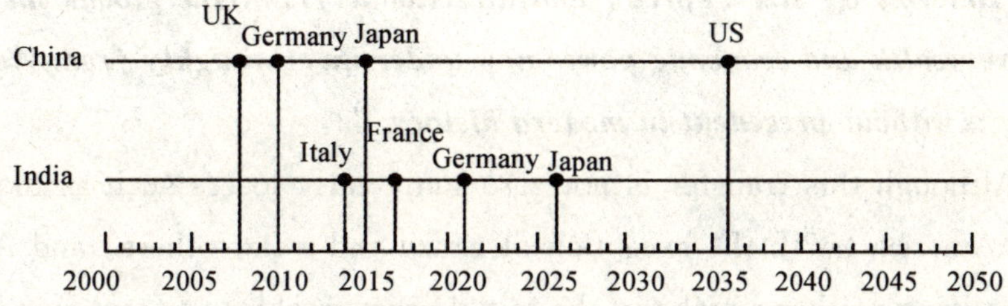

Source:Goldman Sachs, *Global Economics Paper* No:99. October 2003.

Chapter 1

The Globalizing Economy

In terms of size, speed, and directional flow, the global shift in relative wealth and economic power now under way—roughly from West to East—is without precedent in modern history. This shift derives from two key sources. First, sustained increases in oil and commodity prices have generated windfall profits for the Gulf states and Russia.. Second, relatively low labor costs combined with certain government policies have shifted the locus of manufacturing and some service industries to Asia. Strong global demand for these products has made for wide economies of scale margins across Asia, particularly in China and India. These shifts in demand and supply are deep and structural, which suggests that the resulting transfer of economic power we are witnessing is likely to endure. These shifts are the driving force behind globalization that—as we underlined in

our Mapping the Global Future report—is a meta-trend, transforming historic patterns of economic flows and underlying stocks, creating pressures for rebalancing that are painful for both rich and poor countries.

"In terms of size, speed, and directional flow, the global shift in relative wealth and economic power now under way—roughly from West to East—is without precedent in modern history."

Although this transfer is not zero-sum, early losers such as most of Latin America (with the exception of Brazil and a few others) and Africa are receiving neither a stake in the initial asset transfer nor any significant inbound investment from the recipient countries. Certain industrialized states such as Japan also appear increasingly challenged by inchoate financial links among these emerging markets. The US and Eurozone are receiving much of this emerging market liquidity, but whether they will benefit relative to their current position depends on several factors, including the ability of Western countries to reduce oil consumption and demand, the ability of these states to capitalize on a favorable export climate in sectors of comparative strength, such as technology and services, and the domestic policies of recipient states, particularly on issues of monetary policy and openness to foreign investment.

Back to the Future

Asia's economic powerhouses—China and India—are restoring the positions they held two centuries ago when China produced approximately 30 percent and India 15 percent of the world's wealth. China and India, for the first time since the 18th century, are set to be the largest contributors to worldwide economic growth. These two countries will likely surpass the GDP of all other economies except the US and Japan by 2025, but they will continue to lag in per capita income for decades. The years around 2025 will be characterized by the "dual identity" of these Asian giants: powerful, but many individual Chinese or Indians feeling relatively poor compared to Westerners.

Growth projections for Brazil, Russia, India, and China have them collectively matching the original G-7's share of global GDP by 2040-2050. According to these same projections, the eight largest economies in 2025 will be, in descending order: the US, China, India, Japan, Germany, the UK, and France, and Russia.

China, especially, has emerged as a new financial heavyweight, claiming \$2 trillion in foreign exchange reserves in 2008. Rapidly developing countries, including China and Russia, have created sovereign wealth funds (SWFs)[①] with the aim of using their hundreds of billions of dollars' worth of assets to achieve higher returns to help them weather economic storms. Some of these funds will return to the West in the form of investments, thereby promoting greater productivity and economic competitiveness. However, foreign direct investment (FDI) by emerging powers in the developing world is increasing significantly.

A generation of globally competitive companies is emerging from the new powers, helping to further solidify their position in the global marketplace; from Brazil in agribusiness and offshore energy exploration; Russia in energy and metals; India in IT services, pharmaceuticals, and auto parts; and China in steel, home appliances, and telecommunications equipment. Of the top 100 new global corporate leaders from the non-OECD world listed in a 2006 report from The Boston Consulting Group, 84 were

---

① Sovereign wealth funds (SWFs) constitute capital generated from government surpluses and invested in private markets abroad. Since 2005, the number of states with SWFs has grown from three to over 40, and the aggregate sum under their control from around \$700 billion to \$3 trillion. The range of functions served by SWFs also has expanded, as many of the states that created them recently have done so out of a desire to perpetuate current account surpluses, or to cultivate intergenerational savings, rather than to buffer commodity market volatility. Should current trends hold, SWFs will swell to over \$6.5 trillion within five years, and to \$12-15 trillion within a decade, exceeding total fiscal reserves and comprising some 20 percent of all global capitalization.

headquartered in Brazil, Russia, China and India.

Growing Middle Class

We are witnessing an unprecedented moment in human history: never before have so many been lifted out of extreme poverty as is happening today. A stunning 135 million people escaped dire poverty between 1999 and 2004 alone—more than the population of Japan and almost as many as live in Russia today.

Over the next several decades the number of people considered to be in the "global middle class" is projected to swell from 440 million to 1.2 billion or from 7.6 percent of the world's population to 16.1 percent, according to the World Bank. Most of the new entrants will come from China and India.

However, there is a dark side to the global middle class coin: continued divergence at the extremes. Many countries—especially the landlocked and resource-poor ones in Sub Saharan Africa—lack the fundamentals for entering the globalization game. By 2025-2030, the portion of the world considered poor will shrink by about 23 percent, but the world's poor—still 63 percent of the globe's population—stand to become relatively poorer, according to the World Bank.

State Capitalism: A Post-Democratic Marketplace Rising in the East?

The monumental achievement of millions escaping extreme poverty underpins the rise of new powers—especially China and India—on the international scene but does not tell the whole story. Today wealth is moving not just from West to East but is concentrating more under state control. In the wake of the 2008 global financial crisis, the state's role in the economy may be gaining more appeal throughout the world.

With some notable exceptions like India, the states that are beneficiaries of the massive shift of wealth—China, Russia, and Gulf states—are non-democratic and their economic policies blur distinctions between public and private. These states are not following the Western liberal model for self-development but are using a different model— "state capitalism." State capitalism is a loose term to describe a system of economic management that gives a prominent role to the state.

Regional Income Inequality: European Inequality Lower Than Most

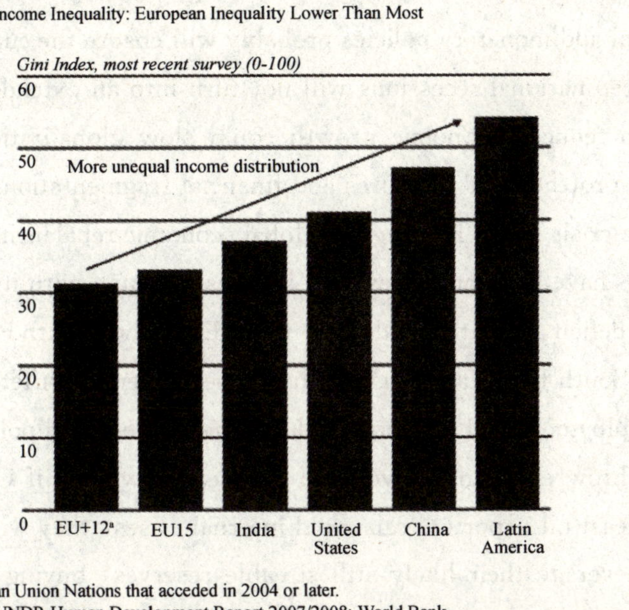

[a]European Union Nations that acceded in 2004 or later.
Source: UNDP, Human Development Report 2007/2008: World Bank.

Others—like South Korea, Taiwan, and Singapore—also chose state capitalism as they initially developed their economies. However, the impact of Russia, and particularly China, following this path is potentially greater given their weight on the world stage. Ironically, the major enhancement of the state role in Western economies now under way as a result of the current financial crisis may reinforce the emerging countries' preference for greater state control and distrust of an unregulated marketplace.

These states typically favor:

An Open Export Climate. Given the wealth flowing into these states, their desire for a weak currency despite strong domestic economic performance requires heavy intervention in currency markets, leading to heavy official asset accumulation, typically until now in the form of US Treasury bonds.

Globalization at Risk with the 2008 Financial Crisis?

As with most of the trends discussed in this report, the impacts from the financial crisis will depend heavily on government leadership. Proactive fiscal and monetary policies probably will ensure the current panic and likely deep national recessions will not turn into an extended depression, although reduced economic growth could slow globalization's pace, increasing protectionist pressures and financial fragmentation.

The crisis is accelerating the global economic rebalancing. Developing countries have been hurt; several, such as Pakistan with its large current account deficit, are at considerable risk. Even those with cash reserves—such as South Korea and Russia—have been severely buffeted; steep rises in unemployment and inflation could trigger widespread political instability and throw emerging powers off course. However, if China, Russia, and Mideast oil exporters can avoid internal crises, they will be in a position to leverage their likely still sizeable reserves, buying foreign assets and providing direct financial assistance to still-struggling countries for political favors or to seed new regional initiatives. In the West, the biggest change—not anticipated before the crisis—is the increase in state power. Western governments now own large swaths of their financial sectors and must manage them, potentially politicizing markets.

The crisis has increased calls for a new "Bretton Woods" to better regulate the global economy. World leaders, however, will be challenged to renovate the IMF and devise a globally transparent and effective set of rules that apply to differing capitalisms and levels of financial institutional development. Failure to construct a new all-embracing architecture could lead countries to seek security through competitive monetary policies and new investment barriers, increasing the potential for market segmentation.

Sovereign Wealth Funds (SWFs) and Other State Investment Vehicles. Having amassed huge assets, Gulf Cooperation Council (GCC) and Chinese officials have increasingly used various forms of sovereign investment. States entering private markets are doing so partly for the prospect of higher return. SWFs are the most widely publicized but only one of many sovereign investment vehicles.

Renewed Efforts Toward Industrial Policy. Governments that highly manage their economies often have an interest in industrial policy. China, Russia, and the Gulf states have state plans to diversify their economies and climb the value-added ladder into high technology and service sectors. The significant difference between today's efforts and those of earlier periods, however, is that these states now directly own the economic wherewithal to implement their plans and need not rely on incentivizing parties or luring foreign capital.

Rollback of Privatization and the Resurgence of State-Owned Enterprises (SOEs). In the early 1990s, many economists predicted that SOEs would be a relic of the 20th century. They were wrong. SOEs are far from extinction, are thriving, and in many cases seek to expand beyond their own borders, particularly in the commodities and energy sectors. SOEs, especially national oil companies, are likely to attract investment for the surfeit of ready capital that these states are accumulating. Much like SWFs, SOEs serve a secondary function as pressure valves, helping to relieve inflation and currency appreciation pressures. They also can act as vehicles for increased political control. To the extent state-owned firms reach across state borders, they may become vehicles for geopolitical influence, particularly those dealing in key strategic resources such as energy.

The increasing role of the state as a player in emerging markets has contrasted until recently with nearly opposite trends in the West, where the state has struggled to keep pace with private financial engineering, such as derivatives and credit swaps. The seeds of this capital market's depth and complexity date to the 1980s but grew with rising asset prices and bull markets from the 1990s until recently. The financial engineering—based upon a magnitude of leverage unthinkable even a decade ago—in turn has injected an unprecedented degree of risk and volatility into global markets. Greater controls and international regulation—a possible outcome of the current financial crisis—could change this trajectory, although a gap on the role of the state in the economy is likely to remain between the West and the rapidly emerging economic powers.

Bumpy Ride in Correcting Current Global Imbalances

The refusal of emerging markets to allow currency appreciation despite booming economies, together with the willingness of the US to incur greater sums of debt, has created a mutually supporting, albeit ultimately unsustainable cycle of imbalances.

Indeed, the Wall Street events of 2008 mark the opening chapters of a larger story of rebalancing and course correction from these imbalances. The righting of these imbalances will be bumpy as the global economy moves into realignment. The difficulties of global economic policy coordination—in part a byproduct of the growing political and financial multipolarity—increase the chances of a bumpy ride.

One of the following developments or a combination could cause an adjustment: a slowdown in US consumption and an attendant increase in the US savings rate, and an increase in demand from emerging Asian markets, particularly China and India. Whether imbalances stabilize or rebound out to 2025 depends in part on the particular lessons that the emerging powers choose to draw from the financial crisis. Some may interpret the crisis as a rationale for hoarding yet more in the way of a cushion, while others—in understanding that few if any emerging economies were immune from the widespread downturn—could come to regard the stockpiling of reserves as less of a priority.

Major financial disruptions and the needed economic and political readjustments have often spread beyond the financial arena. History suggests that this rebalancing will require long-term efforts to establish a new international system. Specific problems to be overcome include:

Greater Trade and Investment Protectionism. Increasingly aggressive foreign acquisitions by corporations based in the rapidly emerging economies—many will be state-owned—will raise political tensions, potentially creating a public backlash in countries against foreign trade and investment. The perception of uneven benefits from globalization in the US may fuel protectionist forces.

An Accelerated Resource Grab. The new powers increasingly will have the means to acquire commodities in an effort to ensure continued development. Russia, China, and India have linked their national security to increased state control of and access to energy resources and markets through their state-owned energy firms. Gulf states are interested in land leases and purchases elsewhere to ensure adequate food supplies.

Slowing Democratization. China, particularly, offers an alternative model for political development in addition to demonstrating a different economic pathway. This model may prove attractive to under-performing authoritarian regimes, in addition to weak democracies frustrated by years of economic underperformance.

The Overshadowing of International Financial Institutions. Sovereign wealth funds have injected more capital into emerging markets than the IMF and World Bank combined, and this trend could even continue with unwinding global imbalances. China already is beginning to couple SWF investment with direct aid and foreign assistance, often directly outbidding the World Bank on development projects. Such foreign investment by newly rich states such as China, Russia, and the GCC states will lead to diplomatic realignments and new relationships between these states and the developing world.

A Decline in the Dollar's International Role. Despite recent inflows into dollar assets and the appreciation of the dollar, the dollar could lose its status as an unparalleled global reserve currency by 2025, and become a first among equals in a market basket of currencies. This may force the US to consider more carefully how the conduct of its foreign policy affects the dollar. Without a steady source of external demand for dollars, US foreign policy actions might bring exposure to currency shock and higher interest rates for Americans.

Growing use of the euro is already evident, potentially making it harder for the US in the future to exploit the unique role of the dollar in international trade and investment to freeze assets and disrupt the financial flows of its adversaries, such as it recently has accomplished with financial sanctions against the leadership in North Korea and Iran. Incentives and inclinations to move away from the dollar will be tempered, however, by uncertainties and instabilities in the international financial system.

Multiple Financial Nodes

Anchored by the US and EU in the West, Russia and the GCC states in Central Asia and the Middle East, and China and eventually India in the East, the financial landscape for the first time will be genuinely global and multipolar. Insomuch as the recent financial crisis heightens interest in less leveraged finance, Islamic finance may also see a boost. While such a global and multipolar financial order signals a relative decline for US power and a likely increase in market competition and complexity, these downsides are likely to be accompanied by many positives. Over time, and as they develop, these multiple financial centers may create redundancies that help insulate markets against financial shocks and currency crises, quelling their effects before global contagion takes hold. Similarly, as regions become more invested in their financial epicenters, incentives to preserve geopolitical stability to shelter these financial flows will increase. History suggests, however, that such a redirection toward regional financial centers could soon spill over into other areas of power. Rarely, if ever, have such "financiers of last resort" been content to limit their influence to strictly financial realms. Interregional tensions could divide the West with the US and EU having increasingly divergent economic and monetary priorities, complicating Western efforts to lead and jointly grow the global economy.

Science and Technology Leadership: A Test for the Emerging Powers

The relationship between achievements in science and technology and economic growth has been long established, but the path is not always predictable. More significant is the overall effectiveness of a nation's National Innovation System (NIS) —the process by which intellectual concepts are moved toward commercialization for the benefit of a national economy. According to a NIC-contracted global survey of scientific experts, the United States currently boasts a stronger innovation system than the developing economies of China and India.

- The idea of an NIS was first developed in the 1980s as an aid to understanding how some countries were proving better than others at turning intellectual concepts into commercial products that would boost their economies. The NIS model is evolving as information technology and the effect of increased globalization (and multinational corporations) influence national economies.

According to the NIC-commissioned study, nine factors can contribute to a modern NIS: fluidity of capital, flexibility of the labor pool, government receptivity to business, information communication technologies, private sector development infrastructure, legal systems to protect intellectual property rights, available scientific and human capital, marketing skills, and cultural propensity to encourage creativity.

China and India are expected in 10 years to achieve near parity with the US in two different areas: scientific and human capital (India) and government receptivity to business innovation (China). China and India will narrow significantly but not close the gap in all remaining factors. The United States is expected to remain dominant in three areas: protection for intellectual property rights, business sophistication to mature innovation, and encouragement of creativity.

Companies in China, India, and other major developing countries have unique opportunities to be the first to develop a host of emerging technologies. This is especially the case in those instances where companies are building new infrastructure and not burdened by historical patterns of development. Such opportunities include distributed electrical power generation, development of clean water sources, and the next generation of Internet and new information technologies (such as ubiquitous computing and the Internet of Things—see the foldout). Early and significant adoption of these technologies could provide considerable economic advantage.

Diverging Development Models, but for How Long?

The state-centric model in which the state makes the key economic decisions and, in the case of China and increasingly Russia, democracy is restricted, raises questions about the inevitability of the traditional Western recipe—roughly liberal economics and democracy—for development. Over the next 15-20 years, more developing countries may gravitate toward Beijing's state-centric model rather than the traditional Western model of markets and democratic political systems to increase the chances of rapid development and perceived political stability. While we believe a gap will remain, the enhanced role of the state in Western economies may also lessen the contrast between the two models.

In the Middle East, secularism, which also has been considered an integral part of the Western model, increasingly may be seen as out of place as Islamic parties come into prominence and possibly begin to run governments. As in today's Turkey, we could see both increased Islamization and greater emphasis on economic growth and modernization.

"China, particularly, offers an alternative model for political development in addition to demonstrating a different economic pathway."

The lack of any overarching ideology and the mix-and-match of some of the elements—for example Brazil and India are vibrant market democracies—means the state-centric model does not yet constitute anything like an alternative system and, in our view, is unlikely ever to be one. Whether China liberalizes both politically and economically over the next two decades is a particularly critical test for the long-term sustainability of an alternative to the traditional Western model. Although democratization probably will be slow and may have its own Chinese character, we believe the emerging middle class will press for greater political influence and accountability of those in charge, particularly if the central government falters in its ability to sustain economic growth or is unresponsive to growing "quality of life" issues such as increasing pollution or the need for health and education services. The government's own efforts to boost S&T and establish a "high tech" economy will increase incentives for greater openness to develop human capital at home and attract expertise and ideas from outside.

Historical patterns evinced by other energy producers suggest deflecting pressures for liberalization will be easier for Russian authorities. Traditionally, energy producers also have been able to use revenues to buy off political opponents; few have made the transition to democracy while their energy revenues remain strong.

A sustained plunge in the price of oil and gas would alter the outlook and increase prospects for greater political and economic liberalization in Russia.

Latin America: Moderate Economic Growth, Continued Urban Violence

Many Latin American countries will have achieved marked progress in democratic consolidation by 2025, and some of these countries will have become middle income powers. Others, particularly those that have embraced populist policies, will lag behind—and some, such as Haiti, will have become even poorer and still less governable. Public security problems will continue to be intractable—and in some cases unmanageable. Brazil will become the leading regional power, but its efforts to promote South American integration will be realized only in part. Venezuela and Cuba will have some form of vestigial influence in the region in 2025, but their economic problems will limit their appeal. Unless the United States is able to deliver market access on a permanent and meaningful basis, the US could lose its traditionally privileged position in the region, with a concomitant decline in political influence.

Steady economic growth between now and 2025—perhaps as high as 4 percent—will fuel modest decreases in poverty levels in some countries and a gradual reduction of the informal sector. Progress on critical secondary reforms, such as education, regressive tax systems, weak property rights, and inadequate law enforcement will remain incremental and spotty. The relative growing importance of the region as a producer of oil, natural gas, biofuels, and other alternative energy sources will spur growth in Brazil, Chile, Colombia, and Mexico, but state ownership and political turmoil will impede efficient development of energy resources. The economic competitiveness of Latin America will continue to lag behind Asia and some other fast growing areas.

Population growth in the region will be relatively moderate, but the rural poor and indigenous populations will continue to grow at a faster rate. Latin America will have a graying population as the growth rate of adults aged 60 and over rises.

Parts of Latin America will continue to be among the world's most violent areas. Drug trafficking organizations, sustained in part by increased local drug consumption, transnational criminal cartels, and local crime rings and gangs, will continue to undermine public security. These factors, and persistent weaknesses in the rule of law, will mean that a few small countries, especially in Central America and the Caribbean, will verge on becoming failed states.

Latin America will continue to play a marginal role in the international system, except for its participation in international trade and some peacekeeping efforts.

US influence in the region will diminish somewhat, in part because of Latin America's broadening economic and commercial relations with Asia, Europe, and other blocs. Latins, in general, will look to the United States for guidance both globally and for relations with the region. An increasingly numerous Hispanic population will ensure greater US attention to, and involvement in, the culture, religion, economics, and politics of the region.

Women as Agents of Geopolitical Change

Economic and political empowerment of women could transform the global landscape over the next 20 years. This trend already is evident in the area of economics: ***The explosion in global economic productivity in recent years has been driven as much by fostering human resources—particularly through improvements in health, education, and employment opportunities for women and girls—as by technological advances.***

- The predominance of women in Southeast Asia's export manufacturing sector is a likely key driver of that region's economic success; women agricultural workers account for half the world's food production—even without reliable access to land, credit, equipment, and markets.

• Over the next 20 years the increased entry and retention of women in the workplace may continue to mitigate the economic impacts of global aging.

Women in much of Asia and Latin America are achieving higher levels of education than men, a trend that is particularly significant in a human capital-intensive global economy.

• Demographic data indicate a significant correlation between a higher level of female literacy and more robust GDP growth within a region (e. g., the Americas, Europe, and East Asia). Conversely, those regions with the lowest female literacy rates (southern and western Asia; the Arab world; and Sub-Saharan Africa) are the poorest in the world.

• Improved educational opportunities for girls and women also are a contributing factor to falling birth rates worldwide—and by extension better maternal health. The long-term implications of this trend likely include fewer orphans, less malnutrition, more children in school, and other contributions to societal stability.

Although data on women's political involvement are less conclusive than those regarding economic participation, political empowerment of women appears to change governmental priorities. ***Examples as disparate as Sweden and Rwanda indicate that countries with relatively large numbers of politically active women place greater importance on societal issues such as healthcare, the environment, and economic development.*** If this trend continues over the next 15-20 years, as is likely, an increasing number of countries could favor social programs over military ones. Better governance also could be a spinoff benefit, as a high number of women in parliament or senior government positions correlates with lower corruption.

Nowhere is the role of women potentially more important for geopolitical change than in the Muslim World. Muslim women do far better assimilating in Europe than their male relatives, partly because they flourish in the educational system, which facilitates their entry into jobs in information or service industries. Sharply declining fertility rates among Muslims in Europe demonstrate this willingness to accept jobs outside the home and a growing refusal to conform to traditional norms. In the short term, the decline of traditional Muslim family structures may help explain the openness of many young Muslim men to radical Islamic messages. However, in rearing future generations, women might help show the way to greater social assimilation and reduce the likelihood of religious extremism. The impact of growing numbers of women in the workplace may also have an impact outside Europe. The modernizing countries of the Islamic Mediterranean have close ties to Europe, to which these countries have sent many migrants. Migrants return to visit or resettle and bring with them new ideas and expectations. These Islamic countries also receive foreign influences from European mass media, through satellite dishes and the Internet.

Higher Education Shaping the Global Landscape in 2025

As global business grows increasingly borderless and labor markets more seamless, education has become a key determinant of countries' economic performance and potential. Adequate primary education is essential, but the quality and accessibility of secondary and higher education will be even more important for determining whether societies successfully graduate up the value-added production ladder.

The US lead in highly skilled labor will likely narrow as large developing countries, particularly China, begin to reap dividends on recent investments in human capital, including education but also nutrition and healthcare. India faces a challenge because inadequate primary education is widespread in the poorer regions and top-flight educational institutions cater to a relatively privileged few. Funding as a proportion of GDP has grown to around 5 percent in most European countries, although few European universities are rated as world class. Spending on education in the Arab world is roughly on par with the rest of the world in absolute terms and surpasses the global mean as a percentage of GDP, lagging only slightly behind OECD high-income countries. UN data and research findings by other institutions suggest, however that training and education of Middle Eastern youth is not driven by the needs of employers, especially for science and technology. There are some signs of progress.

The US may be uniquely able to adapt its higher education and research system to rising global demand and position itself as a world education hub for the growing number of students that will enter the education market out to 2025. Although further opening of US classrooms and laboratories could mean greater competition for US students, the US economy would likely benefit because companies tend to base their operations near available human capital. Continued export of US educational models with the building of US campuses in the Middle East and Central Asia could boost the attractiveness and global prestige of US universities.

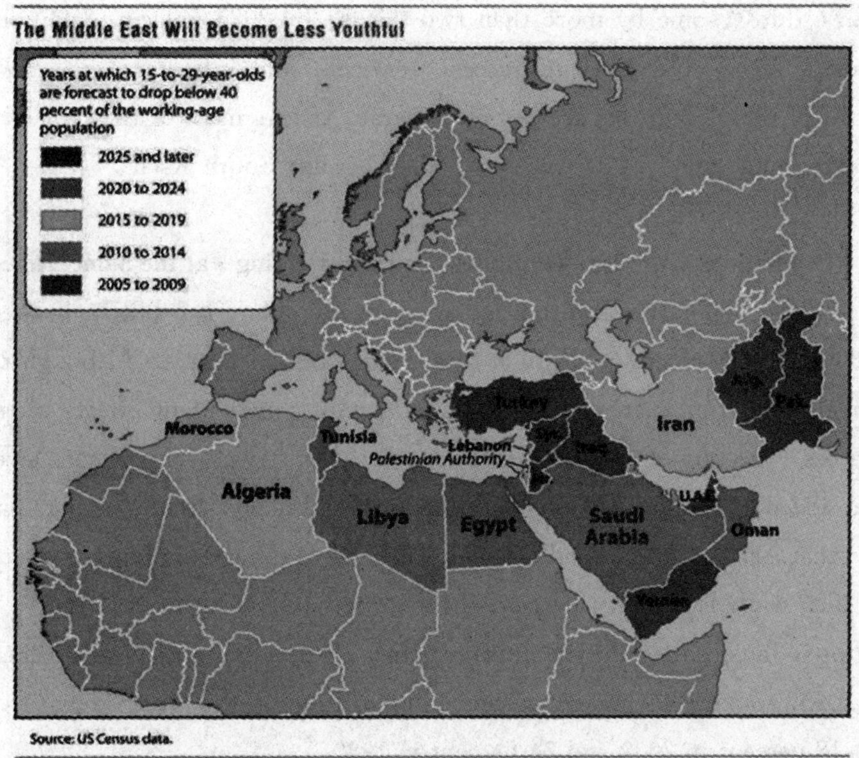

Chapter 2

The Demographics of Discord

Trends in birth, death, and migration are changing the absolute and relative size of young and old, rural and urban, and ethnic majority and minority populations within and among emerging and established powers. These demographic reconfigurations will offer social and economic opportunities for some powers and severely challenge established arrangements in others. The populations of more than 50 countries will increase by more than a third (some by more than two-thirds) by 2025, placing additional stresses on vital natural resources, services, and infrastructure. Two-thirds of these countries are in Sub-Saharan Africa; most of the remaining fast-growing countries are in the Middle East and South Asia.

Populations Growing, Declining, and Diversifying—at the Same Time

World population is projected to grow by about 1.2 billion between 2009 and 2025—from 6.8 billion to around 8 billion people. Although the global population increase is substantial—with concomitant effects on resources—the rate of growth will be slower than it was, down from levels that added 2.4 billion persons between 1980 and today. Demographers project that Asia and Africa will account for most of the population growth out to 2025 while less than 3 percent of the growth will occur in the "West" — Europe, Japan, the United States, Canada, Australia, and New Zealand. In 2025, roughly 16 percent of humanity will live in the West, down from the 18 percent in 2009 and 24 percent in 1980.

• The largest increase will occur in India, representing about one-fifth of all growth. India's population is projected to climb by around 240 million by 2025, reaching approximately 1.45 billion people. From 2009 to 2025, Asia's other giant, China, is projected to add more than 100 million to

its current population of over 1.3 billion. (See graphic on page 22.)

• In aggregate, the countries of Sub-Saharan Africa are projected to add about 350 million people during the same period, while those in Latin America and the Caribbean will increase by about 100 million.

• Between now and 2025, Russia, Ukraine, Italy, almost all countries in Eastern Europe, and Japan are expected to see their populations decline by several percent. These declines could approach or exceed 10 percent of the current populations in Russia, Ukraine, and a few other Eastern

European countries.

• The populations of the US, Canada, Australia, and a few other industrial states with relatively high immigration rates will continue to grow—the US by more than 40 million, Canada by 4. 5 million, and Australia by more than 3 million.

By 2025, the already diverse array of national population age structures promises to be more varied than ever, and the gap between the youngest and oldest profiles will continue to widen. The "oldest" countries—those in which people under age 30 form less than one-third of the population—will mark a band across the northern edge of the world map. In contrast, the "youngest" countries, where the under-30 group represents 60 percent of the population or more, will nearly all be located in Sub-Saharan Africa. (See maps on page 188.)

The Pensioner Boom: Challenges of Aging Populations

Population aging has brought today's developed countries—with a few exceptions such as the US—to a demographic "***tipping point.***" Today, nearly 7 out of every 10 people in the developed world are in the traditional working years (ages 15 to 64) —a high-tide mark. This number has never before been so high and, according to experts, in all likelihood will never be so high again.

In almost every developed country, the period of most rapid growth in the ratio of seniors (age 65 and older) to the working-age population will occur during the 2010s and 2020s, boosting the fiscal burden of old-age benefit programs. By 2010, there will be about one senior for every four working-age people in the developed world. By 2025, this ratio will have climbed to one to three, and possibly higher.

• Japan is in a difficult position: its working-age population has been contracting since the mid-1990s and its overall population since 2005. Today's projections envision a society in which, by 2025, there will be one

World Age Structure, 2005 and Projected 2025

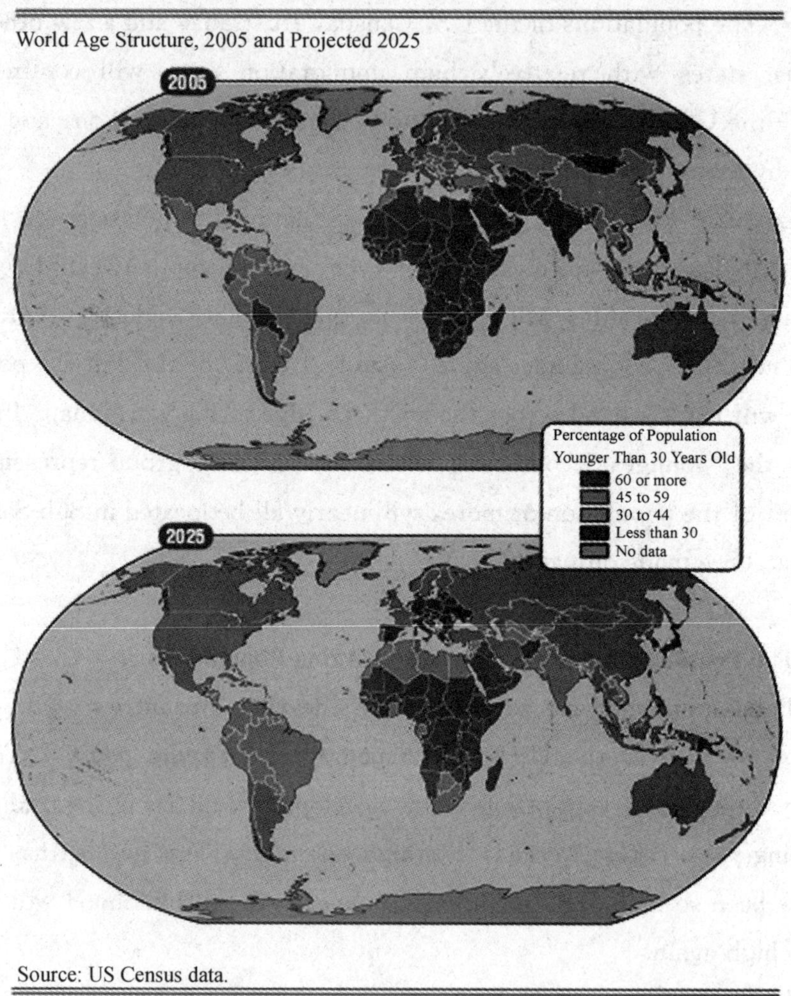

Source: US Census data.

784355AI (G00975) 11-08

senior for every two working-age Japanese.

• The picture for Western Europe is more mixed. The UK, France, Belgium, the Netherlands, and the Nordics will likely maintain the highest fertility rates in Europe but will remain below two children per woman. In the rest of the region, fertility probably will stay below 1. 5 children per woman, on par with Japan (and well below the replacement level of 2. 1 children per woman) .

Large and sustained increases in the fertility rate, even if they began now, would not reverse the aging trend for decades in Europe and Japan. If fertility rose immediately to the replacement level in Western Europe, the ratio of seniors to people in their working years would continue to rise steadily through the late 2030s. In Japan, it would continue to rise through the late 2040s.

The annual level of net immigration would have to double or triple to keep working-age populations from shrinking in Western Europe. By 2025, non-European minority populations could reach significant proportions—15 percent or more—in nearly all Western European countries and will have a substantially younger age structure than the native population (see page 190). Given growing discontent with current levels of immigrants among native Europeans, such steep increases are likely to heighten tensions.

The aging of societies will have economic consequences. Even with productivity increases, slower employment growth from a shrinking work force probably will reduce Europe's already tepid GDP growth by 1 percent. By the 2030s, Japan's GDP growth is projected to drop to near zero according to some models. The cost of trying to maintain pensions and health coverage will squeeze out expenditures on other priorities, such as defense.

Persistent Youth Bulges

Countries with youthful age structures and rapidly growing populations form a crescent stretching from the Andean region of Latin America across Sub-Saharan Africa, the Middle East and the Caucasus, and then through the northern parts of South Asia. By 2025, the number of countries in this "arc of instability" will have decreased by 35 to 40 percent owing to declining fertility and maturing populations. Three quarters of the three dozen "youth bulge countries" projected to linger beyond 2025 will be located in Sub-Saharan Africa. The remainder will be located in the Middle

East and scattered across Asia and among the Pacific Islands.

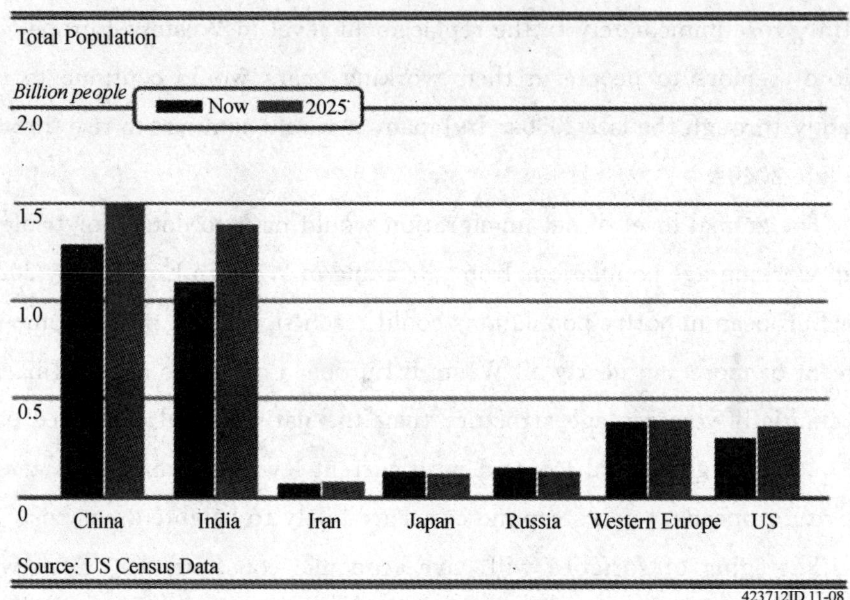

• The emergence of new economic tigers by 2025 could occur where youth bulges mature into "worker bulges." Experts argue that this demographic bonus is most advantageous when the country provides an educated work force and a business-friendly environment for investment. Potential beneficiaries include Turkey, Lebanon, Iran, and the Maghreb states of North Africa (Morocco, Algeria and Tunisia), Colombia, Costa Rica, Chile, Vietnam, Indonesia, and Malaysia.

• The current youth bulges in the Maghreb states, Turkey, Lebanon, and Iran will diminish rapidly but those in the West Bank/Gaza, Iraq, Yemen, Saudi Arabia and adjacent Afghanistan and Pakistan will persist through 2025. Unless employment conditions change dramatically, youth in weak states will continue to go elsewhere—externalizing volatility and violence.

The populations of already parlous youth-bulge states—such as Afghanistan, Democratic Republic of Congo (DROC), Ethiopia, Nigeria, Pakistan, and Yemen—are projected to remain on rapid-growth trajectories. Pakistan's and Nigeria's populations are each projected to grow by about 55 million people. Ethiopia and DROC will likely add about 40 million each, while the populations of Afghanistan and Yemen are projected to grow more than 50 percent larger than today's. All will retain age structures with large proportions of young adults, a demographic feature that is associated with the emergence of political violence and civil conflict.

The Impact of HIV/AIDS

Neither an effective HIV vaccine nor a self-administered microbicide, even if developed and tested before 2025, will likely be widely disseminated by then. Although prevention efforts and local behavioral changes will depress infection rates globally, experts expect HIV/AIDS to remain a global pandemic through 2025 with its epicenter of infection in Sub-Saharan Africa. Unlike today, the vast majority of people living with HIV will have access to life-extending antiretroviral therapies.

- If prevention efforts and effectiveness remain at current levels, the HIV-positive population is expected to climb to around 50 million by 2025—up from 33 million today (22 million in Sub-Saharan Africa). In this scenario, 25 million to 30 million people would need anti-retroviral therapy to survive during 2025.
- In another scenario assuming fully scaled-up prevention by 2015, the HIV-infected population would peak and then fall to near 25 million worldwide by 2025, bringing the number needing antiretroviral therapy to between 15 and 20 million people.

Changing Places: Migration, Urbanization and Ethnic Shifts

Moving Experiences. The net migration of people from rural to urban areas and from poorer to richer countries likely will continue apace in 2025, fueled by a widening gap in economic and physical security between adjacent regions.

- Europe will continue to attract migrants from younger, less developed, and faster growing African and Asian regions nearby. However, other emerging centers of industrialization—China and southern India and possibly Turkey and Iran—could attract some of this labor migration as growth among their working-age populations slows and wages rise.

- Labor migration to the United States probably will slow as Mexico's industrial base grows and its population ages—a response to rapid fertility declines in the 1980s and 1990s—and as competing centers of development arise in Brazil and the southern cone of South America.

Urbanization. If current trends persist, by 2025 about 57 percent of the world's population will live in urban areas, up from about 50 percent today. By 2025, the world will add another eight megacities to the current list of 19—all except one of these eight will be in Asia and Sub-Saharan Africa. Most urban growth, however, will occur in smaller cities of these regions, which are expanding along highways and coalescing near crossroads and coastlines, often without formal sector job growth and without adequate services.

Identity Demography. Where ethno-religious groups have experienced their transition to lower birth rates at varying paces, lingering ethnic youth bulges and shifts in group proportions could trigger significant political changes. Shifts in ethno-religious composition resulting from migration also could fuel political change, particularly where immigrants settle in low-fertility industrialized countries.

- Differing rates of growth among Israel's ethnic communities could abet political shifts in the Knesset (Israel's parliament) . By 2025, Israeli Arabs, who currently comprise a fifth of the population, will comprise about a quarter of Israel's expected population of nearly 9 million. Over the same period, Israel's ultra-orthodox Jewish community could nearly double, becoming larger than 10 percent of the population.

• Irrespective of their political status in 2025, the populations of the West Bank, currently about 2. 6 million people, and Gaza, now at 1. 5 million, will have grown substantially: the West Bank by nearly 40 percent; Gaza by almost 60 percent. Their combined population in 2025—still youthful, growing, and approaching 6 million (or exceeding that figure, according to some projections) —promises to introduce further challenges to institutions hoping to generate adequate employment and public services, maintain sufficient availability of fresh water and food, and achieve political stability.

A number of other ethnic shifts between now and 2025 will have regional implications. For example, growing proportions of Native Americans in several Andean and Central American democracies are likely to continue to push governments in those countries toward populism. In Lebanon, ongoing fertility decline in the Shiite population, which currently lags ethnic neighbors in income and exceeds them in family size, will bring about a more mature age structure in this community—and could deepen Shiite integration into the mainstream of Lebanese economic and political life, easing communal tensions.

Western Europe has become the destination of choice for more than one million immigrants annually and home for more than 35 million foreign born—many from Muslim-majority countries in North Africa, the Middle East, and South Asia (see box on page 195) . Immigration and integration politics, and confrontations with Muslim conservatives over education, women's rights, and the relationship between the state and religion are likely to strengthen right-of-center political organizations and splinter the left-of-center political coalitions that were instrumental in building and maintaining Europe's welfare states.

By 2025, international migration's human capital and technological transfer effects will begin to favor the most stable Asian and Latin American countries. Although the emigration of professionals probably will continue to deprive poor and unstable countries across Africa and parts of the Middle East of talent, the likely return of many wealthy and educated Asian and Latin Americans from the US and Europe will help boost the competitiveness of China, Brazil, India, and Mexico.

Demographic Portraits: Russia, China, India, and Iran

Russia: A Growing Multiethnic State?

Currently a country with around 141 million people, Russia's demographically aging and declining population is projected to drop below 130 million by 2025. The chances of stemming such a steep decline over this period are slim: the population of women in their 20s—their prime childbearing years—will be declining rapidly, numbering around 55 percent of today's count by 2025.

Russia's high rate of male middle-age mortality is unlikely to change dramatically. Muslim minorities that have maintained higher fertility will comprise larger proportions of the Russian population, as will Turkic and Chinese immigrants. According to some more conservative projections, the Muslim minority share of Russia's population will rise from 14 percent in 2005 to 19 percent in 2030, and 23 percent in 2050. In a shrinking population, the growing proportion that are not Orthodox Slavs will likely provoke a nationalist backlash. Because Russia's fertility and mortality problems are likely to persist through 2025, Russia's economy—unlike Europe's and Japan's—will have to support the large proportion of dependents.

Muslims in Western Europe

Western Europe's Muslim population currently totals between 15 and 18 million. The largest proportions of Muslims—between 6 and 8 percent—are in France (5 million) and the Netherlands (nearly 1 million), followed by countries with 4 to 6 percent: Germany (3.5 million), Denmark (300, 000), Austria (500, 000), and Switzerland (350, 000). The UK and Italy also have relatively large Muslim populations, 1.8 million and 1 million respectively, though constituting less overall proportions (3 percent and 1.7 percent respectively). If current patterns of immigration and Muslim residents' above-average fertility continue, Western Europe could have 25 to 30 million Muslims by 2025.

Countries with growing numbers of Muslims will experience a rapid shift in ethnic composition, particularly around urban areas, potentially complicating efforts to facilitate assimilation and integration. Economic opportunities are likely to be greater in urban areas, but, in the absence of growth in suitable jobs, the increasing concentration could lead to more tense and unstable situations, such as occurred with the 2005 Paris surburban riots.

Slow overall growth rates, highly regulated labor markets, and workplace policies, if maintained, will make it difficult to increase job opportunities, despite Europe's need to stem the decline of its working-age population. When coupled with job discrimination and educational disadvantage, these factors are likely to confine many Muslims to low-status, low-wage jobs, deepening ethnic cleavages. Despite a sizeable stratum of integrated Muslims, a growing number—driven by a sense of alienation, grievance, and injustice—are increasingly likely to value separation in areas with Muslim-specific cultural and religious practices.

Although immigrant communities are unlikely to gain sufficient parliamentary representation to dictate either domestic or foreign policy agendas by 2025, Muslim-related issues will be a growing focus and shaper of the European political scene. Ongoing societal and political tension over integration of Muslims is likely to make European policymakers increasingly sensitive to the potential domestic repercussions of any foreign policies for the Middle East, including aligning too closely with the US on policies seen as pro-Israeli.

Antique China? By 2025, demographers expect China to have almost 1.4 billion people, nearly 100 million above its current population. The advantageous condition of having a relatively large working population and small proportions of both old-age and childhood dependents will begin to fade around 2015, when the size of China's working-age population will start to decline. Demographic aging—the onset of larger proportions of retirees and relatively fewer workers—is being accelerated by decades of policies that have limited childbirth and by a tradition of early retirement. By opting to slow population growth dramatically in order to dampen growing demand for energy, water, and food, China is hastening the aging of its population. By 2025, a large proportion of China's population will be retired or entering retirement. Although China may over time reverse its restrictive policies on childbearing to achieve birth cohorts more closely balancing infant girls and boys, marriage-age adults in 2025 will still experience a significant male-dominated imbalance that will create a large pool of unmarried males.

Two Indias. India's current fertility rate of 2.8 children per woman masks vast differences between the low-fertility states of South India and the commercial hubs of Mumbai, Delhi, and Kolkata on the one hand, and the higher rates of populous states in the so-called Hindi-speaking belt across the north, where women's status is low and services lag. Largely owing to growth in India's densely populated northern states, its population is projected to overtake China's around 2025—just as China's population is projected to peak and begin a slow decline.

By then, India's demographic duality will have widened the gap between north and south. By 2025, much of India's work force growth will come from the most poorly educated, impoverished, and crowded districts of rural northern India. Although North Indian entrepreneurial families have lived for decades in southern cities, the arrival of whole communities of Hindi-speaking unskilled laborers looking for work could rekindle dormant animosities between India's central government and ethno-nationalist parties in the South.

Iran's Unique Trajectory. Having experienced one of the most rapid fertility declines in history—from more than six children per woman in 1985 to less than two today—Iran's population is destined for dramatic changes by 2025. The country's politically restless, job-hungry youth bulge will largely dissipate over the next decade, yielding more mature population and work force growth rates comparable to current rates in the US and China (near 1 percent per year) . In this time frame, the working-age population will grow large relative to children, creating opportunities to accumulate savings, better educate, and eventually to shift to more technical industries and raise living standards. Whether Iran capitalizes on this demographic bonus depends on the country's political leadership, which at present is unfriendly to markets and private businesses, unsettling for investors, and more focused on oil revenues than on broader job creation.

Two additional demographic near-certainties are apparent: first, despite low fertility, Iran's population of 66 million will grow to around 77 million by 2025. Second, by then, a new youth bulge (an echo produced by births during the current one) will be ascending—but in this one, 15-to-24 year olds will account for just one-sixth of those in the working age group compared to one third today. Some experts believe this echo bulge signals a resurgence of revolutionary politics. Others speculate that, in the more educated and developed Iran of 2025, young adults will find career and consumption more attractive than extremist politics. Only one aspect of Iran's future is sure: its society will be more demographically mature than ever before and strikingly different than its neighbors.

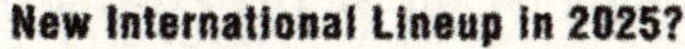

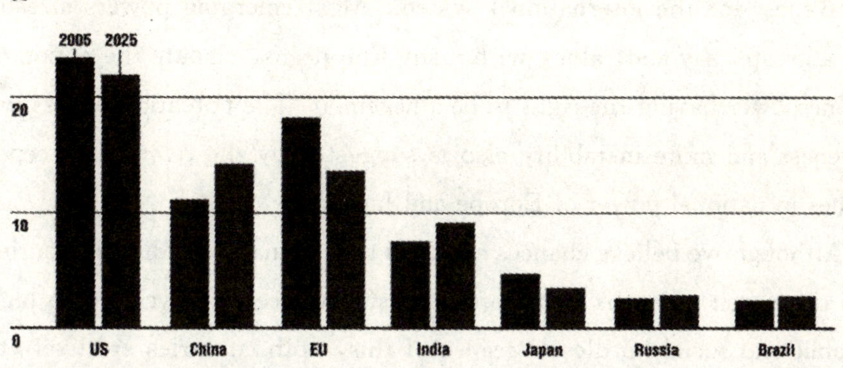

Chapter 3

The New Players

By 2025, the United States will find itself in the position of being one of a number of important actors on the world stage, albeit still the most powerful one. The relative political and economic clout of many countries will shift by 2025, according to an International Futures model measuring GDP, defense spending, population, and technology for individual states (see graphic on page 55). [①] Historically, *emerging* multipolar systems

---

① National Power scores are the product of an index combining the weighted factors of GDP, defense spending, population, and technology. Scores are calculated by the International Futures computer model and are expressed as a state's relative share (percentage) of all global power.

have been more unstable than bipolar or even unipolar ones; the greater diversity and growing power of more countries portends less cohesiveness and effectiveness for the international system. Most emerging powers already want a greater say and, along with many Europeans, dispute the notion of any one power having the right to be a hegemon. The potential for less cohesiveness and more instability also is suggested by the relatively steeper declines in national power of Europe and Japan.

Although we believe chances are good that China and India will continue to rise, their ascent is not guaranteed and will require overcoming high economic and social hurdles. Because of this, both countries are likely to remain inwardly focused and per capita wealth will lag substantially behind Western economies throughout the period to 2025 and beyond. Individuals in these emerging economic powerhouses are likely to feel still poor in relation to Westerners even though their collective GDP increasingly will outdistance those of individual Western states. For Russia, remaining in the top tier where it has been since its remarkable resurgence during the late 1990s and early part of the 21st century may be extremely difficult. Demography is not always destiny, but diversifying the economy so that Russia can maintain its standing after the world transitions away from dependence on fossil fuel will be central to its long-term prospects. Europe and Japan also will be confronting demographic challenges; decisions taken now are likely to determine their long-term trajectories.

Although the rise of no other state can equal the impact of the rise of such populous states as China and India, other countries with potentially high-performing economies—Iran, Indonesia, and Turkey, for example—could play increasingly important roles on the world stage and especially for establishing new patterns in the Muslim world.

"Few countries are poised to have more impact on the world over the next 15-20 years than China."

China: Rising Heavyweights: China and India Facing Potential Bumps in the Road. Few countries are poised to have more impact on the world over the next 15-20 years than China. If current trends persist, by 2025 China will have the world's second largest economy and will be a leading military power. It could also be the largest importer of natural resources and an even greater polluter than it is now.

• US security and economic interests could face new challenges if China becomes a peer competitor that is militarily strong as well as economically dynamic and energy hungry.

The pace of China's economic growth almost certainly will slow, or even recede, even with additional reforms to address mounting social pressures arising from growing income disparities, a fraying social safety net, poor business regulation, hunger for foreign energy, enduring corruption, and environmental devastation. Any of these problems might be soluble in isolation, but the country could be hit by a "perfect storm" if many of them demand attention at the same time. Even if the Chinese Government can manage to address these issues, it will not have the ability to assure high levels of economic performance. Most of China's economic growth will continue to be domestically driven, but key sectors rely on foreign markets, resources, and technology as well as globalized production networks. As a result, China's economic health will be affected by that of other economies—particularly the United States and the EU.

In addressing these challenges, Chinese leaders must balance the openness necessary to sustain economic growth—essential to public tolerance for the Communist Party's monopoly of political power—against the restrictions necessary to protect that monopoly. Facing so many social and economic changes, the Communist Party and its position are likely to undergo further transformations. Indeed, Communist Party leaders themselves talk openly about the need to find new ways to retain public acceptance of the Party's dominant role. So far, however, these efforts do not appear to include opening the system to free elections and a free press. Moreover, barring the "perfect storm" described above, we do not foresee social pressures forcing real democracy in China by 2025. That said, the country could be moving toward greater political pluralism and more accountable governance.

Chinese leaders could, however, continue managing tensions by achieving significant growth without jeopardizing the Party's political monopoly, as they have for the past three decades. Although a protracted slump could pose a serious political threat, the regime would be tempted to deflect public criticism by blaming China's woes on foreign interference, stoking the more virulent and xenophobic forms of Chinese nationalism.

- Historically, people who become accustomed to rising living standards react angrily when their expectations are no longer met, and few people have had grounds for such high expectations as do the Chinese.
- China's international standing is based partly on foreigners' calculations that it is "the country of the future." If foreigners treat the country less deferentially, nationalistic Chinese could respond angrily.

India: A Complicated Rise. Over the next 15-20 years, Indian leaders will strive for a multipolar international system, with New Delhi as one of the poles and serving as a political and cultural bridge between a rising China and the United States. India's growing international confidence, derived primarily from its economic growth and its successful democratic record, now drives New Delhi toward partnerships with many countries. However, these partnerships are aimed at maximizing India's autonomy, not at aligning India with any country or international coalition.

India probably will continue to enjoy relatively rapid economic growth. Although India faces lingering deficiencies in its domestic infrastructure, skilled labor, and energy production, we expect the nation's rapidly expanding middle class, youthful population, reduced reliance on agriculture, and high domestic savings and investment rates to propel continued economic growth. India's impressive economic growth over the past 15 years has reduced the number of people living in absolute poverty, but the growing gap between rich and poor will become a more important political issue.

We believe Indians will remain strongly committed to democracy, but the polity could become more fragmented and fractious, with national power being shared across successive political coalitions. Future elections are likely to be multi-sided affairs yielding awkward coalitions with unclear mandates. The general direction of India's economic policymaking is unlikely to be reversed, but the pace and scale of reform will fluctuate.

Regional and ethnic insurgencies that have plagued India since independence are likely to persist, but they will not threaten India's unity. We assess New Delhi will remain confident that it can contain the Kashmiri separatist movement. However, India is likely to experience heightened violence and instability in several parts of the country because of the growing reach of the Maoist Naxalite movement.

Indian leaders do not see Washington as a military or economic patron and now believe the international situation has made such a benefactor unnecessary. New Delhi will, however, pursue the benefits of favorable US ties, partly, too, as a hedge against any development of hostile ties with China. Indian policymakers are convinced that US capital, technology, and goodwill are essential to India's continued rise as a global power. The United States will remain one of India's largest export destinations, the key to international financial institutions such as the World Bank and foreign commercial lending, and the largest source of remittances. The Indian diaspora—composed largely of highly skilled professionals—will remain a key element in deepening US-Indian ties. The Indian market for US goods will grow substantially as New Delhi reduces restrictions on trade and investment. India's military also will be eager to benefit from expanded defense ties with Washington. Indian leaders, however, probably will avoid ties that could resemble an alliance relationship.

"Russia has the potential to be richer, more powerful, and more self-assured in 2025.... [but] multiple constraints could limit Russia's ability to achieve its full economic potential."

Other Key Players

Russia's Path: Boom or Bust. Russia has the potential to be richer, more powerful, and more self-assured in 2025 if it invests in human capital, expands and diversifies its economy, and integrates with global markets. On the other hand, multiple constraints could limit Russia's ability to achieve its full economic potential. Chief among them are a shortfall in energy investment, key infrastructure bottlenecks, decaying education and public health sectors, an underdeveloped banking sector, and crime and corruption. A sooner-than-expected conversion to alternative fuels or a sustained plunge in global energy prices before Russia has the chance to develop a more diversified economy probably would constrain economic growth.

Russia's population decline by 2025 will force hard policy choices. By 2017, for example, Russia is likely to have only 650, 000 18-year-old males from which to maintain an army that today relies on 750, 000 conscripts. Population decline also could take an economic toll with severe labor force shortages, particularly if Russia does not invest more in its existing human capital, rebuild its S&T base, and employ foreign labor migrants.

If Russia diversifies its economy, it could develop a more pluralistic, albeit not democratic, political system—the result of institutional consolidation, a rising middle class, and the emergence of new stakeholders demanding a greater voice.

A more proactive and influential foreign policy seems likely, reflecting Moscow's reemergence as a major player on the world stage; an important partner for Western, Asian, and Middle East capitals; and a leading force in opposition to US global dominance. Controlling key energy nodes and links in the Caucasus and Central Asia—vital to its ambitions as an energy superpower—will be a driving force in reestablishing a sphere of influence in its Near Abroad. Shared perceptions regarding threats from terrorism and Islamic radicalism could align Russian and Western security policies more tightly, notwithstanding disagreements on other issues and a persisting "values gap."

The range of possible futures for Russia remains wide because of starkly divergent forces—liberal economic trends and illiberal political trends. The tension between the two trends—together with Russia's sensitivity to potential discontinuities sparked by political instability, a major foreign policy crisis, or other wild cards—makes it impossible to exclude alternative futures such as a nationalistic, authoritarian petro-state or even a full dictatorship, which is an unlikely but nevertheless plausible future. Less likely, Russia could become a significantly more open and progressive country by 2025.

Europe: Losing Clout in 2025. We believe Europe by 2025 will have made slow progress toward achieving the vision of current leaders and elites: a cohesive, integrated, and influential global actor able to employ independently a full spectrum of political, economic, and military tools in support of European and Western interests and universal ideals. The European Union would need to resolve a perceived democracy gap dividing Brussels from European voters and move past the protracted debate about its institutional structures.

The EU will be in a position to bolster political stability and democratization on Europe's periphery by taking in additional new members in the Balkans, and perhaps Ukraine and Turkey. However, continued failure to convince skeptical publics of the benefits of deeper economic, political, and social integration and to grasp the nettle of a shrinking and aging population by enacting painful reforms could leave the EU a hobbled giant distracted by internal bickering and competing national agendas, and less able to translate its economic clout into global influence.

The drop-off in working-age populations will prove a severe test for Europe's social welfare model, a foundation stone of Western Europe's political cohesion since World War II. Progress on economic liberalization is likely to continue only in gradual steps until aging populations or prolonged economic stagnation force more dramatic changes—a crisis point that may not hit before some time in the next decade and might be pushed off even further. There are no easy fixes for Europe's demographic deficits except likely cutbacks in health and retirement benefits, which most states have not begun to implement or even to contemplate. Defense expenditures are likely to be cut further to stave off the need for serious restructuring of social benefits programs. The challenge of integrating immigrant, especially Muslim, communities will become acute if citizens faced with a sudden lowering of expectations resort to more narrow nationalism and concentrate on parochial interests, as happened in the past.

Europe's strategic perspective is likely to remain narrower than Washington's, even if the EU succeeds in making reforms that create a "European President" and "European Foreign Minister" and develops greater institutional capacity for crisis management. Divergent threat perceptions within Europe and the likelihood that defense spending will remain uncoordinated suggest the EU will not be a major military power by 2025. The national interests of the bigger powers will continue to complicate EU foreign and security policy and European support for NATO could erode.

The question of Turkey's EU membership will be a test of Europe's outward focus between now and 2025. Increasing doubts about Turkey's chances are likely to slow its implementation of political and human rights reforms. Any outright rejection risks wider repercussions, reinforcing arguments in the Muslim world—including among Europe's Muslim minorities—about the incompatibility of the West and Islam. Crime could be the gravest threat inside Europe as Eurasian transnational organizations—flush from involvement in energy and mineral concerns—become more powerful and broaden their scope. One or more governments in Eastern or Central Europe could fall prey to their domination.

Europe will remain heavily dependent on Russia for energy in 2025, despite efforts to promote energy efficiency and renewable energy and lower greenhouse gas emissions. Varying levels of dependence, differing perspectives on Russia's democratic maturity and economic intentions, and failure to achieve consensus on Brussels' role are hampering nascent efforts to develop common EU polices on energy diversification and security. In the absence of a collective approach that would reduce Russia's leverage, this dependence will foster constant attentiveness to Moscow's interests by key countries, including Germany and Italy, who see Russia as a reliable supplier. Europe could pay a price for its heavy dependence, especially if Russian firms are unable to fulfill contract commitments because of underinvestment in their natural gas fields or if growing corruption and organized criminal involvement in the Eurasian energy sector spill over to infect Western business interests.

Japan: Caught Between the US and China. Japan will face a major reorientation of its domestic and foreign policies by 2025 yet maintain its status as an upper middle rank power. Domestically, Japan's political, social, and economic systems will likely be restructured to address its demographic decline, an aging industrial base, and a more volatile political situation. Japan's decreasing population may force authorities to consider new immigration policies like a long-term visa option for visiting workers. The Japanese, however, will have difficulty overcoming their reluctance to naturalize foreigners. The aging of the population also will spur development in Japan's healthcare and housing systems to accommodate large numbers of dependent elderly.

The shrinking work force—and Japan's cultural aversion to substantial immigrant labor—will put a major strain on Japan's social services and tax revenues, leading to tax increases and calls for more competition in the domestic sector to lower the price of consumer goods. We anticipate continued restructuring of Japan's export industries, with increased emphasis on high technology products, value-added production, and information technologies. The shrinking of Japan's agricultural sector will continue, perhaps down to just 2 percent of the labor force, with a corresponding increase in payments for food imports. The working-age population, declining in absolute numbers, includes a large number of unemployed and untrained citizens in their late teens and 20s. This could lead to a shortage of white collar workers.

With increasing electoral competition, Japan's one-party political system probably will fully disintegrate by 2025. The Liberal Democratic Party may split into a number of contending parties, but it is more likely that Japan will witness a continual splitting and merging of competing political parties, leading to policy paralysis.

On the foreign front, Japan's policies will be influenced most by the policies of China and the United States, where four scenarios are possible.

- In the first scenario, a China that continues its current economic growth pattern will be increasingly important to Japan's economic growth, and Tokyo will work to maintain good political relations and increase market access for Japanese goods. Tokyo may seek a free trade agreement with Beijing well before 2025. At the same time, China's military power and influence in the region will be of increasing concern to Japanese policymakers. Their likely response will be to draw closer to the United States, increase their missile defense and antisubmarine warfare capabilities, seek to develop regional allies such as South Korea, and push for greater development of international multilateral organizations in East Asia, including an East Asian Summit.

- In a second scenario, China's economic growth falters or its policies become openly hostile toward countries in the region. In response, Tokyo would likely move to assert its influence, in part by seeking to rally democratic states in East Asia, and in part by continuing to develop its own national power through advanced military hardware. Tokyo would assume strong support from Washington in this circumstance and would move to shape political and economic forums in the region to isolate or limit Chinese influence. This would cause states in the region to make a difficult choice between their continued unease with Japanese military strength and a China that has the potential to dominate nearly all nations near its borders. As a result, Japan might find itself dealing with an ad-hoc nonaligned movement of East Asian states seeking to avoid being entrapped by either Tokyo or Beijing.

• In a third scenario, should the United States' security commitment to Japan weaken or be perceived by Tokyo as weakening, Japan may decide to move closer to Beijing on regional issues and ultimately consider security arrangements that give China a de facto role in maintaining stability in ocean areas near Japan. Tokyo is highly unlikely to respond to a loss of the US security umbrella by developing a nuclear weapons program, short of clearly aggressive intent by China toward Japan.

• A fourth scenario would see the United States and China move significantly toward political and security cooperation in the region, leading to US accommodation of a Chinese military presence in the region and a corresponding realignment or drawdown of US forces there. In this case, Tokyo almost certainly would follow the prevailing trend and move closer to Beijing to be included in regional security and political arrangements. Similarly, others in the region, including South Korea, Taiwan, and ASEAN members likely would follow such a US lead, putting further pressure on Tokyo to align its policies with those of the other actors in the region.

Brazil: Solid Foundation for an Enhanced Leadership Role. By 2025 Brazil probably will be exercising greater regional leadership, as first among equals in South American fora, but aside from its growing role as an energy producer and its role in trade talks, it will demonstrate limited ability to project beyond the continent as a major player in world affairs. Its progress in consolidating democracy and diversifying its economy will serve as a positive regional model.

The country's maturing commitment to democracy is on a secure footing with fair and open electoral processes and smooth transitions having become routine. The current President, Lula da Silva, has a strong socialist orientation and has pursued a moderate policy course domestically and internationally, setting a positive precedent for his successors. Brazilian views about the importance of playing a key role as both a regional and world leader have largely become ingrained in the national consciousness and transcend party politics.

Economically, Brazil has established a solid foundation for steady growth based on political stability and an incremental reform process. The growing consensus for responsible fiscal and monetary policy is likely to lessen the disruptions from crises that have plagued the country in the past. Dramatic departures from the current economic consensus in Brazil, either a radical turn toward a free-market and free trade-oriented economic model or a heavy-handed statist orientation, appear to be unlikely by 2025.

Brazil's recent preliminary finds of new, possibly large offshore oil deposits have the potential to add another dynamic to an already diversified economy and put Brazil on a more rapid economic growth path. The oil discoveries in the Santos Basin—potentially holding tens of billions of barrels of reserves—could make Brazil after 2020 a major oil exporter when these fields are fully exploited. Optimistic scenarios, which assume a legal and regulatory framework attractive to foreign investment, project oil rising to a 15 percent share of GDP by 2025; even then, petroleum would only complement existing sources of national wealth.

"The oil discoveries in the Santos Basin—potentially holding tens of billions of barrels of reserves—could make Brazil after 2020 a major oil

exporter..."

Progress on social issues, such as reducing crime and poverty, will likely play a decisive role in determining Brazil's future leadership status. Without advances in the rule of law, even rapid economic growth will be undercut by the instability that results from pervasive crime and corruption. Mechanisms to incorporate a growing share of the population into the formal economy also will be needed to buttress Brazil's status as a modernizing world power.

Up-and-Coming Powers

Owing to the large populations and expansive landmasses of the new powers like India and China, another constellation of powerhouses is unlikely to erupt on the world scene over the next decade or two. However, up-andcoming developing states could account for an increasing proportion of the world's economic growth by 2025. Others also will play a dynamic role in their own neighborhoods.

Indonesia, **Turkey** and a post-clerically run **Iran**—states that are predominantly Islamic, but which fall outside the Arab core—appear well-situated for growing international roles. A growth-friendly macro-economic policy climate would allow their natural economic endowments to flourish. In the case of Iran, radical political reform will be necessary.

Indonesia's performance will depend upon whether it can replicate its success at political reform with measures to spur the economy. In the past decade, Indonesians have transformed their once-authoritarian country into a democracy, turning the vast archipelago into a place of relative calm where support for moderate political solutions is strong, separatist movements are largely fading away, and terrorists, finding little public support, are increasingly found and arrested. With abundant natural resources and a large population of potential consumers (it is the world's fourth most populous country), Indonesia could rise economically if its elected leaders take steps to improve the investment climate, including strengthening the legal system, improving the regulatory framework, reforming the financial sector, reducing fuel and food subsidies, and generally lowering the cost of doing business.

Looking at **Iran**—a state rich in natural gas and other resources and high in human capital—political and economic reform in addition to a stable investment climate could fundamentally redraw both the way the world perceives the country and also the way in which Iranians view themselves. Under those circumstances, economic resurgence could take place quickly in Iran and embolden a latent cosmopolitan, educated, at times secular Iranian middle-class. If empowered, this portion of the population could broaden the country's horizons, particularly eastward and away from decades of being mired in the Arab conflicts of the Middle East.

Turkey's recent economic track record of increased growth, the vitality of Turkey's emerging middle class and its geostrategic locale raise the prospect of a growing regional role in the Middle East. Economic weaknesses such as its heavy dependence on external energy sources may help to spur it toward a greater international role as Turkish authorities seek to develop their ties with energy suppliers—including close neighbors Russia and Iran—and bolster its position as a transit hub. Over the next 15 years, Turkey's most likely course involves a blending of Islamic and nationalist strains, which could serve as a model for other rapidly modernizing countries in the Middle East.

Global Scenario I: A World Without the West

In this fictionalized account, the new powers supplant the West as leaders on the world stage. This is not inevitable nor the only possible outcome of the rise of new states. Historically the rise of new powers—such as

Japan and Germany in the late 19th and early 20th centuries—presented stiff challenges to the existing international system, all of which ended in worldwide conflict. More plausible in our minds than a direct challenge to the international system is the possibility that the emerging powers will assume a greater role in areas affecting their vital interests, particularly in view of what may be growing burden fatigue for Western countries.

Such a coalition of forces could be a competitor to institutions like NATO, offering others an alternative to the West. As detailed, we do not see these alternative coalitions as necessarily permanent fixtures of the new landscape. Indeed, given their diverse interests and competition over resources, the newer powers could as easily distance themselves from each other as come together. Although the emerging powers are likely to be preoccupied with domestic issues and sustaining their economic development, increasingly, as outlined in this chapter, they will have the capacity to be global players.

Preconditions for this scenario include:

- Lagging Western growth prompts the US and Europe to begin taking protectionist measures against the faster-growing emerging powers.
- Different models of state-society relationships help underpin the powerful (albeit fragile) Sino-Russia coalition.
- Tensions between the principal actors in the multipolar world are high as states seek energy security and strengthened spheres of influence. The Shanghai Cooperation Organization (SCO), especially, seeks reliable and dependable clients in strategic regions—and Central Asia is in both Russia's and China's backyards.

Letter from Head of Shanghai Cooperation Organization to Secretary-General of NATO

June 15, 2015

I know we meet tomorrow to inaugurate our strategic dialogue, but I wanted to share with you beforehand my thoughts about the SCO and how far we have come. Fifteen to 20 years ago, I would never have imagined the SCO to be NATO's equal—if not (patting myself on the back) an even somewhat more important international organization. Just between ourselves, we were not destined for "greatness" except for the West's stumbling.

I think it is fair to say it began when you pulled out of Afghanistan without accomplishing your mission of pacifying the Taliban. I know you had little choice. Years of slow or no growth in the US and West had decimated defense budgets. The Americans felt overstretched and the Europeans were not going to stay without a strong US presence. The Afghan situation threatened to destabilize the whole region, and we could not stand idly by. Besides Afghanistan, we had disturbing intelligence that some "friendly" Central Asian governments were coming under pressure from radical Islamic movements and we continue to depend on Central Asian energy. The Chinese and Indians were very reluctant to throw their hats into the ring with my homeland—Russia—but they did not have better options. None of us wanted the other guy to be in charge: we were so suspicious of each other and, if truth be told, continue to be.

The so-called SCO "peacekeeping" action really put the SCO on the map and got us off the ground. Before that, it was an organization where "cooperation" was a bit of a misnomer. It would have been more aptly called the "Shanghai Organization of Mutual Distrust." China did not want to offend the US, so it did not go along with Russia's anti-American efforts. India was there to keep an eye on both China and Russia. The Central Asians thought they could use the SCO for their own purpose of playing the neighboring big powers off against one another. Iran's Ahmedi-Nejad would have joined anything with a whiff of anti-Americanism.

Still, even with these operations, the SCO would not have become a "bloc" if it had not been for the rising antagonism shown by the US and

Europe toward China. China's strong ties to the US had oddly enough provided Beijing with legitimacy. China also benefited from a strong US presence in the region; Beijing's Asian neighbors would have been much more worried about China's rise if they had not had the US as a hedge. China and India were content with the status quo and did not want to get into a strong alliance with us Russians for fear of antagonizing the US. As long as that status quo held, the SCO's prospects as a "bloc" were limited.

Then came the growing protectionist movements in the US and Europe led by a coalition of forces from left to right along the political spectrum. Chinese investments came under greater scrutiny and increasingly were denied. The fact that China and India became first adopters of so many new technologies—next generation Internet, clean water, energy storage, biogerontechnology, clean coal, and biofuels—only added to the economic-driven frustration. Protectionist trade barriers were put up. Somebody other than "the West" had to pay a price for that recession which dragged on there but not so much elsewhere. China's military modernization was seen as a threat and there was a lot of loose talk in the West about the emerging powers piggy-backing off the United States' protection of the sea lanes. Needless to say, the West's antagonism sparked a nationalistic movement in China.

Interestingly, we Russians watched this from the sidelines without knowing what to do. We were pleased to see our good friends in the West take an economic drubbing. It was still nothing like what we went through in the 1990s and, of course, we took a hit as energy prices sagged with the recession in the West. But we had accumulated a lot of reserves before then.

In the end, these events were a godsend because they forced Russia and China into each other's arms. Before, Russia had been more distrustful of China's rise than the United States. Yes, we talked big about shifting all our energy supplies eastward to scare the Europeans from time to time. But we also played China off against Japan, dangling possibilities and then not following through. Our main worry was China. Fears about China's overrunning Russia's Far East were a part of it, but I think the bigger threat from our standpoint was of a more powerful China—for example, one that would not forever hide behind Russia's skirts at the UN. The Soviet-China split was always lurking too. I personally was angered by endless Chinese talk about not repeating Soviet mistakes. That hurt. Not that the Chinese weren't right, but to admit we had failed when they might succeed—that struck at Russian pride.

But now this is all behind us. Having technology that allowed for the clean use of fossil fuels was a godsend. Whether the West gave it to us, or as we were accused of doing, we stole it, is immaterial. We saw a chance to cement a strong tie—offering the Chinese opportunities for a secure energy supply and less reliance on seaborne supplies from the Middle East. They reciprocated with long-term contracts. We also learned how to cooperate in Central Asia instead of trying to undermine each other by our actions with various regimes. Seeing a strong Sino-Russian partnership arise, the others—India, Iran, etc. —did not want to be left out of the picture and have rallied around us. Of course, it helps that US and European protectionists lumped India with China, so there really was not much left for them to do.

How stable is our relationship? Don't quote me, but this is not a new Cold War. Sure, we talk a great game about state capitalism and authoritarianism, but it is no ideology like Communism. And it is in our mutual interests that democracy not break out in Central Asia as China and Russia would be the targets of any such uprisings. I can't say that we Russians and Chinese really like each other much more than before. In fact, both of us have to worry about our respective nationalisms getting in the way of mutual interests. Let's put it this way: the Russian and Chinese peoples are not enamored with one another. Russians want to be respected as Europeans, not Eurasians, and China's elites are still in their hearts geared toward the West. But temporary expedients have been known to grow into permanence, you know?

The "Dire Straits": Oil Export Flows From the Middle East

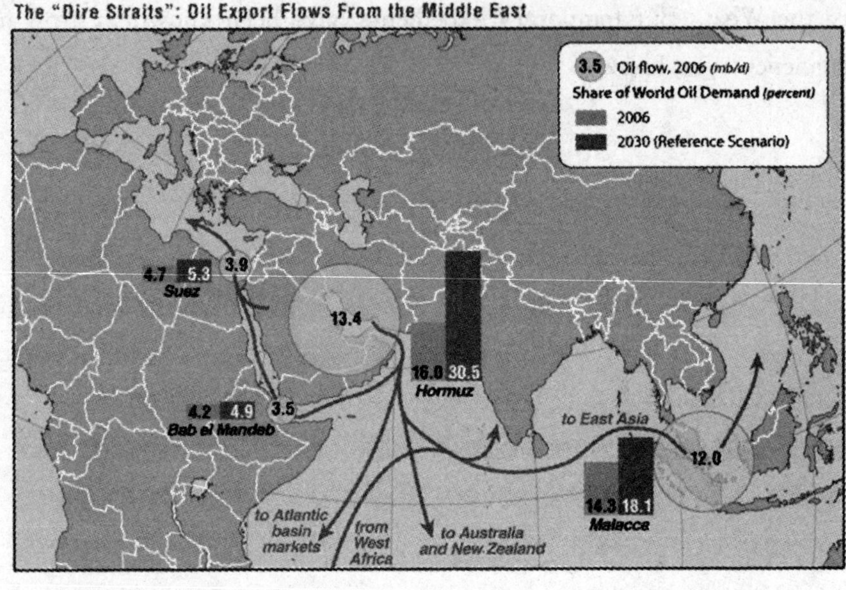

Source: International Energy Agency's World Energy Outlook.

782581AI (G01552) 11-08

Chapter 4

Scarcity in the Midst of Plenty?

The international system will be challenged by growing resource constraints at the same time that it is coping with the impact of new players. Access to relatively secure and clean energy sources and management of chronic food and water shortages will assume increasing importance for a growing number of countries during the next 15-20 years. Adding well over a billion people to the world's population by 2025 will itself put pressure on these vital resources. An increasing percentage of the world's population will be moving from rural areas to urban and developed ones to seek greater personal security and economic opportunity. Many—particularly in Asia—will be joining the middle class and will be seeking to emulate Western life-styles, which involve greater per capita consumption of all these resources. Unlike earlier periods when resource scarcities loomed large, the significant growth in demand from emerging markets, combined with constraints on new production—such as the control exerted now by state-run companies in the global energy market—limits the likelihood that market forces alone will rectify the supply-anddemand imbalance.

The already stressed resource sector will be further complicated and, in most cases, exacerbated by climate change, whose physical effects will worsen throughout this period. Continued escalation of energy demand will hasten the impacts of climate change. On the other hand, forcibly cutting back on fossil fuel use before substitutes are widely available could threaten continued economic development, particularly for countries like China whose industries have not yet achieved high levels of energy efficiency. Technological advances and policy decisions around the world germane to greenhouse gas emissions over the next 15 years are likely to determine whether the globe's temperature ultimately rises more than 2 degree centigrade—the threshold at which effects are thought to be no longer manageable.

Food and water also are intertwined with climate change, energy, and demography. Rising energy prices increase the cost for consumers and the environment of industrial-scale agriculture and application of petrochemical fertilizers. A switch from use of arable land for food to fuel crops provides a limited solution and could exacerbate both the energy and food situations. Climatically, rainfall anomalies and constricted seasonal flows of snow and glacial melts are aggravating water scarcities, harming agriculture in many parts of the globe. Energy and climate dynamics also combine to amplify a number of other ills such as health problems, agricultural losses to pests, and storm damage. The greatest danger may arise from the convergence and interaction of many stresses simultaneously. Such a complex and unprecedented syndrome of problems could overload decisionmakers, making it difficult for them to take actions in time to enhance good outcomes or avoid bad ones.

The Dawning of a Post-Petroleum Age?

By 2025 the world will be in the midst of a fundamental energy transition—in terms of both fuel types and sources. Non-OPEC liquid hydrocarbon production (i. e., crude oil, natural gas liquids, and unconventionals such as tar sands) will not be able to grow commensurate with demand. The production levels of many traditional energy producers—Yemen, Norway, Oman, Colombia, the UK, Indonesia, Argentina, Syria, Egypt, Peru, Tunisia—are already in decline. Others' production levels—Mexico, Brunei, Malaysia, China, India, Qatar—have flattened. The number of countries capable of meaningfully expanding production will decline. Only six countries—Saudi Arabia, Iran, Kuwait, the UAE, Iraq (potentially), and Russia—are projected to account for 39 percent of total world oil production in 2025. The major producers increasingly will be located in the Middle East, which contains some two-thirds of world reserves. OPEC production in the Persian Gulf countries is projected to grow by 43 percent during 20032025. Saudi Arabia alone will account for almost half of all Gulf production, an amount greater than that expected from Africa and the Caspian area combined.

A partial consequence of this growing concentration has been increased control of oil and gas resources by national oil companies. When the Club of Rome made its famous forecast of looming energy scarcities, the "Seven Sisters" still had a strong influence on global oil markets and production. ①

① The "Seven Sisters" refers to seven Western oil companies that dominated mid-20th century oil production, refining, and distribution. With the formation and establishment of OPEC in the 1960s and 1970s, the Western oil companies' influence and clout declined.

Driven by shareholders, they responded to price signals to explore, invest, and promote technologies necessary to increase production. By contrast, national oil companies have strong economic and political incentives to limit investment in order to prolong the production horizon. Keeping oil in the ground provides resources for future generations in oil states that have limited their economic options.

The number and geographic distribution of oil producers will decrease concurrent with another energy transition: the move to cleaner fuels. The prized fuel in the shorter term likely will be natural gas. By 2025, consumption of natural gas is expected to grow by about 60 percent, according to DoE/Energy Information Agency projections. Although natural gas deposits are not necessarily co-located with oil, they are highly concentrated. Three countries—Russia, Iran, and Qatar—hold over 57 percent of the world's natural gas reserves. Considering oil and natural gas together, two countries—Russia and Iran—emerge as energy kingpins. Nevertheless, North America (the US, Canada, and Mexico) is expected to produce an appreciable proportion—18 percent—of total world production by 2025.

"Aging populations in the developed world; growing resource constraints in energy, food, and water; and worries about climate change are likely to color what will continue to be an historically unprecedented age of prosperity."

Even though the use of natural gas is likely to grow steadily in absolute terms, coal may be the fastest growing energy source despite being the "dirtiest." Rising prices for oil and natural gas would put a new premium on energy sources that are cheap, abundant, and close to markets. Three of the largest and fastest-growing energy consumers—the US, China, and India—and Russia possess the four largest recoverable coal reserves, representing 67 percent of known global reserves. Increased coal production could extend non-renewable carbon-based energy systems for one or even two centuries. China will still be very dependent on coal in 2025 and Beijing is likely to be under increasing international pressure to use clean technologies to burn it. China is overtaking the US in the amount of carbon emissions it puts in the atmosphere despite its much smaller GDP.

The use of nuclear fuel for electrical power generation is expected to expand, but the increase will not be sufficient to fill growing demand for electricity. Third-generation nuclear reactors have lower costs of power generation, improved safety characteristics, and better waste and proliferation management features than previous reactor designs. Third-generation nuclear reactors are economically competitive at present electricity prices and are beginning to be deployed around the world. Although most nuclear power plants are currently in industrialized countries, growing demand for electricity in China, India, South Africa and other rapidly growing countries will increase the demand for nuclear power.

Breakdown of Likely Energy Sources

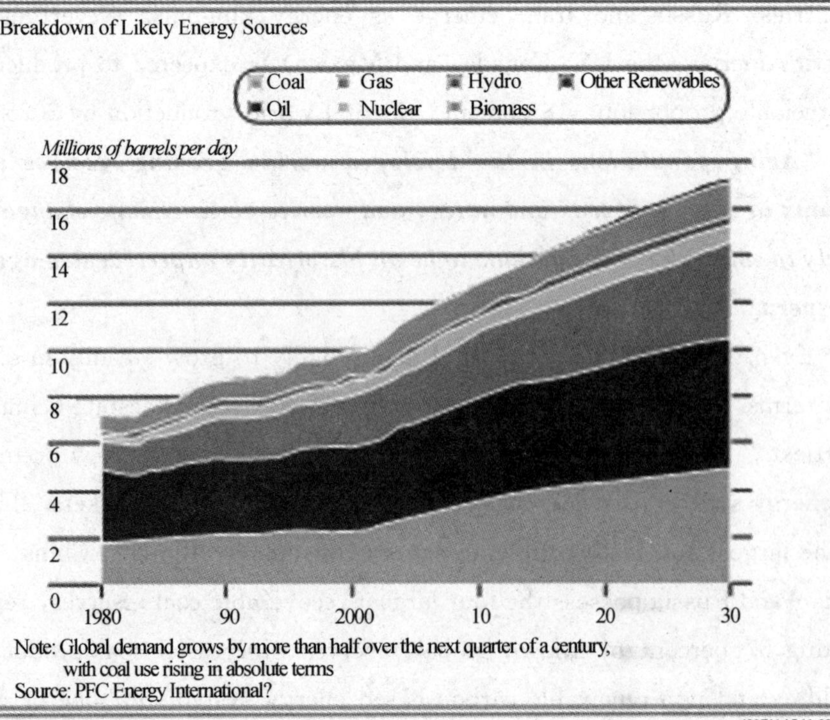

Note: Global demand grows by more than half over the next quarter of a century, with coal use rising in absolute terms

Source: PFC Energy International?

423711AI 11-08

The supply of uranium, which is the principal feedstock for nuclear power, is unlikely to limit the future deployment of nuclear power. Available uranium is likely to be sufficient to support the expansion of nuclear energy without reprocessing well into the second half of the century. If uranium should prove to be in short supply, reactors capable of breeding nuclear fuels, along with recycling of used fuels, could continue to support the global expansion of nuclear energy.

However, because of its infrastructure requirements, concern over proliferation of nuclear expertise and material, and uncertainty over licensing and spent fuel processing, expansion of nuclear power generation by 2025 to cover anywhere near the increasing demand would be virtually impossible. The infrastructure (human and physical), legal (permitting), and construction hurdles are just too big. Only at the end of our 15-20 year period are we likely to see a serious ramp up of nuclear technologies.

Timing is Everything

All current technologies are inadequate for replacing traditional energy architectures on the scale needed, and new energy technologies probably will not be commercially viable and widespread by 2025 (see foldout). The present generation of biofuels is too expensive to grow, would further boost food prices, and their manufacture consumes essentially the same amount of energy they produce. Other ways of converting nonfood biomass resources to fuels and chemical products should be more promising, such as those based on high-growth algae or agricultural waste products, especially cellulosic biomass. Development of clean coal technologies and carbon capture and storage is gaining momentum and—if such technologies were cost-competitive by 2025—would enable coal to generate more electricity in a carbon-constrained regulatory environment. Long-lasting hydrogen fuel cells have potential, but they remain in their infancy and are at least a decade away from commercial production. Enormous infrastructure investment might be required to support a "hydrogen economy." An Argonne National Laboratory study found that hydrogen, from well to tank, is likely to be at least twice as costly as gasoline.

Even with the favorable policy and funding environment that would be needed for biofuels, clean coal, or hydrogen, major technologies historically have had an "adoption lag." A recent study found that in the energy sector, it takes an average of 25 years for a new production technology to become widely adopted. A major reason for this lag is the need for new infrastructure to handle major innovation. For energy in particular, massive and sustained infrastructure investments made for almost 150 years encompass production, transportation, refining, marketing, and retail activities. Adoption of natural gas, a fuel superior to oil in many respects, illustrates the difficulty of a transition to something new. Technologies to use natural gas have been widely available since at least the 1970s, yet natural gas still lags crude oil in the global market because the technical and investment requirements for producing and transporting it are greater than they are for oil-based fuels.

Simply meeting baseline energy demand over the next two decades is estimated to require more than $3 trillion of investment in traditional hydrocarbons by companies built up over more than a century and with market capitalizations in the hundreds of billions of dollars. Because a new form of energy is highly unlikely to use existing infrastructure without modifications, we expect any new form of energy to demand similarly massive investment.

Despite what are seen as long odds now, we cannot rule out the possibility of a transition by 2025 that would avoid the costs of an infrastructure overhaul. The greatest possibility for a relatively quick and inexpensive transition during that period comes from better renewable generation sources (photovoltaic and wind) and improvements in battery technology. With many of these technologies, the infrastructure cost hurdle for individual projects would be lower, enabling many small economic actors to develop their own energy transformation projects that directly serve their interests—e. g. , stationary fuel cells powering homes and offices, recharging plug-in hybrid autos, and selling energy back to the grid. Also, energy conversion schemes—such as plans to generate hydrogen for automotive fuel cells from electricity in a homeowner's garage—could avoid the need to develop complex hydrogen transportation infrastructure. Similarly, non-ethanol biofuels derived from genetically modified feed stocks may be able to leverage the considerable investment in liquid petroleum transport and distribution infrastructure.

The Geopolitics of Energy

Both high and low energy price levels would have major geopolitical implications and, over the course of 20 years, periods of both could occur. DoE's Energy Information Administration and several leading energy consultants believe higher price levels are likely, at least to 2015, because of plateauing supply and growing demand. These causes are unlike the case in 1970s and early 1980s when high oil prices were caused by an intentional restriction in supply. Even with the overall secular rise in energy costs, prices well below $100 a barrel are periodically likely with the expected increased volatility and need not come about as a result of technological breakthroughs and rapid commercialization of a substitute fuel. Plausible scenarios for a downward shift and change in market psychology include slowing global growth; increased production in Iraq, Angola, Central Asia, and elsewhere; and greater energy efficiencies with currently available technology.

"With high prices, major exporters such as Russia and Iran would have the financial resources to increase their national power..."

Even at prices below $ 100 a barrel, financial transfers connected with the energy trade produce clear winners and losers. Most of the 32 states that import 80 percent or more of their energy needs are likely to experience significantly slower economic growth than they might have achieved with lower oil prices. A number of these states have been identified by outside experts as at risk of state failure—the Central African Republic, DROC, Nepal, and Laos, for example. States characterized by high import dependence, low GDP per capita, high current account deficits, and heavy international indebtedness form a particularly perilous state profile. Such a profile includes most of East Africa and the Horn. Pivotal yet problem-beset countries, such as Pakistan, will be at risk of state failure.

With ***higher prices***, more stable countries fare better but their prospects for economic growth would drop somewhat and political turbulence could occur. Efficient, service-sector oriented OECD economies are not immune but are harmed the least. China, though cushioned by its massive financial reserves, would be hit by higher oil prices, which would make lifting millions more out of poverty more difficult. China also would need to mine and transport more domestic coal, build more nuclear power plants, and seek to improve energy end-use efficiencies to offset the higher priced imports.

With high prices, major exporters such as Russia and Iran would have the financial resources to increase their national power. The extent and modalities of steps to increase their power and influence would depend on how they used their profits to invest in human capital, financial stabilization, and economic infrastructure. Judicious application of Russia's increased revenues to the economy, social needs, and foreign policy instruments would likely more than double Russia's standing as measured by an academic national power index.

A *sustained plunge in oil prices* would have significant implications for countries relying on robust oil revenues to balance the budget or build up domestic investment. For Iran, a drop in oil prices to the $ 55-60 range or below would put significant pressure on the regime to make painful choices between subsidizing populist economic programs and sustaining funding for intelligence and security operations and other programs designed to extend its regional power. The notion that state-dominated economies, apparently able to achieve economic growth absent political freedoms or a fully free market, are a credible alternative to Western notions of free markets and liberal democracy could be badly dented, particularly since history suggests the US and other Western states adapt more quickly and effectively to unexpected changes in energy markets.

Winners and Losers in a Post-Petroleum World

We believe the most likely occurrence by 2025 is a technological breakthrough that will provide an alternative to oil and natural gas, but implementation will lag because of the necessary infrastructure costs and need for longer replacement time. However, whether the breakthrough occurs within the 2025 time frame or later, the geopolitical implications of a shift away from oil and natural gas will be immense.

- Saudi Arabia will absorb the biggest shock, as its leaders will be forced to tighten up on the costs of the royal establishment. The regime could face new tensions with the Wahabi establishment as Riyadh seeks to promote a series of major economic reforms—including women's full participation in the economy—and a new social contract with its public as it tries to institute a work ethic to accelerate development plans and diversify the economy.

• In Iran, the drop in oil and gas prices will undermine any populist economic policies. Pressure for economic reform will increase, potentially putting pressure on the clerical governing elite to loosen its grip. Incentives to open up to the West in a bid for greater foreign investment, establishing or strengthening ties with Western partners—including with the US—will increase. Iranian leaders might be more willing to trade their nuclear policies for aid and trade.

For Iraq, emphasis on investing in non-oil sectors of its economy will increase. The smaller Gulf states, which have been making massive investments designed to transform themselves into global tourist and transport hubs, are likely to manage the transition well, bolstered by their robust sovereign wealth funds (SWFs). Across the Arab world, SWFs are being deployed to develop non-oil sectors of the economy in a race against oil as a diminishing asset.

Outside the Middle East, Russia will potentially be the biggest loser, particularly if its economy remains heavily tied to energy exports, and could be reduced to middle power status. Venezuela, Bolivia, and other petro-populist regimes could unravel completely, if that has not occurred beforehand because of already growing discontent and decreasing production. Absent support from Venezuela, Cuba might be forced to begin China-like market reforms.

Early oil decline states—those exporters which had peaked or were declining as is currently the case with Indonesia and Mexico—may be better prepared to shift the focus of their economic activities and diversify into non-energy sectors.

Technology Breakthroughs[a] by 2025

■ Probable ■ Possible ■ Plausible

What Is the Technology?	**Ubiquitous computing** will be enabled by widespread tagging and networking of mundane objects (the Internet of Things) such as food packages, furniture, room sensors, and paper documents. Such items will be located and identified, monitored, and remotely controlled through enabling technologies—including Radio Frequency Identifications, sensor networks, tiny embedded servers, and energy harvesters—connected via the next-generation Internet using abundant, low cost, and high-power computing.	**Clean water technologies** comprise a range of technologies that enable faster and more energy efficient treatment of fresh water and waste water, and desalination of brackish and sea water, to provide sustainable and diverse water sources useable for domestic, agricultural, and industrial purposes. The technologies include advances in existing technologies such as membrane bioreactors and a range of materials' substitutions and advances in other separation and purification technologies driven by the unique chemical and physical properties of nanoparticles and nanofibers.	**Energy storage technology** encompasses a wide range of materials and techniques for storing energy, a necessity for the viability of many alternatives to fossil-fuel energy sources. Included are battery materials, ultracapacitors and hydrogen storage materials (particularly for fuel cells). Efficient energy storage will enable the on-demand energy component of a variety of systems such as hydrogen-based energy systems, a host of renewable (but intermittent) energy sources such as wind and solar, and low-emission transport vehicles.	**"Biogerontechnology"** is the science related to the study of the cellular and molecular basis of disease and aging applied to the development of new technological means for identifying and treating diseases and disabilities associated with old age. Supporting technologies include improvements in biosensors for real-time monitoring of human health, robust information technology, ubiquitous DNA sequencing and DNA-specific medicine, and fully targeted drug-delivery mechanisms.	**Clean coal technologies** include various combinations of carbon capture sequestration (CCS) to prohibit CO_2—a byproduct of burning coal—from entering the atmosphere; coal conversion into syngas (gasification); and processes to convert syngas to hydrocarbons. CCS can reduce or possibly eliminate greenhouse gas emissions from a coal plant. Coal gasification improves efficiency when generating electricity and emits fewer pollutants relative to coal burning plants. The syngas also can be a feedstock for transportation fuels and industrial chemicals that replace petroleum-derived products.
What Are Drivers and Barriers?	**Key Drivers:** Demand for greater efficiency in a wide variety of applications from food safety to more efficient supply chains and logistics. Corporations, governments, and individuals will benefit in areas such as energy efficiency and security, quality of life, and early warning of equipment maintenance needs. **Key Barriers:** Implementation depends on availability of power for small, maintenance-free devices, development of profitable business models, and addressing likely major privacy and security concerns.	**Key Drivers:** Clean water is set to become the world's scarcest but most-needed natural resource because of new demands resulting from population increases and expectations that climate changes will reduce natural fresh water sources in some areas. Demand will increase for water for domestic use, as well as for agriculture (including new biopharma and biofuel crops) and industry processes. **Key Barriers:** The demand for sustainable clean water supplies will only be met if both large- and small-scale systems can overcome cost constraints—both in terms of energy requirements and infrastructure costs.	**Key Drivers:** High fossil fuel energy prices, the desire to reduce dependency on foreign energy sources, and pressure to increase renewable energy sources drive the development of these technologies. **Key Barriers:** Development and deployment of the technologies are restricted by material science, the unknown cost of large-scale manufacturing, and infrastructure investment costs.	**Key Drivers:** Aging populations, increasingly expensive medical costs, and the desire to keep older workers in the work force drive the development of these technologies. **Key Barriers:** Cost of development, lengthy human trials, privacy concerns, possible difficulties of insurance, and religious and social concerns will inhibit their development.	**Key Drivers:** The desire to reduce dependence on foreign energy sources drives interest in expanding the use of available coal reserves, while pressure for clean energy production requires development of CCS methods. **Key Barriers:** Substantial technology and cost barriers exist for CCS scale-up and implementation for coal power plants, while uncertainties in both the oil market and environmental regulatory landscape preclude investment in expensive coal gasification plants (even without CCS).
Why Is the Technology a Game-Changer?	These technologies could radically accelerate a range of enhanced efficiencies, leading to integration of closed societies into the information age and security monitoring of almost all places. Supply chains would be streamlined with savings in costs and efficiencies that would reduce dependence upon human labor.	Although the Earth contains a plentiful supply of water, only 1 percent is fit or available for human consumption and some 20 percent of the world's population does not have access to fresh drinking water. Regions experiencing water scarcity will increase as the global population increases and as climate change induced droughts occur. Both developing and developed countries will be affected. Various industries increasingly will compete for water, including agriculture, food, and beverage processing plants as well as chemical, pharmaceutical, and semiconductor industries. First movers to develop and deploy cheap energy-efficient clean-water technologies could gain huge geopolitical advantage.	The ability to store and use energy on demand from a combination of alternative energy sources offers a significant potential to lead a paradigm shift away from fossil fuels, resulting in significant global economic and social advantages to first commercializers. With widespread deployment, the result could be destabilizing to rentier economies dependant upon fossil fuels.	Deployment would shift the cost, allocation, and use of healthcare resources. Nations will be challenged as a result of the changing demographic structures and new psychologies, behaviors and activity patterns of aging yet healthy citizens and the concomitant need to formulate new national economic and social policies.	A successful accelerated and rapid deployment of clean coal technology could pose a major challenge to other hydrocarbon (predominately oil) energy markets and nascent renewable energy markets. This would change the dependency of coal rich/oil poor nations on imported oil/gas with a resulting significant shift in national interests.

[a]These breakthroughs are categorized based upon the development and initial deployment of the technology. In some cases, full deployment may lag significantly due to infrastructure requirements.

Source: SRI Consulting Business Intelligence and Toffler Associates.

427436D 11-08

Technology Breakthroughs[a] by 2025

■ Probable ■ Possible ■ Plausible

What Is the Technology?	**Human strength augmentation technologies** involve mechanical and electronic systems that supplement human physical capabilities. They include wearable exoskeletons with mechanical actuators at hips, elbows, and other skeletal joints. At the extreme an exoskeleton could resemble a wearable humanoid robot that uses sensors, interfaces, power systems, and actuators to monitor and respond to arm and leg movements, providing the wearer with increased strength and control.	**Biofuels technology** is used to produce ethanol from crops such as corn and sugarcane and biodiesel from crops such as grapeseed and soy. Next-generation processes will convert lignocellulosic materials to fuels. Significant potential also exists to cultivate high-growth microalgae for conversion to biodiesel and other biofuels.	**Service robotics** comprise robots and unmanned vehicles for non-manufacturing applications, using a large number of enabling technologies including hardware (e.g. sensors, actuators, power systems) and software platforms (advanced systems might incorporate behavioral algorithms and artificial intelligence). These technologies would enable a wide variety of remote controlled, semiautonomous (with human intervention), and completely autonomous robotic systems.	**Human cognitive augmentation technologies** include drugs, implants, virtual learning environments, and wearable devices to enhance human cognitive abilities. Training software exploits neuroplasticity to improve a person's natural abilities, and wearable and implantable devices promise to improve vision, hearing, and even memory. Bio and information technologies promise enhanced human mental performance at every life stage.
What Are Drivers and Barriers?	**Key Drivers:** Demand for enhanced strength, endurance, and physical security for assisting the handicapped and elderly, and for reducing reliance on manual labor drive these technologies. **Key Barriers:** The cost of manufacturing and the uncertain economic payoff, challenges with portable power sources, and humans' ability to accept and use the technology all constrain development and deployment of the technologies.	**Key Drivers:** High crude oil prices, the desire to reduce dependency on foreign oil sources, and government policies to increase renewable energy sources drive these technologies. **Key Barriers:** Development and deployment of the technologies are restricted by land use, water availability, competition from food applications, and the challenge of scaling up for large-scale production. Biofuels under development today are more sustainable, but production costs are still too high.	**Key Drivers:** Security and safety applications, healthcare or home care for aging populations, and the desire to improve manufacturing productivity and reduce demand for service labor drive these technologies. **Key Barriers:** Development of viable business models, cost, uncertain technology reach (portable power sources and especially artificial intelligence), and integration issues (e.g. IT, robot standards), inhibit the deployment of service robots.	**Key Drivers:** Desires for improved military planning, combatant performance, treatment of Alzheimer's disease, increasing education effectiveness, enhanced personal entertainment, and improving job performance could spur the development of these technologies. **Key Barriers:** Cultural hesitancy to go down an "unnatural" path of human development, and fears of unknown effects could slow down development and deployment. Major scientific and medical research challenges would need to be overcome.
Why Is the Technology a Game-Changer?	Biomechanical devices promise to give a person superhuman strength and endurance or restore a disabled person's capabilities. The widespread use of the technology would greatly improve labor productivity by reducing the number of humans needed for a task or increasing the amount of work a single human can accomplish, while enabling unassisted activity by the disabled or elderly. Such technologies also could greatly improve the combat effectiveness of ground combat forces.	A large-scale move to energy-efficient biofuels could reduce demand for oil and ease international competition for world oil supplies and reserves. In addition, widespread use of biofuels would fundamentally alter the energy dependence of some nations upon imported fossil fuels thereby shifting national interests. Emerging biofuels technologies that avoid significant land-use changes—using feedstocks such as agricultural waste products, native grasses, and biofuels from algae, could significantly reduce net CO_2 emissions to the atmosphere.	In domestic settings, widespread use of the technology could leverage manpower, disrupt unskilled labor markets and immigration patterns, and change care for a growing elderly population. As early adopters, governments could provide increased security and project combat power with reduced levels of manpower and system life-cycle costs.	The uneven deployment of these technologies could quickly reshape economic and military advantages between nations. Early and robust adopters could see significant benefits, while nations and societies hesitant to employ the technologies may find themselves disadvantaged. International pressure to regulate the technologies could likewise be disruptive as some cultures may welcome the changes to obtain quick benefits, while others loathe their "un-human" character.

[a] These breakthroughs are categorized based upon the development and initial deployment of the technology. In some cases, full deployment may lag significantly due to infrastructure requirements.

Source: SRI Consulting Business Intelligence and Toffler Associates.

427346ID 11-08

Under any scenario energy dynamics could produce a number of new alignments or groupings with geopolitical significance:

• Russia, needing Caspian area natural gas in order to satisfy European and other contracts, is likely to be forceful in keeping Central Asian countries within Moscow's sphere, and, absent a non-Russia-controlled outlet, has a good chance of succeeding.

• China will continue to seek to buttress its market power by cultivating political relationships designed to safeguard its access to oil and gas. Beijing's ties with Saudi Arabia will strengthen, as the Kingdom is the only supplier capable of responding in a big way to China's petroleum thirst.

• Beijing will want to offset its growing reliance on Riyadh by strengthening ties to other producers. Iran will see this as an opportunity to solidify China's support for Tehran, which probably would strain Beijing's ties to Riyadh. Tehran may also be able to forge even closer ties with Russia.

• We believe India will scramble to ensure access to energy by making overtures to Burma, Iran, and Central Asia. Pipelines to India transiting restive regions may connect New Delhi to local instabilities.

Water, Food, and Climate Change

Experts currently consider 21 countries with a combined population of about 600 million to be either cropland or freshwater scarce. Owing to continuing population growth, 36 countries, home to about 1.4 billion people, are projected to fall into this category by 2025. Among the new entrants will be Burundi, Colombia, Ethiopia, Eritrea, Malawi, Pakistan, and Syria. Lack of access to stable supplies of **water** is reaching unprecedented proportions in many areas of the world (see map on page 80) and is likely to grow worse owing to rapid urbanization and population growth. Demand for water for agricultural purposes and hydroelectric power generation also will expand. Use of water for irrigation is far greater than for household consumption. In developing countries, agriculture currently consumes over 70 percent of the world's water. The construction of hydroelectric power stations on major rivers may improve flood control, but it might also cause considerable anxiety to downstream users of the river who expect continued access to water.

"Experts currently consider 21 countries, with a combined population of about 600 million, to be either cropland or freshwater scarce. Owing to continuing population growth, 36 countries, home to about 1.4 billion people, are projected to fall into this category by 2025."

The World Bank estimates that demand for food will rise by 50 percent by 2030, as a result of growing world population, rising affluence, and shifts to Western dietary preferences by a larger middle class. The global food sector has been highly responsive to market forces, but farm production probably will continue to be hampered by misguided agriculture policies that limit investment and distort critical price signals. Keeping food prices down to placate the urban poor and spur savings for industrial investment has distorted agricultural prices in the past. If political elites are more worried about urban instability than rural incomes—a safe bet in many countries—these policies are likely to persist, increasing the risk of tight supplies in the future. The demographic trend for increased urbanization—particularly in developing states—underscores the likelihood that failed policies will continue.

Two Climate Change Winners

Russia has the potential to gain the most from increasingly temperate weather. Russia has vast untapped reserves of natural gas and oil in Siberia and also offshore in the Arctic, and warmer temperatures should make the reserves considerably more accessible. This would be a huge boon to the Russian economy, as presently 80 percent of the country's exports and

32 percent of government revenues derive from the production of energy and raw materials. In addition, the opening of an Arctic waterway could provide economic and commercial advantages. However, Russia could be hurt by damaged infrastructure as the Arctic tundra melts and will need new technology to develop the region's fossil energy.

Canada will be spared several serious North American climate-related developments—intense hurricanes and withering heat waves—and climate change could open up millions of square miles to development. Access to the resource-rich Hudson Bay would be improved, and being a circumpolar power ringing a major portion of a warming Arctic could be a geopolitical and economic bonus. Additionally, agricultural growing seasons will lengthen, net energy demand for heating/cooling will likely drop, and forests will expand somewhat into the tundra. However, not all soil in Canada can take advantage of the change in growing season, and some forest products are already experiencing damage due to changes in pest infestation enabled by warmer climates.

Between now and 2025, the world will have to juggle competing and conflicting energy security and food security concerns, yielding a tangle of difficult-to-manage consequences. In the major grain exporters (the US, Canada, Argentina, and Australia), demand for biofuels—enhanced by government subsidies—will claim larger areas of cropland and greater volumes of irrigation water, even as biofuel production and processing technologies are made more efficient. This "fuel farming" tradeoff, coupled with periodic export controls among Asian producers and rising demand for protein among growing middle classes worldwide, will force grain prices in the global market to fluctuate at levels above today's highs. Some economists argue that, with international markets settling at lower grain volumes, speculation—invited by expectations of rising fuel costs and more erratic, climate change-induced weather patterns—could play a greater role in food prices.

A consortium of large agricultural producers—including India and China, along with the US and EU partners—is likely to work to launch a second Green Revolution, this time in Sub-Saharan Africa, which could help dampen price volatility in worldwide grain markets. By 2025, increases in African grain yields probably will be substantial, but the increases will be confined principally to states in the southern and eastern regions of the continent, which will have deepened trade and security relations with East and South Asian states. Elsewhere south of the Sahara, civil conflict and the political and economic focus on mining and petroleum extraction are likely to foil most of the consortium's attempts to upgrade irrigation and rural transportation networks and to extend credit and investment, allowing population growth to outpace gains in agricultural productivity.

Strategic Implications of an Opening Arctic

Estimates vary as to when the Arctic is likely to be ice free during the summer. The National Snow and Ice Data Center suggests a seasonally ice-free Arctic by 2060; more current research suggests the date could be as soon as 2013. The two most important implications of an opening Arctic are improved access to likely vast energy and mineral resources and potentially shorter maritime shipping routes.

Transiting the Northern Sea Route above Russia between the North Atlantic and the North Pacific would trim about 5, 000 nautical miles and a week's sailing time off a trip compared with use of the Suez Canal. Voyaging between Europe and Asia through Canada's Northwest Passage would trim some 4, 000 nautical miles off of a trip using the Panama Canal.

Resource and shipping benefits are unlikely to materialize by 2025. The US National Petroleum Council has said that some of the technology to exploit oil from the heart of the Arctic region may not be ready until as late as 2050. Nonetheless, these potential riches and advantages are already perceptible to the United States, Canada, Russia, Denmark, and Norway—as evidenced by the emergence of competing territorial claims, such as between Russia and Norway, and Canada and Denmark.

Although serious near-term tension could result in small-scale confrontations over contested claims, the Arctic is unlikely to spawn major armed conflict. Circumpolar states have other major ports on other bodies of water, so the Arctic does not pose any lifeblood blockade dangers. Additionally, these states share a common interest in regulating access to the Arctic by hostile powers, states of concern, or dangerous nonstate actors; and by their shared need for assistance from high-tech companies to exploit the Arctic's resources.

The greatest strategic consequence over the next couple of decades may be that relatively large, wealthy, resource-deficient trading states such as China, Japan, and Korea will benefit from increased energy resources provided by any Arctic opening and shorter shipping distances.

In addition to the currently projected scarcities of freshwater and cropland, the UK Treasury-commissioned Stern Report estimates that by the middle of the century 200 million people may be permanently displaced "climate migrants" —representing a ten-fold increase over today's entire documented refugee and internally displaced populations. Although this is considered high by many experts, broad agreement exists about the risks of large scale migration and the need for better preparation. Most displaced persons traditionally relocate within their home countries, but in the future many are likely to find their home countries have diminishing capabilities to accommodate them. Thus the number of migrants seeking to move from disadvantaged into relatively privileged countries is likely to increase. The largest inflows will mirror many current migratory patterns—from North Africa and Western Asia into Europe, Latin America into the US, and Southeast Asia into Australia.

Over the next 20 years, worries about climate change effects may be more significant than any physical changes linked to climate change. Perceptions of a rapidly changing environment may cause nations to take unilateral actions to secure resources, territory, and other interests. Willingness to engage in greater multilateral cooperation will depend on a number of factors, such as the behavior of other countries, the economic context, or the importance of the interests to be defended or won.

Many scientists worry that recent assessments underestimate the impact of climate change and misjudge the likely time when effects will be felt. Scientists currently have limited capability to predict the likelihood or magnitude of extreme climate shifts but believe—based on historic precedents—that it will not occur gradually or smoothly. Drastic cutbacks in allowable CO2 emissions probably would disadvantage the rapidly emerging economies that are still low on the efficiency curve, but large-scale users in the developed world—such as the US—also would be shaken and the global economy could be plunged into a recession or worse.

Sub-Saharan Africa: More Interactions with the World and More Troubled

In 2025, Sub-Saharan Africa will remain the most vulnerable region on Earth in terms of economic challenges, population stresses, civil conflict, and political instability. The weakness of states and troubled relations between states and societies probably will slow major improvements in the region's prospects over the next 20 years unless there is sustained international engagement and, at times, intervention. Southern Africa will continue to be the most stable and promising sub-region politically and economically.

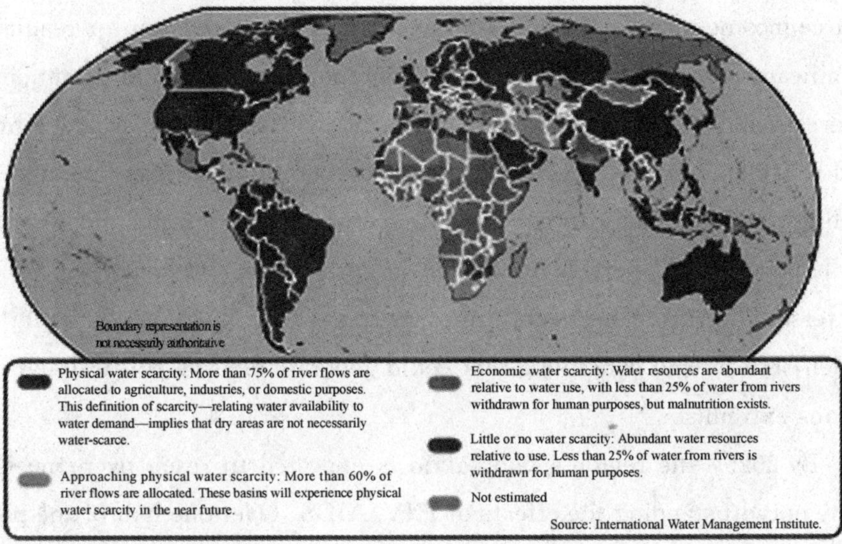

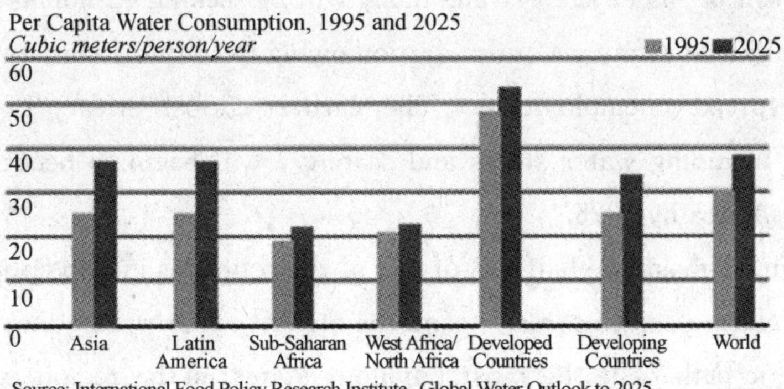

Source: International Food Policy Research Institute, Global Water Outlook to 2025.

782579AI (G00975)/423588AI 11-08

Sub-Saharan Africa will continue to be a major supplier of oil, gas, and metals to world markets and increasingly will attract the attention of Asian states seeking access to commodities, including China and India. However, despite increased global demand for commodities, increased resource income may not benefit the majority of the population or result in significant economic gains. Poor economic policies—rooted in patrimonial interests and incomplete economic reform—will likely exacerbate ethnic and religious divides as well as crime and corruption in many countries. Ruling elites are likely to continue to accrue greater income and wealth, while poverty will persist or worsen in rural areas and sprawling urban centers. The divide between elite and non-elite populations is likely to widen, reinforcing conditions that could generate divisive political and religious extremism.

By 2025, the region's population is expected to reach over one billion, notwithstanding the effects of HIV/AIDS. Over one-half of the population will be under age 24, and many will be seeking economic opportunity or physical safety via out-migration owing to conflict, climate change, or widespread unemployment. The earliest global effects of climate change, including water stress and scarcity, will begin to occur in Sub-Saharan Africa by 2025.

Today almost one-half (23 of 48) of the countries in Sub-Saharan Africa are classed as democracies, and the majority of African states are on a democratic path, but the most populous states in the region and those with high population growth could backslide.

Although Africa is already assuming more of its own peacekeeping responsibilities, the region will be vulnerable to civil conflict and complex forms of interstate conflict—with militaries fragmented along ethnic or other divides, limited control of border areas, and insurgents and criminal groups preying on unarmed civilians in neighboring countries. Central Africa contains the most troubling of these cases, including Congo-Kinshasa, Congo-Brazzaville, Central African Republic, and Chad.

In contrast to other regions of the world, African attitudes toward the US will remain positive, although many African governments will remain critical of US policies on issues like the Middle East, Cuba, and global trade. Africa will continue to push for UN reform and for permanent representation on the UN Security Council.

Global Scenario II: *October Surprise*

In the following fictionalized account, global inattention to climate change leads to major unexpected impacts, thrusting the world into a new level of vulnerability. Scientists are currently uncertain whether we already have hit a tipping point at which climate change has accelerated and whether there is little we can do—including reducing emissions—that will mitigate effects even over the longer term. Most scientists believe we will not know whether we have hit a tipping point until it is too late. Uncertainties about the pace and specific vulnerabilities or impacts from climate change are likely to persist over the next 15-20 years even if our knowledge about climate change deepens, according to many scientists.

An extreme weather event—as described in this scenario—could occur. Coping with the greater frequency of such events, coupled with other physical impacts of climate change such as growing water scarcities and more food crises, may preoccupy policymakers even while options for solving such problems dwindle. In this example, relocating the New York Stock Exchange to a less vulnerable location is considered, but serious consideration also would be given to relocating other institutions to ensure continuity of operations. Although this scenario focuses on an event that occurs in the US, other governments have been caught by surprise with different types of environmental disasters and have suffered a loss of standing. Mitigation efforts—further cutbacks in carbon emissions—are unlikely to make any difference, at least in the short run, according to this account. Such a world involving potentially major dislocations could threaten both developed and developing countries.

Preconditions assumed in this scenario include:

- Nations adopt a "growth-first" mentality leading to widespread environmental neglect and degradation.
- Governments, particularly those lacking transparency, lose legitimacy as they fail to cope with environmental and other disasters.
- Despite significant technological progress, no technological "silver bullet" is found to halt the effects of climate change.
- National solutions to environmental problems are short term and inadequate.

Presidential Diary Entry

October 1, 2020

The term "October Surprise" keeps recurring in my mind…I guess we had it coming, but it was a rude shock. Some of the scenes were like the stuff from the World War II newsreels, only this time it was not Europe but Manhattan. Those images of the US aircraft carriers and transport ships evacuating thousands in the wake of the flooding still stick in my mind. Why does hurricane season have to coincide with the UNGA in New York? It's bad enough that this had to happen; it was doubly embarrassing that half the world's leaders were here to witness it—and a fair number of them had to be specially airlifted or spirited away for their safety.

I guess the problem was that we counted on this not happening, at least not yet. Most scientists assumed the worst effects of climate change would occur later in the century. Still, enough warned there was always a chance of an extreme weather event coming sooner and, if it hit just right, one of our big urban centers could be knocked out. As I remember, most of my advisors thought the chances were pretty low after the last briefing we got on climate change. But we were warned that we needed to decentralize our energy generation and improve the robustness of our infrastructure to withstand extreme weather events. Tragically, we did not heed this advice.

We'll survive, but Wall Street really has taken a blow and I don't think we will get the NY Stock Exchange back up and running as quickly as we did after 9/11. There is a question whether it will continue to be the NY Stock Exchange to begin with; it might have to change its name to the "Garden State (New Jersey) Stock Exchange" —wouldn't that be a blow to New Yorkers' pride!

It's not as if this is just happening to us. Truth be told, the problem has been our whole attitude about globalization. When I say "our," I really mean in this context the elite or even the little knot of leaders around the world. We all have been focused on boosting or maintaining greater economic growth. We have a lot to be proud of too in that regard. We have avoided giving in to protectionist urges and managed to reenergize the trade rounds. But we have not prepared sufficiently for the toll that irresponsible growth is having on the environment. The New York disaster may not have been preventable with any measures we could have taken 20 years ago, but what are we laying in store for future generations by ignoring the signs? We all assume technology will come to the rescue, but so far we have not found the silver bullet and carbon emissions continue to climb.

What we did not understand is that the general publics in several countries appear to be ahead of leaders in understanding the urgency or at least they have had a better sense of the need for trade-offs. They have become early adopters for energy generation from renewables, the use of clean water technologies, and using improved Internet connectivity to avoid the concentration of people that make them vulnerable to extreme weather events. The Europeans, of course, have been out in the lead on energy efficiency, but they have been too ready to sacrifice growth, and without economic growth, they have not been able to generate high-paying jobs.

In China, it's the opposite—too much crony capitalism. It's not clear, for example, that China's Communist Party (CCP) will survive the scandal over burst dams and the devastation that followed. A couple of decades ago, I would have thought it possible. At that time, the public there was so grateful for the material benefits accruing from China's hell-bent efforts to modernize that the Chinese people forgave the leaders almost everything. Now it is different. The middle class wants clean air and water. They don't like the environmental devastation that was the price of rapid modernization or corruption that winks at the turning off of US provided carbon capture equipment in their coal fired electrical plants. The Party is split too. Half worry about a slowdown from more sustainable, environmentally prudent growth that could be politically devastating if jobs are not generated to the same degree. The other half understands the hardships and is more attuned to changing middle class priorities. I would not be surprised if the 100, 000 who perished in the recent dam disaster turn out to be the straw that breaks the CCP's legitimacy, coming as it does on the heels of those corruption allegations against high party officials.

The poorest countries have suffered the most from our hands-off approach to globalization. I know we have talked for some time about not all boats being lifted and the need to do something about it. But I think we thought it best that Bill Gates, NGOs, and others handle the problem. Of course, everyone has to get involved. NGOs can't mount peacekeeping operations. States at some point have to take responsibility. Most of these countries did not have a chance without strong outside intervention. The fact that we had clean water technology and could not find a way to get it delivered to the most needy only made the bad impacts of climate change worse.

With the climate changing rapidly, we are facing more problems—though not insuperable—in maintaining adequate agricultural production. More challenging than boosting agricultural yields overall is that changing weather patterns mean certain areas can't sustain themselves. People migrate to the cities but the infrastructure is insufficient to support such burgeoning populations. This in turn sows the seeds for social conflict which impedes any steps toward good governance and actually digging out from a long downward cycle. I count about 20 countries in this condition.

The problem is that some of these are not small, geopolitically insignificant countries. Some—like Nigeria—we in the developed world rely on for needed resources. Because of the encroaching desertification in the north, the religious clash between Muslims and Christians is heating up. Another Biafra-like civil war—only this time along North-South lines—is not inconceivable.

We talk a lot about these problems at the G-14 summits and in fact have started to engage in joint scenario exercises, but doing anything about an impending storm cloud is still beyond us. My last thought for the diary before I have to greet the dignitaries being airlifted onto the aircraft carrier for the UNGA reception: the growth projection figures are really bad. The cumulation of disasters, needed cleanups, permafrost melting, lower agricultural yields, growing health problems, and the like are taking a terrible toll, much greater than we anticipated 20 years ago.

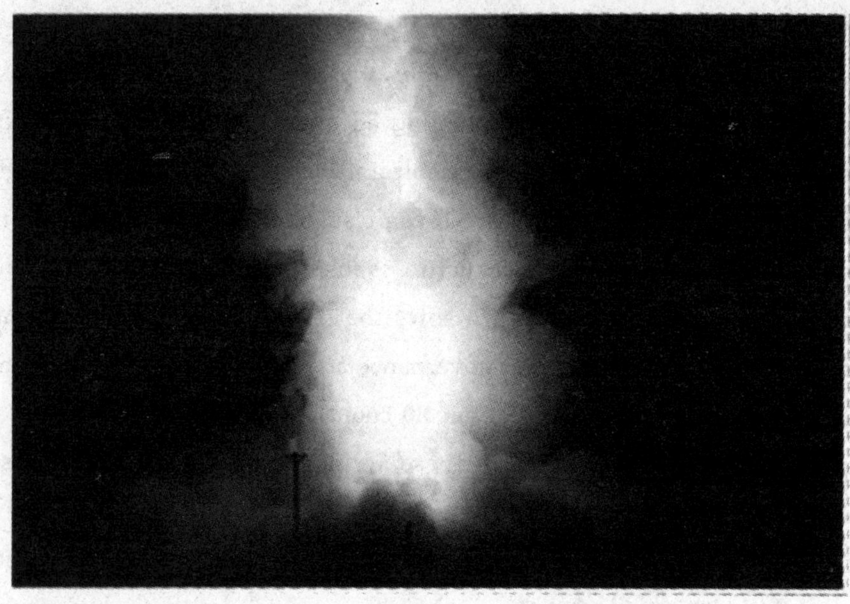

Chapter 5

Growing Potential for Conflict

We now assess the potential for conflict—both interstate and intrastate—over the next 15-20 years to be greater than we anticipated in ***Mapping the Global Future***, particularly in the greater Middle East. Large parts of the region will become less volatile than today and more like other parts of world, such as East Asia, where economic goals predominate, but other portions of the region remain ripe for conflict. The combination of increasingly open economies and persistently authoritarian politics creates the potential for insurgencies, civil war, and interstate conflict. By 2025, Iran's nuclear ambitions are likely to be clear in one way or the other and the region will either be swept up in an arms race or have found another way to try to establish regional security. Although we believe the appeal of al-Qa'ida and other international terrorist groups will diminish over the next 15-20 years, pockets of support will remain, ensuring a continuing threat, particularly as lethal technology is expected to become more accessible.

A Shrinking Arc of Instability by 2025?

In our previous study, ***Mapping the Global Future***, we assessed that those states most susceptible to conflict are in a great arc of instability stretching from Sub-Saharan Africa through North Africa, into the Middle East, the Balkans, the Caucasus, and South and Central Asia, and parts of Southeast Asia. Today, parts of this arc are experiencing increasing economic activity, including moderate to high levels of GDP growth, slow but perceptible economic reform, improved regulatory performance, deepening financial markets, high levels of outside and intraregional investment and related technology transfers, and development of new trade corridors. In the medium-to-long-term, increased rates of growth are likely to be sustained if energy prices remain high, but not so high that they depress growth in other regions. Awareness of increasing vulnerablility to systemic changes in wold energy markets also may act as a goad to further economic reform, including greater diversification in energy-rich states.

For regimes, managing economic change will involve a delicate balancing act between the imperatives of fostering economic growth and maintaining authoritarian rule. Although some regimes may succeed, the odds are that only one or two will become genuine democracies and one or two will end up with civil disorder and conflict because rulers miscalculate the tradeoffs or take gambles that don't pay off.

Growing Risk of a Nuclear Arms Race in the Middle East

A number of states in the region are already thinking about developing or acquiring nuclear technology useful for development of nuclear weaponry. Over the next 15-20 years, reactions to the decisions Iran makes about its nuclear program could cause a number of regional states to intensify these efforts and consider actively pursuing nuclear weapons. This will add a new and more dangerous dimension to what is likely to be increasing competition for influence within the region, including via proxies—Shia in Iran's case and Sunnis for most of its neighbors—and a competition among outside powers anxious to preserve their access to energy supplies and to sell sophisticated conventional weaponry in exchange for greater political influence and energy agreements.

A Non-nuclear Korea?

We see a unified Korea as likely by 2025—if not as a unitary state, then in some form of North-South confederation. While diplomacy working to end North Korea's nuclear weapons program continues, the final disposition of the North's nuclear infrastructure and capabilities at the time of reunification remain uncertain. A new, reunified Korea struggling with the large financial burden of reconstruction will, however, be more likely to find international acceptance and economic assistance by ensuring the denuclearization of the Peninsula, perhaps in a manner similar to what occurred in Ukraine post-1991. A loosely confederated Korea might complicate denuclearization efforts. Other strategic consequences are likely to flow from Korean unification, including prospects for new levels of major power cooperation to manage new and enduring challenges, such as denuclearization, demilitarization, refugee flows, and financing reconstruction.

Not Inevitable... Historically, many states have had nuclear weapons ambitions but have not gone the distance. States may prefer to retain the technological ability to produce nuclear weapons rather than to develop actual weapons. Technological impediments and a desire to avoid political isolation and seek greater integration into the global economy could motivate Tehran to forego nuclear weaponization. However, even an Iranian capacity to develop nuclear weapons might prompt regional responses that could be destabilizing.

If Iran does develop nuclear weapons, or is seen in the region as having acquired a latent nuclear weapons capability, other countries in the region may decide not to seek a corresponding capability. It is more likely, however, that a few of Iran's neighbors will see Iran's development of nuclear weapons or a latent weapons capability as an existential threat or as resulting in an unacceptable, fundamental shift of power in the region, and therefore will seek offsetting capabilities. Security guarantees from existing nuclear powers that regional states find credible may be regarded by them as a sufficient offset to an Iranian nuclear weapons capability, but it could be a tall order to expect such guarantees to satisfy all of those concerned about a nuclear Iran.

... But Potentially More Dangerous than the Cold War. The prospect that nuclear weapons will embolden Iran, lead to greater instability, and trigger shifts in the balance of power in the Middle East appears to be the key concern of the Arab states in the region and may drive some to consider acquiring their own nuclear deterrent. Iran's growing nuclear capabilities are already partly responsible for the surge of interest in nuclear energy in the Middle East, fueling concern about the potential for a nuclear arms race. Turkey, United Arab Emirates, Bahrain, Saudi Arabia, Egypt, and Libya are or have expressed interest in building new nuclear power facilities. Future Iranian demonstrations of its nuclear capabilities that reinforce perceptions of its intent and ability to develop nuclear weapons potentially would prompt additional states in the region to pursue their own nuclear weapons programs.

"We see a unified Korea as likely by 2025—if not as a unitary state, than in some form of North-South confederation."

It is not certain that the type of stable deterrent relationship that existed for most of the Cold War would emerge naturally in the Middle East with multiple nuclear-weapons capable states. Rather than episodes of suppressing or shortening low-intensity conflicts and terrorism, the possession of nuclear weapons may be perceived as making it "safe" to engage in such activities, or even larger conventional attacks, provided that certain redlines are not crossed. Each such incident between nuclear-armed states, however, would hold the potential for nuclear escalation.

The continued spread of nuclear capabilities in the greater Middle East, where several states will be facing succession challenges over the next 20 years, also will raise new concerns over the capacity of weak states to maintain control over their nuclear technologies and arsenals. If the number of nuclear-capable states increases, so will the number of countries potentially willing to provide nuclear assistance to other countries or to terrorists. The potential for theft or diversion of nuclear weapons, materials, and technology—and the potential for unauthorized nuclear use—also would rise. Finally, enough countries might decide to seek nuclear weapons capabilities in reaction to an Iranian capability that countries beyond the region would begin pursuing their own nuclear weapons programs.

New Conflicts Over Resources?

The rising energy demands of growing populations and economies may bring into question the availability, reliability, and affordability of energy supplies. Such a situation would heighten tensions between states competing for limited resources, especially if accompanied by increased political turbulence in the Middle East and a general loss of confidence in the ability of the marketplace to satisfy rising demands. National companies could control the lion's share of the world's hydrocarbon resources, leading to a further blending of energy-state relationships and geopolitical concerns.

Perceptions of energy scarcity will drive countries to take actions to assure their future access to energy supplies. In the worst case this could lead to interstate conflicts if government leaders deem assured access to energy resources to be essential to maintaining domestic stability and the survival of their regime. However, even actions short of war will have important geopolitical implications as states undertake strategies to hedge against the possibility that existing energy supplies will not meet rising demands. Energy security considerations are already driving countries such as China and India to purchase equity stakes in energy fields, and evolving competitions are increasingly being supported by military capabilities leading to the potential for heightened tensions and even conflict. Energy-deficient states may employ transfers of arms and sensitive technologies and the promise of a political and military alliance as inducements to establish strategic relationships with energy-producing states.

- Central Asia has become an area of intense international competition for access to energy. Although Russia and China currently are working cooperatively to reduce the leverage of outside powers, especially the United States, competition between the two in Central Asia could escalate if in the future Russia seeks to interfere with China's relations in the region or China becomes more aggressive in obtaining its access to energy supplies in parts of the former Soviet Union.

- The future development of novel drilling techniques may create new opportunities to find and exploit previously unexplored ultra-deep oil fields. Such fields, however, may be located in areas of contested ownership, such as Asia or the Arctic, creating the potential for conflict.

Middle East/North Africa:

Economics Drives Change, but with Major Risk of Turmoil

The Middle East and North Africa (MENA) will remain a geopolitically significant region in 2025, based on the importance of oil to the world economy and the threat of instability. The region's future will depend on how leaders manage oil windfalls, demographic changes, pressure for political change, and regional conflicts.

In a positive scenario in which economic growth becomes increasingly rooted and sustained, regional leaders will choose to invest in the region; implement economic, educational, and social policies that encourage more growth; move forward with political reform that empowers moderate—and probably Islamic—political parties; work to settle regional conflicts; and implement security agreements that help prevent future instability.

- In a more negative scenario, leaders will fail to prepare their growing populations to participate productively in the global economy, authoritarian regimes will hold tightly to power and become more repressive, and regional conflicts will remain unresolved as population growth strains resources.

Demographically, a number of Middle Eastern and North African countries are positioned where Taiwan and South Korea were before their takeoff in the 1960s and 1970s. Over the next 15 or so years, the proportion of the economically active populations (ages 15-64) in countries like Egypt will exceed that of the economically dependent population by a much greater amount than in any other region. This differential provides an opportunity to accelerate economic growth if governments put appropriate economic and social policies in place. Prospects are best in the North African and Gulf states.

• Foreign investment—much of it originating from within the region—will increase integration between Arab economies and drive private-sector development. The most promising industries for job growth are likely to be in services, putting the region on a different developmental path than East Asia.

• To maximize growth potential, MENA governments will need to improve their educational systems to produce a more technically skilled work force and encourage citizens accustomed to public sector jobs to accept the demands and volatility of the private sector. (East Asian economies prospered because of sustained government efforts to improve rapidly the quality of the work force through universal education and by developing export industries.)

In other regions, integrating young adults into the work force—coupled with a declining birth rate and shrinking youth bulge—has provided an opening for democratization. Social scientists have found that, as an increasing proportion of the population had a stake in the system, formerly authoritarian states like South Korea and Taiwan felt they could experiment with political liberalization. An important cluster of North African countries—Algeria, Libya, Morocco, Egypt, and Tunisia—has the potential to realize such a demographic-democratic nexus in the period to 2025, but it is unclear whether these authoritarian regimes will exploit these opportunities to liberalize.

A Two-Tier Muslim World? Although the Western paradigm separating religious and secular authority may still be less compelling to Muslim publics, a greater emphasis on economics and, most importantly, greater participation of women in the work force may spur new forms of progressive Islam. This does not mean that extremist strands will disappear; in the short term they might benefit from unease over the changing role of women and alternative family models. But over time, lower fertility promotes religious and political stability and, if secularization in southern Europe is a guide, modernized versions of Islam could take root by 2025.

The channeling of political dissent into Islamic discourse—a variant of the global revival of religious identity in the aftermath of the Cold War—and states' efforts to manipulate Islamic currents will reinforce the dominance of Islam in Middle Eastern politics and society in 2025. As a result, pressures for greater political pluralism are likely to produce a bigger role for Islamic political parties and a re-thinking of how Islam and politics should interact and influence each other, with considerable political and social turmoil generated in the process.

Even as some states may liberalize, others may fail: youth bulges, deeply rooted conflicts, and limited economic prospects are likely to keep Palestine, Yemen, Afghanistan, Pakistan, and others in the high-risk category. Spillover from turmoil in these states and potentially others increases the chance that moves elsewhere in the region toward greater prosperity and political stability will be rocky. The success of efforts to manage and resolve regional conflicts and to develop security architectures that help stabilize the region will be a major determinant of the ability of states to grow their economies and pursue political reform.

Resolution of the Syrian and Palestinian conflicts with Israel, in particular, would broaden the ideological and political discourse within secular and Islamic circles, undermine a traditional pretext for maintaining large militaries and curtailing freedoms, and help defuse sectarian and ethnic tensions in the region.

Iran's trajectory is also likely to have lasting regional impacts—for good or ill. Iran's fractious regime, nationalist identity, and ambivalence toward the United States will make any transition from regional dissenter toward stakeholder perilous and uneven. Although Iran's aims for regional leadership—including its nuclear ambitions—are unlikely to abate, its regional orientation will have difficulty discounting external and internal pressures for reform. An Iranian perception of greater shared interests with the West in Iraq and Afghanistan, for example, and sustained progress on Arab-Israeli peace that weakens Iranian-Syrian ties and accommodates or sidelines Iran's sub-state allies would provide security incentives and pressures on Iran to adjust its regional role. A political consensus within Iran to develop further its significant economic potential—fueled potentially by a sustained popular backlash against corruption and economic mismanagement and a fall in energy rents—could provide an additional push to shift Iran's factional politics to the left and an incentive for Iran to adjust its policies with a view toward easing US and international sanctions.

Energy Security

Other possible examples of the militarization of energy security include:

States using their control of energy resources as weapons of political coercion and influence. Russia is seeking to position itself to control energy supply and related transportation networks from Europe to East Asia. This would enable Moscow to use its control over energy flows to promote Russian interests and influence.

Threats posed by terrorism and piracy to energy production and transit. Public statements by al-Qa'ida leaders indicate terrorists are interested in striking Persian Gulf oil facilities. The protection of energy pipelines, facilities, and shipping from terrorist attacks will be a key security concern and mission for military forces.

Domestic instability, insurgencies, and conflict within strategic energy-producing and exporting states. Ethnic and political violence and criminal activity currently threaten a large portion of Nigeria's oil production. State failure in a key energy producing country may require military intervention by outside powers to stabilize energy flows.

Concerns about assuring future access to energy supplies also are fostering increased naval competition. Despite the growing number of pipeline projects, in 2025 Asian countries will remain dependent on sea transfers of energy from suppliers in the Middle East. This is raising concerns about the future of maritime security in a zone extending from the Persian Gulf to East and Southeast Asia. Maritime security concerns are providing the rationale for a series of naval buildups and modernization efforts in the region, such as China's and India's development of "blue-water" naval capabilities, to protect critical economic assets and secure access to energy resources. Other national navies in the Middle East and Asia will not be able to replace the US Navy's role in protecting strategic sea lines of communication in

2025, but the buildup of regional naval capabilities could lead to increased tensions, rivalries, and counterbalancing.

• Growing concerns over maritime security may create opportunities for multinational cooperation in protecting critical sea lanes. Mutual suspicions regarding the intentions behind naval build-ups by potential regional rivals or the establishment of alliances that exclude key players would, however, undermine efforts for international cooperation.

• A naval arms race in Asia may emerge in response to China's further development of naval power projection. A naval arms race might also be spurred by "antiaccess" capabilities—such as attack submarines and long-range antiship missiles—that become widely viewed as efforts by Beijing to extend its political influence in the region and to deter attempts to cut off China's seaborne energy supplies by threatening mutual disruption of sea trade.

Climate change is unlikely to trigger interstate war, but it could lead to increasingly heated interstate recriminations and possibly to low-level armed conflicts. With water becoming more scarce in several regions, cooperation over changing water resources is likely to be increasingly difficult within and between states, straining regional relations. Such regions include the Himalayan region, which feeds the major rivers of China, Pakistan, India, and Bangladesh; Israel Palestinian Territories; along the Jordan River (Israel-Jordan) and the Fergana Valley of Central Asia. Such dire scenarios are not inevitable even with worse-than-anticipated climate change impacts, however. Economic development, the spread of new technologies, and robust new mechanisms for multilateral cooperation to deal with climate change may foster greater global collaboration.

Another Use of Nuclear Weapons?

The risk of nuclear weapon use over the next 20 years, although remaining very low, is likely to be greater than it is today as a result of several converging trends. The spread of nuclear technologies and expertise is generating concerns about the potential emergence of new nuclear weapon states and the acquisition of nuclear materials by terrorist groups. Ongoing low-intensity clashes between India and Pakistan continue to raise the specter that such events could escalate to a broader conflict between those nuclear powers. The possibility of a future disruptive regime change or collapse occurring in a weak state with nuclear weapons also continues to raise questions regarding the ability of such a state to control and secure its nuclear arsenals.

In addition to these longstanding concerns, new political-military developments could further erode the nuclear "taboo." The prospect of a nuclear-armed Iran spawning a nuclear arms race in the greater Middle East will bring new security challenges to an already conflict-prone region, particularly in conjunction with the proliferation of long-range missile systems. Furthermore, future acquisition of nuclear weapons by states with weak command and control procedures and safeguards increases the probability of accidental or unauthorized nuclear use.

Future asymmetries in conventional military capabilities among potential rivals might tempt weak states to view nuclear weapons as a necessary and justifiable defense in response to the threat of overwhelming conventional attacks. In such cases, the defending power might try to limit the potential for escalation by employing a nuclear weapon test to signal resolve and deter aggression or by confining the use of nuclear weapons to the defense of its own territory. Options for limited physical destruction attacks such as those that use very low-yield weapons or high-altitude nuclear blasts designed to disrupt an enemy's information networks and systems via an electromagnetic pulse effect could further erode the taboo against nuclear weapon use and prompt reassessments of the vulnerabilities of modern conventional military forces.

If nuclear weapons are used destructively in the next 15-20 years, the international system will be shocked as it experiences immediate humanitarian, economic, and political-military repercussions. How the world would respond over the long-term to another use of nuclear weapons would, however, likely depend on the context in which such weapons were used. Prevailing perceptions regarding whether the use of a nuclear weapon was justified, the level of destructiveness it created, and the future utility of nuclear weapons would drive global reactions regarding counterproliferation and nuclear disarmament.

A terrorist use of a nuclear weapon or an escalating conflict between two nuclear powers, such as India and Pakistan, would graphically demonstrate the danger of nuclear weapons, prompting calls for global nuclear disarmament and energizing counterproliferation and counterterrorism measures.

A successful nuclear weapon test or use of a nuclear weapon by a state to deter or halt a conventional attack might, on the other hand, enhance the perception of the utility of nuclear weapons in defending territorial sovereignty and increase pressures for proliferation in countries that do not possess a strong conventional military or security guarantees.

In either case, a future use of nuclear weapons probably would bring about significant geopolitical changes as some states would seek to establish or reinforce security alliances with existing nuclear powers and others would push for global nuclear disarmament. In Europe, for example, divisions could emerge between some countries in Western Europe that support nuclear disarmament and those of Eastern Europe that still might fear Russia's nuclear arsenal.

Terrorism: Good and Bad News

Terrorism is unlikely to disappear by 2025, but its appeal could diminish if economic growth continues and youth unemployment is mitigated in the Middle East. Economic opportunities for youth and greater political pluralism probably would dissuade some from joining terrorists' ranks, but others—motivated by a variety of factors, such as a desire for revenge or to become "martyrs" —will continue to turn to violence to pursue their objectives.

"For those terrorist groups active in 2025, the diffusion of technologies and scientific knowledge will place some of the world's most dangerous capabilities within their reach."

• In the absence of employment opportunities and legal means for political expression, conditions will be ripe for disaffection, growing radicalism, and possible recruitment of youths into terrorist groups.

• Terrorist and insurgent groups in 2025 will likely be a combination of descendants of long-established groups—that inherit organizational structures, command and control processes, and training procedures necessary to conduct sophisticated attacks—and newly emergent collections of the angry and disenfranchised that become self-radicalized.

As long as turmoil and societal disruptions, generated by resource scarcities, poor governance, ethnic rivalries, or environmental degradation, increase in the Middle East, conditions will remain conducive to the spread of radicalism and insurgencies. Future radicalism could be fueled by global communications and mass media. Increasing interconnectedness will enable individuals to coalesce around common causes across national boundaries, creating new cohorts of the angry, downtrodden, and disenfranchised. In some situations these new networks could act as forces for good by pressuring governments through non-violent means to address injustice, poverty, the impacts of climate change, and other social issues. Other groups, however, could use networks and global communications to recruit and train new members, proliferate radical ideologies, manage their finances, manipulate public opinion, and coordinate attacks.

Why al-Qa'ida's "Terrorist Wave" Might Be Breaking Up

As al-Qa'ida celebrates its 20th birthday, most experts assert that the struggle against it will continue indefinitely, the so called "long war." Other experts who have studied past "waves" of terrorism believe that al-Qa'ida is an "aging" group by terrorist standards and suffers from strategic weaknesses that could cause it to decay into marginality, perhaps shortening the lifespan of the Islamic terrorist wave.

A wave of terror is a cycle of activity—which can last up to 40 years—characterized by expansion and contraction phases: rise, floodtide of violence, and ebb. The wave of terror concept was developed by UCLA Professor David C. Rapoport and provides a basis for the comparative analysis of terrorist movements. In each wave, similar terrorist activities occur in many countries, driven by a common vision—such as anarchism, Marxism, nationalism, or Islamic extremism. ***Terrorist groups who form the crest of each wave usually dissolve before the entire wave does, and their decay contributes to the breaking of the wave.*** Al-Qa'ida's weaknesses—unachievable strategic objectives, inability to attract broad-based support, and self-destructive actions—might cause it to decay sooner than many people think.

Research indicates that terrorists' strategic objectives fail on two fronts. Objectives that pose a threat to the existing political order court tough counterterrorism measures, while objectives that are seen as neither achievable nor relevant to solving problems have little appeal to elites or the general populace. The two primary strategic aims of al-Qa'ida—the establishment of a global Islamic caliphate and the removal of US and Western influence so that "apostate" regimes can be toppled—are clearly threats to many existing Muslim governments and are resulting in stronger counterterrorism measures.

- There is little indication that the vast majority of Muslims believe that such objectives are realistic or that, if they could come to pass, would solve the practical problems of unemployment, poverty, poor educational systems, and dysfunctional governance.

Despite sympathy for some of its ideas and the rise of affiliated groups in places like the Mahgreb, al-Qa'ida has not achieved broad support in the Islamic World. Its harsh pan-Islamist ideology and policies appeal only to a tiny minority of Muslims.

- According to one study of public attitudes toward extremist violence, there is little support for al-Qa'ida in any of the countries surveyed—Algeria, Egypt, Jordan, Kuwait, Lebanon, Morocco, Qatar, Saudi Arabia, United Arab Emirates, and Yemen. The report also found that majorities in all Arab countries oppose jihadi violence, by any group, on their own soil.
- Al-Qa'ida is alienating former Muslim supporters by killing Muslims in its attacks. Recent scholarly research indicates that terrorist groups that kill civilians seldom accomplish their strategic goals. Although determining precisely the number of Muslims worldwide who have

died in al-Qa'ida attacks is difficult, examination of available evidence suggests that at least 40 percent of the victims have been Muslims.

The roughly 40-year cycle of terrorist waves suggests that the dreams that inspire terrorist group members' fathers to join particular groups are not attractive to succeeding generations. The prospect that al-Qa'ida will be among the small number of groups able to transcend the generational timeline is not high, given its harsh ideology, unachievable strategic objectives, and inability to become a mass movement.

In relying almost exclusively on terrorism as a means to achieve its strategic objectives, rather than transforming into a political movement like Hizbollah or Hamas, al-Qa'ida is using a stratagem that rarely is successful. Recent academic research indicates that only 6 percent of terrorist groups active in the last 40 years have achieved their proclaimed strategic objectives. Al-Qa'ida's lack of success in executing attacks against the "far enemy" could portend a period of operational futility leading to increased frustration, decreased organizational élan, and inability to attract new members.

Because history suggests that the global Islamic terrorist movement will outlast al-Qa'ida as a group, strategic counterterrorism efforts will need to focus on how and why a successor terrorist group might evolve during the remaining years of the "Islamic terrorist wave."

On a positive note, support for terrorist networks in the Muslim world appears to be declining. To succeed, terrorist groups need a large number of passive supporters who sympathize with terrorists' objectives. Reducing those numbers is key to lessening the appeal within societies. Analysis of terrorists' communications among themselves indicates they see themselves in a "losing" battle with Western materialistic values. Surveys and analysis of jihadist websites indicate growing popular dissatisfaction with civilian casualties—particularly of fellow Muslims—caused by terrorist actions.

For those terrorist groups active in 2025, the diffusion of technologies and scientific knowledge will place some of the world's most dangerous capabilities within their reach. The globalization of biotechnology industries is spreading expertise and capabilities and increasing the accessibility of biological pathogens suitable for disruptive attacks. Radiological and chemical weapons may also be used by terrorists or insurgents seeking an advantage against opposing security or military forces and to create mass casualties. The proliferation of advanced tactical weapons will increase the potential that they will be used by terrorists. Improved antitank guided missiles and other man-portable weapon systems, thermobaric and other advanced explosives, and the spread of cheap sensors and robotics that could be used to create more capable improvised explosive devices illustrate this danger.

Some governments will likely respond to increasing terrorism and internal threats by expanding domestic security forces, surveillance capabilities, and the employment of special operations-type forces. Counterterrorism and counterinsurgency missions increasingly will involve urban operations as a result of greater urbanization. Governments, citing the need for enhanced internal security and their desire to control the influx of unwanted refugees and immigrants, may increasingly erect barricades and fences around their territories to inhibit access. Gated communities will continue to spring up within many societies as elites seek to insulate themselves from domestic threats.

The Changing Character of Conflict

Conflict will continue to evolve over the next 20 years as potential combatants adapt to advances in science and technology, improving weapon capabilities, and changes in the security environment. Warfare in 2025 is likely to be characterized by the following strategic trends:

The Increasing Importance of Information. Advances in information technologies are enabling new warfighting synergies through combinations of advanced precision weaponry, improving target and surveillance capabilities, enhanced command and control, and the expanding use of artificial intelligence and robotics. Future proliferation of long-range precision weapons will permit a growing number of states to threaten rapid destruction of an adversary's critical economic, energy, political, and military and information infrastructures. The growing importance of information technologies as an enabler of modern warfighting capabilities will make information itself a primary target in future conflicts. By 2025 some states probably will deploy weapons designed to destroy or disable information, sensor, and communication networks and systems including anti-satellite, radiofrequency, and laser weapons.

The Evolution of Irregular Warfare Capabilities. The adoption of irregular warfare tactics by both state and nonstate actors as a primary warfighting approach in countering advanced militaries will be a key characteristic of conflicts in 2025. The spread of light weaponry, including precision tactical and man-portable weapon systems, and information and communication technologies will significantly increase the threat posed by irregular forms of warfare over the next 15-20 years. Modern communication technologies such as satellite and cellular phones, the Internet, and commercial encryption, combined with hand-held navigation devices and high-capacity information systems that can contain large amounts of text, maps, and digital images and videos will greatly enable future irregular forces to organize, coordinate, and execute dispersed operations.

The Prominence of the Non-military Aspects of Warfare. Non-military means of warfare, such as cyber, economic, resource, psychological, and information-based forms of conflict will become more prevalent in conflicts over the next two decades. In the future, states and nonstate adversaries will engage in "media warfare" to dominate the 24-hour news cycle and manipulate public opinion to advance their own agenda and gain popular support for their cause.

The Expansion and Escalation of Conflicts Beyond the Traditional Battlefield. Containing the expansion and escalation of conflicts will become more problematic in the future. The advancement of weapons capabilities such as long-range precision weapons, the continued proliferation of weapons of mass destruction, and the employment of new forms of warfare such as cyber and space warfare are providing state militaries and nonstate groups the means to escalate and expand future conflicts beyond the traditional battlefield.

Afghanistan, Pakistan, and Iraq: Local Trajectories and Outside Interests

Developments in Afghanistan, Pakistan, and Iraq will critically affect regional stability, if not the global order. By 2025, the trajectories of these three states probably will have diverged sharply.

In 2025, **Afghanistan** may still evince significant patterns of tribal interaction and conflict. With the exception of the Taliban interlude, Afghanistan has not experienced strong central authority; centrifugal forces are likely to remain strong even if Kabul increases its sway.

- Western-driven infrastructure, economic assistance, and construction are likely to provide new stakes for local rivalries rather than the basis for a cohesive Western-style economic and social unity.

• Globalization has made opium Afghanistan's major cash crop; the country will have difficulty developing alternatives, particularly as long as economic links for trade with Central Asia, Pakistan, and India are not further developed.

Tribal and sectarian disputes probably will continue to arise, be fought out, and shift constantly in Afghanistan as the various players realign themselves. Outsiders will choose between making temporary alliances to destroy terrorist enemies, gain access to local resources, and advance other immediate interests or more ambitious—and costly—goals.

The future of **Pakistan** is a wildcard in considering the trajectory of neighboring Afghanistan. Pakistan's Northwest Frontier Province and tribal areas probably will continue to be poorly governed and the source or supporter of cross-border instability. If Pakistan is unable to hold together until 2025, a broader coalescence of Pashtun tribes is likely to emerge and act together to erase the Durand Line,[①] maximizing Pashtun space at the expense of Punjabis in Pakistan and Tajiks and others in Afghanistan. Alternatively, the Taliban and other Islamist activists might prove able to overawe at least some tribal politics.

In **Iraq**, numerous ethnic, sectarian, tribal, and local notables will compete to establish and maximize areas of political and social authority, access to resources, and to control the distribution of those resources through their patronage networks.

• By 2025 the government in Baghdad could still be an object of competition among the various factions seeking foreign aid and pride of place, rather than a self-standing agent of political authority, legitimacy, and economic policy.

What happens in Iraq will affect neighbors as well as internal contest-

① The Durand Line is the border between Pakistan and Afghanistan—an artificial division that the Afghan Government does not recognize.

ants. Iran, Syria, Turkey, and Saudi Arabia will have increasing difficulty staying aloof. An Iraq unable to maintain internal stability could continue to roil the region. If conflict there breaks into civil war, Iraq could continue to provide a strong demonstration of the adverse consequences of sectarianism to other countries in the region. Alternatively, a stable Iraq could provide a positive example of economic growth and political development.

End of Ideology?

We judge that ideological conflicts akin to the Cold War are unlikely to take root in a world where most states will be preoccupied with the pragmatic challenges of globalization and shifting global power alignments. The force of ideology is likely to be strongest in the Muslim world—particularly the Arab core where Islam's diverse expressions will continue to influence deeply social norms and politics as well as serve as a prism through which individuals will absorb the economic and cultural forces of globalization. Increasing religious observance and the failures of secular Arab nationalism will leave Islamic political and social movements best positioned to assert ideological influence over governments and publics in much of the Muslim world over the next 15-20 years.

The ensuing Islamic discourse will be increasingly fluid as the clerical leadership detaches from established seats of learning and traditions of jurisprudence and asserts its own interpretations of the Quran and the Hadith (oral tradition). The trend toward bypassing tradition, aided by the spread of media technologies, will encourage the spread of Salafism (reverence for the earliest period in Islam), including its most radical forms, which risks undermining Western allies in the Muslim world, especially in the Middle East. Nonetheless, the dispersal of religious authority into networks of like-minded thinkers also could set the stage for a revival of innovative perspectives on Islam's relationship to the modern world and provide a counterweight to the radical trend.

The direction of Islam's internal ideological struggle will be determined primarily by local conditions. In countries where economic and demographic trends are favorable and publics and governments opt for the benefits of globalization, there will be strong incentives to revive and broaden Islamic teachings that promote a culture of innovation, scientific learning, political experimentation, and respect for religious pluralism. In those countries that are likely to struggle with youth bulges and weak economic underpinnings—such as in Afghanistan, Nigeria, Pakistan, and Yemen—the radical Salafi trend is likely to gain traction.

- All players will look to the United States to guarantee stability, but Tehran will continue to fear US designs for Iran's own regime and sovereignty.
- Public opinion polls likely will continue to suggest popular adherence to being "Iraqi," but the persistence of competing security systems, social organizations, and economic subsistence networks will animate robust local and sectarian identities.

The **Sunnis** will have an interest in the central state only if it provides them with what they judge to be an adequate share of resources largely generated outside their areas of control. Absent this satisfaction, agitation by Sunni jihadists, tribal leaders, and other notables could remain a destabilizing factor. In addition, any significant increase in the number of Iraqi Sunnis emigrating to Jordan and Syria could jeopardize the stability of those countries.

Shi'a, flush with their newfound primacy, have historically been divided, and personal rivalries among the Sadrs, Hakims, and other Shi'a notables are likely to continue to color politics in this community. Tribes of mixed Sunni-Shi'a ethnicity could serve as an integrating intercommunal glue, but only if economic development leads to a more transparent and trustworthy central administration and national system for material production and distribution.

Development of a well-integrated national army would be an important factor in maximizing prospects for a more functional Iraqi state. This would require replacing the current tribal and sectarian loyalties of officers and troops with a much more robust sense of corporate élan and national purpose.

Potential Emergence of a Global Pandemic

The emergence of a novel, highly transmissible, and virulent human respiratory illness for which there are no adequate countermeasures could initiate a global pandemic. If a pandemic disease emerges by 2025, internal and cross-border tension and conflict will become more likely as nations struggle—with degraded capabilities—to control the movement of populations seeking to avoid infection or maintain access to resources.

The emergence of a pandemic disease depends upon the natural genetic mutation or reassortment of currently circulating disease strains or the emergence of a new pathogen into the human population. Experts consider highly pathogenic avian influenza (HPAI) strains, such as H5N1, to be likely candidates for such a transformation, but other pathogens—such as the SARS coronavirus or other influenza strains—also have this potential.

If a pandemic disease emerges, it probably will first occur in an area marked by high population density and close association between humans and animals, such as many areas of China and Southeast Asia, where human populations live in close proximity to livestock. Unregulated animal husbandry practices could allow a zoonotic disease such as H5N1 to circulate in livestock populations—increasing the opportunity for mutation into a strain with pandemic potential. To propagate effectively, a disease would have to be transmitted to areas of higher population density.

Under such a scenario, inadequate health-monitoring capability within the nation of origin probably would prevent early identification of the disease. Slow public health response would delay the realization that a highly transmissible pathogen had emerged. Weeks might pass before definitive laboratory results could be obtained confirming the existence of a disease with pandemic potential. In the interim, clusters of the disease would begin to appear in towns and cities within Southeast Asia. Despite limits imposed on international travel, travelers with mild symptoms or who were asymptomatic could carry the disease to other continents.

Waves of new cases would occur every few months. The absence of an effective vaccine and near universal lack of immunity would render populations vulnerable to infection.[a] In this worst-case, tens to hundreds of millions of Americans within the US Homeland would become ill and deaths would mount into the tens of millions.[b] Outside the US, critical infrastructure degradation and economic loss on a global scale would result as approximately a third of the worldwide population became ill and hundreds of millions died.

[a] US and global health organizations currently are working to develop vaccines that may prevent or mitigate influenza pandemics. A breakthrough in the next several years could reduce the risk posed by pandemic influenza during upcoming decades.

[b] How fast a disease spreads, how many people become sick, how long they stay sick, the mortality rate, and the symptoms and after-effects will vary according to the specific characteristics of whatever pathogen is responsible for a pandemic. This scenario posits plausible characteristics that fall within a range of possibilities for these variables.

Global Scenario III: *BRICs' Bust-Up*

In this fictionalized scenario, Chinese fears of disruption of China's energy supplies spark a clash with India. With increasing resource constraints likely out to 2025, disputes over resources appear to us to be a growing potential source of conflict. The sense of vulnerability is heightened by the dwindling number of energy producers and increasing concentration in unstable regions such as the Middle East. A world in which there are more confrontations over other issues—such as new trade barriers—is likely to increase the potential for any dispute to escalate into conflict. As outlined in this scenario, misperceptions—along with miscom-munications—could play as important a role as any actual threats. Also illustrated by this scenario is the competition by rising powers for resources. Both China and India—though rich in coal—have limited and dwindling oil and gas reserves and must rely on foreign sources. In thinking about the increased potential for conflict in this multipolar world, we need to keep in mind the scope for the emerging powers to clash with one another.

Preconditions underpinning this scenario include:

• A steady period of growth has slowed as states struggle to cope with energy and resource shortages, which are particularly acute in the Asian economies.

• A rise in nationalist sentiments occurs with the intense energy competition in this zero-sum world.

• A balance of power emerges that resembles a 21st century replay of the years before 1914.

Letter by current Foreign Minister to former Brazilian President

February 1, 2021

I once heard a story—though I don't know whether it is true—that Goldman Sachs added Brazil as an afterthought to the now-famous grouping of emerging powers or BRICs. Rumor has it that they needed a fourth country, preferably from the southern hemisphere since the others were in the north. It also helped that Brazil began with a B.

True or not, Brazil has pulled its weight over the past six months, performing feats of diplomacy that even the US could not equal in present circumstances.

Let me go back to the beginning even though a lot of this you probably know. In fact, to get to the root of the Sino-Indian clash one has to go back to before there was any news coverage of the events. A lot of little incidents led to the Chinese attack on two Indian warships near the Gulf of Oman, which in turn triggered the US attack disabling the Chinese ships as they tried to withdraw from the area.

For a couple years, the Chinese had been watching what from their standpoint was a dangerous confluence of events that could jeopardize their economic, and therefore political survival. First, the Japanese had been making considerable progress in increasing their sea control capabilities in contested ocean areas that looked promising for producing oil and gas.

Second, there had been a notable acceleration in Indian military modernization as well as Indian attempts to erode Chinese gains in influence in Southeast Asia, increasing India's sea denial capabilities in the areas through which oil and gas move to China from the Middle East. China responded, extending its naval presence in the region by establishing naval basing rights in Pakistan. It became clear that Beijing's strategy was to deter any attempts by India to cut off China's sea access to energy resources by creating a threat to India's sea lanes in return. Tensions between India and China increased sharply when a Chinese submarine disappeared without explanation while monitoring an Indian naval exercise.

Third, Sino-Russian ties were simultaneously taking a tumble despite earlier cooperation in the Shanghai Cooperation Organization. Beijing detected increasing signs of Russia undercutting Chinese relations with Central Asian energy producers. This stoked Chinese energy insecurity. The fact that emerging alternative energy technologies—clean coal, solar, wind, and geothermal—did not materialize after heavy Chinese and US investments did not help.

As you know, even before the Sino-Indian incident, there had been a skirmish or two last year between the Chinese and Russians in Russia's Far East. If the Chinese had feared Russian double-dealing in Central Asia, the Russians were just as paranoid about what the Chinese were up to in Russia's Far East. Russia's accusation of spying by a group of students from Beijing and their subsequent imprisonment in Vladivostok occasioned, as you well remember, the spectacular Chinese rescue effort which thoroughly humiliated the Russians. Some called it a second Port Arthur in reference to the Japanese sinking the Russian fleet in 1905.

Finally, the strategic competition for influence and access to energy that emerged in the Middle East provided a new backdrop for the increasing rivalry among China, India, and Russia. As the United States reduced its military forces in the Middle East following its involvement in Iraq, the other great powers sought to fill the vacuum. The Gulf Arab states in particular sought to strengthen their relationships with other powers to compensate for what they perceived as a weakened US security commitment post Iraq.

Tensions in the Middle East meanwhile were building as Iran continued to exert its growing power. A crisis erupted after a series of naval incidents between Iranian and Arab naval forces in the Persian Gulf and the Iranian threat to close off access to the Persian Gulf to all naval forces from outside the region except those of "friendly" powers. In response the United States introduced new economic sanctions against Tehran and sought to conduct an embargo of arms shipments to Iran. Tehran countered by threatening to disrupt oil traffic through the Gulf if Washington did not back down.

US pressure on the Chinese, Indians, and others to reject Iranian blandishments and eschew trade with the Iranians was intense. Beijing, fearing a disruption of its energy supplies, sought to play both sides, maintaining good relations with the Saudis while also promising Iran its support. China had established years back a strategic reserve, but that would last only so long and the uncertainty about what happened after a couple months was putting political pressure on the government. New Delhi also sought to nuance its response noting its need for natural gas from Iran but also seeking to maintain its good relationships with the United States and the Arab states. As a result, India declined to participate in economic sanctions that were deemed to be most harmful to ordinary Iranian citizens but agreed to help the United States enforce an arms embargo of Iran.

You can see how this set the stage for the incident at sea. Chinese nerves were on edge, but the Chinese were feeling very confident after the Russian Far East affair. The Indian attempt to stop a Chinese vessel believed to be carrying new antiship cruise missiles to Iran was resisted by Chinese naval forces in the area. The Chinese saw the Indian warships as surrogates for the United States. The US attack confirmed it. The original crisis in the Middle East—which really pitted the US and Europe against Iran—was suddenly transformed into a serious global one. Fortunately over the past few weeks, unlike 1914, all the powers drew back from the brink. But oil is now over \$300 a barrel and stock markets are tanking everywhere. That gets me to the Brazilian angle. We were the only country of any stature that had the trust of all the others. Even the Europeans were discredited because of their links to the US in the Iranian crisis. China was desperate to find a way out of what could have been an even worse position if a full-scale conflict with the Indians and the United

States had ensued. The US too wanted a face-saving way out of the impasse since it looked like the only victor would be the Iranians and to an extent the Russians who sat smugly on the sidelines, reaping a fortune from the spike in energy prices. Of course, our continued development of biofuels in a responsible way only added to our credibility.

In the negotiations, I have tried to do more than just get all sides to back off and pay compensation to one another for the damages to each others' fleets. China needs to be assured about energy flows from the Gulf—at least once they resume.

I'm not sure that I have succeeded in building up mutual confidence and trust. I sense that the militaries in all three places—the US, China, and India—will use the incident to push for greater militarization of energy security. We could experience a new naval arms race.

In China, the government still fears public retribution because of the humiliation suffered by the US attack. Of course, for the moment, the US is the target of the nationalistic outburst—the United States' new embassy is a charred ruin. The Iranians have let up some, particularly as the US and its European partners made some concessions to get the oil flowing again and defuse the crisis with China and India.

I've told the three—the US, India, and China—that the next round of talks has to be held here in Rio. I'm hoping a more convivial atmosphere will do the trick. Rio Carnival is around the corner...

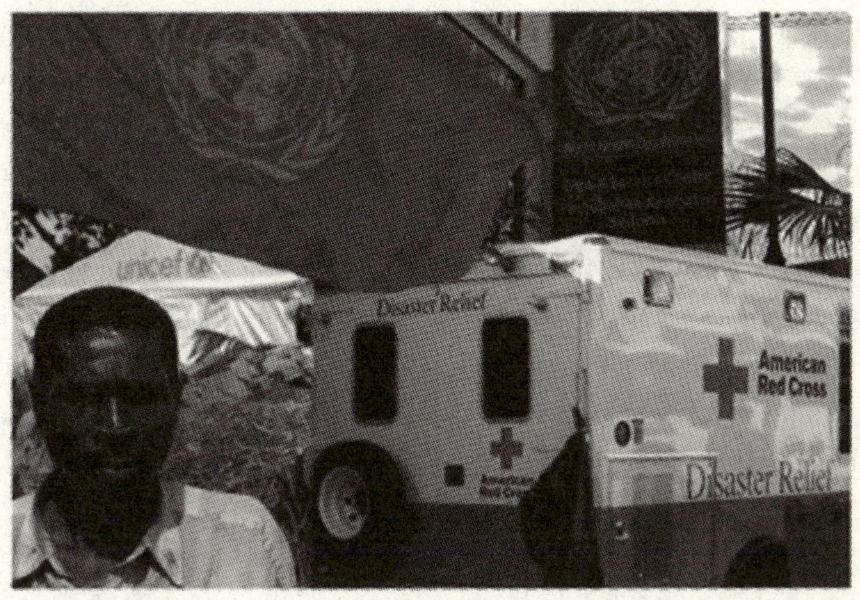

Chapter 6

Will the International System Be Up to the Challenges?

The trend toward greater diffusion of authority and power occurring for a couple decades is likely to accelerate because of the emergence of new global players, increas-ingly ineffective institutions, growth in regional blocs, advanced communications technologies, and enhanced strength of nonstate actors and networks.

- By 2025, nation-states will no longer be the only—and often not the most important—actors on the world stage and the "international system" will have morphed to accommodate the new reality. But the transformation will be incomplete and uneven. Although states will not disappear from the international scene, the ***relative power*** of various nonstate actors—including businesses, tribes, religious organizations, and even criminal networks—will grow as these groups influence decisions on a widening range of social, economic, and political issues.

The growing multiplicity of actors could strengthen the international system by filling gaps left by aging post-World War II institutions, but it also has the potential to further fragment the existing system and to impede international cooperation. The diversity in both types and kinds of actor increases the likelihood of fragmentation over the next two decades given the apparently waning ability of legacy international institutions to address new transnational challenges.

Multipolarity without Multilateralism

In such a world, we are unlikely to see an overarching, comprehensive, unitary approach to global governance. Current trends suggest that global governance in 2025 will be a patchwork of overlapping, often ad hoc and fragmented efforts, with shifting coalitions of member nations, international organizations, social movements, NGOs, philanthropic foundations, and companies.

- This fragmentation of interests and actors will further erode prospects for the United Nations to strengthen consensus among its members for effective multilateral action—particularly within the current or an expanded Security Council—or for sustaining broader reforms of the UN system.
- This multipolarity is also unlikely to include a single dominant nation-state with the overwhelming power and legitimacy to act as the agent of institutional overhaul. (See below for discussion of the role of the US.)

Most of the pressing transnational problems—including climate change, regulation of globalized financial markets, migration, failing states, crime networks, etc.—are unlikely to be effectively resolved by the actions of individual nation-states. The need for effective global governance will increase faster than existing mechanisms can respond. Leaders will pursue alternative approaches to solving transnational problems—with new institutions, or more likely, many informal groupings. Recent trends suggest that existing multilateral institutions—which are large and cumbersome—will have difficulty adapting quickly enough to undertake new missions, accommodate changing memberships, and obtain necessary resources. NGOs and philanthropist foundations—concentrating on specific issues—increasingly will be a part of the landscape but are likely to be limited in their ability to effect change in the absence of concerted efforts by multilateral institutions or governments.

Quests for greater inclusiveness—to reflect the emergence of newer powers—may make it harder for international organizations to tackle transnational challenges. Respect for the dissenting views of member nations will continue to shape the agenda of organizations and limit the kinds of solutions possible. Large and enlarging organizations—from the UN General Assembly to NATO and the EU—may find the challenges to be particularly difficult. There is unlikely to be any effort to "zero base" the international organizational structure such that some organizations go away or are reinvented.

Effective action also may be impeded by the existence of too many institutions—many of which have declining purpose—with limited legitimacy and effectiveness. This is likely to apply across the board, from Western-driven institutions to those of the historic Third World.

We anticipate that arms races, territorial expansion, and military rivalries that characterized late 19th century multipolarity will be less significant in the emerging one, but we cannot rule out such possibilities. For most countries, strategic rivalries are likely to revolve around trade, investment, technology innovation, and acquisition. However, increasing worries about resources—such as energy or even water—could easily put the focus back on territorial disputes or unresolved border issues.

Asia is one region where the number of such border issues is particularly noteworthy or, in the case of Central Asia, where large deposits of energy resources increase the potential for a repeat of the 19th century's "Great Game" with outsiders contending for the exclusive right to control market access. The fact that a number of countries may experience a sharp fall in national power if alternatives for fossil fuel are developed quickly injects a potentially dangerous risk of instability. As the national power of China, India, and others grows, smaller countries in the neighborhood may seek outsiders' protection or intervention in a balancing effort.

How Many International Systems?

The emerging powers, particularly China and India, have a shared interest in maintaining a stable and open order, but they espouse different "means." Their spectacular economic success has been achieved with an economic model that is at odds with the West's traditional laissez faire recipe for economic development. As we have seen, climate change, energy, and other resource needs are likely to be more problematic for what many see as their primary goal of continued economic development. Given these differing perspectives, the question arises as to whether the new players—and their alternative approaches—can be melded with the traditional Western ones to form a cohesive international system able to tackle the increasing number of transnational issues.

While sharing a more state-centric view, the national interests of the emerging powers are diverse enough, and their dependence on globalization compelling enough, that there appears little chance of an alternative bloc forming among them to directly confront the more established Western order. The existing international organizations—such as the UN, WTO, IMF, and World Bank—may prove sufficiently responsive and adaptive to accommodate the views of emerging powers, but whether the emerging powers will be given—or will want—additional power and responsibilities is a separate question. Indeed some or all of the rising powers may be content to take advantage of the institutions without assuming leadership burdens commensurate with their status. At the same time, their membership does not necessarily have to involve heavy responsibilities or burden-sharing, allowing them to pursue their goals of economic development. For some, the fact that agreement on new permanent members of the Security Council appears remote even over the next 15-20 years provides an additional excuse to forego a global role which could come at the expense of domestic goals. One large uncertainty is whether the political will exists to reshape the international system to offer the emerging powers enough responsibility for them to shoulder more global burdens.

Greater Regionalism—Plus or Minus for Global Governance?

One exception to the trend toward greater multipolarity with less multilateralism may occur on a regional level in Asia. Greater Asian integration, if it occurs, could fill the vacuum left by a weakening multilaterally based international order but could also further undermine that order. In the aftermath of the 1997 Asian financial crisis, a remarkable series of pan-Asian ventures—the most significant being ASEAN + 3—began to take root. Although few would argue that an Asian counterpart to the EU is a likely outcome even by 2025, if 1997 is taken as a starting point, Asia arguably has evolved more rapidly over the last decade than the European integration did in its first decade (s). In the economic realm, extra-regional players such as the US will continue to be a significant part of the 2025 Asian economic equation. However, movement over the next 15 years toward an Asian basket of currencies—if not an Asian currency unit as a third reserve—is more than a theoretical possibility.

- Such a development would be in part an effort by Asians to insulate themselves from financial volatility outside their region, facilitate economic integration, and to achieve greater representation at the global table.

• Aspects of Asian regionalism that are difficult to quantify include the growing habits of cooperation, buoyant confidence, frequency of encounters by a host of high-level officials and the cultural diffusion that is bridging historical and political differences and is engendering a new sense of community.

Asian regionalism would have global implications, possibly sparking or reinforcing a trend toward three trade and financial clusters that could become quasi-blocs (North America, Europe, and East Asia).

Establishment of such quasi-blocs also would have implications for the ability to achieve future global World Trade Organization agreements and regional clusters could compete in the setting of trans-regional product standards for IT, biotech, nanotech, intellectual property rights, and other "new economy" products.

An Asian regional energy posture could set the terms for the rest of the world. Some two-thirds of Mideast oil exports go to Asia, and some 70 percent of Asian imports are from the Middle East. This pattern is likely to intensify. Whether this nexus is primarily commercial—complementary investments and military sales—or acquires an increasingly political/strategic character could determine the character of the international system.

• As stated, in the worst case—absent greater regional cooperation—concern over oil supply routes could lead to a China-Japan-India naval arms race.

Developments in the security realm—where Asian integration is currently weakest and where trends toward competition and hedging persist—could dilute regionalism. Whether and how Korea is reunified and the status of its nuclear program, and whether Taiwan's relationship to the Mainland moves toward conflict or is resolved peacefully, will be key factors shaping regional dynamics. Current trends suggest traditional security concerns are declining in importance but may be replaced by new issues, such as competition over resources. Managing and adjusting to a transition to a reunified Korea could expand the Six-Party talks into a mechanism that features new levels of cooperation among the US, Japan, and China.

Whether greater or lesser integration occurs also depends largely on the future character of Sino-Japanese ties. This is the first time in modern history that China and Japan have been major regional and global actors at the same time. A key question is whether they can transcend historical suspicions and compete peacefully. Peaceful resolution of the Korea and Taiwan disputes and a Franco-German type entente between China and Japan would sharply diminish the regional desire for a US "offshore" balancer role. However, US allies and security partners in the region will not trade in the US balancing role for any collective regional security arrangement until the political and economic consequences of China's rise become better known.

"Most experts…do not expect the rising powers to challenge or radically alter the international system…"

Most experts—US and foreign—we consulted do not expect the rising powers to challenge or radically alter the international system as did Germany and Japan in the 19th and early 20th centuries. The emerging powers will have a high degree of freedom to "customize" their political and economic policies rather than fully adopting Western norms. Because of their growing geopolitical clout, domestic markets, and roles in global resource extraction, manufacturing, finance, and technology, the rising powers are also likely to want to preserve their policy freedom to maneuver and will want others to carry the burden of dealing with global challenges such as terrorism, climate change, proliferation, and energy security. Russia's and China's resource nationalism and state capitalism underpin, for example, their elite-based politics and limit their willingness to compromise on major international economic issues such as trade, energy, finance, or climate change.

• Others, such as India, lack strategic economic and political visions and do not possess domestic grassroots support for deep economic liberalization. Many global issues require sacrifices or abrupt changes to these countries' development plans, another reason for them to prefer to be bystanders rather than leaders in a multilateral system.

A World of Networks

In response to likely deficits in global governance, networks will form among states and nonstate actors focused on specific issues. These networks will operate to pursue convergent goals and interests, including a genuine intent to solve problems, business self-interest, moral grounds, and the desire of international organizations and NGOs to be relevant to the problems facing a changing world. In some cases, the nucleus of an issue network will be a national or international commission or body of experts—unelected but with substantial clout—to report on or oversee some aspects of governance, trade, or other issues. Current examples of such networks include the Financial Stability Forum, the Carbon Sequestration Leadership Forum, and the International Partnership for the Hydrogen Economy.

Issue groups likely will help develop and diffuse standards and regulations for various realms, including information technology (IT), regulatory regimes, and management of the "new post-industrial economy." For some kinds of issues, the networks likely will provide the basis for agreement among nation-states. With the groundwork done in informal contexts, nation-states will be able to adopt problem-solving measures, gaining legitimacy and sometimes taking credit for initiatives, while avoiding the stigma of solutions being imposed by external international organizations. The numbers and types of NGOs could well explode by 2025. Low entry costs, low overhead, and the capacity of individuals and groups to affiliate with each other using the Internet will facilitate such collectives.

In addition to such issue groups, a new set of social actors—super-empowered individuals and even criminal networks—increasingly will influence outcomes. These elites are empowered by their wealth and an array of national and transnational contacts—oftentimes spanning businesses, governments, international organizations, and NGOs. Using their broad contacts and multiple national identities, they help leverage "transnational" outcomes across national and organizational boundaries.

"Although religious groups have been a great beneficiary of globalization, religion also has the potential to be a primary vehicle for opposition to that same modernizing process."

A Growing Role for Religion. Religion-based networks may be quintessential issue networks and overall may play a more powerful role than secular transnational groupings in exerting influence and shaping outcomes in the period out to 2025. Indeed, we could be entering a new age of clerical leadership in which religious leaders become major power brokers in resolving future international disputes and conflicts.

• Rich rewards in power and influence already fall to those religious entrepreneurs and televangelists who span the two hemispheres, the Global South and North—Amir Khalede for Muslims and Matthew Ashimolowo or Sunday Adelaja for Christians. Khalede's website is the third most popular Arabic website in the world (al-Jazeera's is number one).

Within the Christian tradition, the emergence of whole new patterns of authority and leadership across the Global South entails autonomous ministers and religious entrepreneurs, whose activities reap high status and great wealth. Before 2025, some evangelists and megachurch preachers probably will seek to become the leaders of nations, especially if those countries have been economically devastated during a global downturn.

Although religious groups have been a great beneficiary of globalization, religion also has the potential to be a primary vehicle for opposition to that same modernizing process. Religious structures can channel social and political protest, especially for those who lack the means of communication and influence available to social elites. This is relevant because many of the economic trends that will dominate the next two decades have the potential to drive social fragmentation and popular resentment, including the growing gaps between rich and poor, the urban and rural gulfs in India and China, the vast disparities between nations and regions advantaged or left behind by modernization, and between states able to manage the consequences of globalization and those with governments unable to do so. Religious activists can draw on sacred texts and long historical tradition to frame popular grievances in terms of social justice rhetoric and egalitarianism.

Proliferating Identities and Growing Intolerance?

One aspect of the growing complexity of the international system is that no single political identity—such as the conflation of citizenship and nationality—is likely to be dominant in most societies by 2025. Class struggles will matter as much as religion and ethnicity. The Internet and other multi-media will enable the revitalization of the reach of tribes, clans, and other fealty-driven communities. Explosive urbanization will facilitate the spread of these identities and increase the likelihood of clashes between groups. The increasing numbers of migrants moving to cities from rural areas will coalesce in neighborhoods settled by previous co-ethnics or will find themselves targeted for recruitment by gangs and more complex criminal structures. As these communities coalesce and become "self-governing" or sometimes co-opted by organized crime groups, state and local government will face "no-go" areas in many large cities as has already happened in cities like Sao Paulo and Rio de Janeiro.

Although inherited and chosen layers of identity will be as "authentic" as conventional categories of citizenship and nationality, one category possibly will continue to stand out. Islam will remain a robust identity. Sectarian and other differences within Islam will be a source of tension or worse. The challenge of Islamic activism could produce a more intense backlash of Christian activism. Nigeria, Ethiopia, and other places in Africa will remain battlegrounds in this sectarian struggle. In 2025, notions of multiethnic integration and the value of "diversity" could face a combination of challenges from nationalists, religious zealots, and perhaps some version of a revived Marxist and other class-based or secular ideology.

If global economic growth did suffer a severe reverse—akin to the Indonesian crisis of the late 1990s but on a worldwide scale—religiously based rural insurgencies and ethnic struggles probably would ensue in a number of countries including Brazil, India, China, and in much of Africa. If even the moderately severe projections of climate change are correct, the impacts could spur religious conflict through large sections of Africa and Asia. Among the countries at greatest risk of such conflict and scapegoating of minority communities are a number of predominantly Muslim countries with significant Christian minorities (Egypt, Indonesia, and Sudan); predominately Christian states with substantial Muslim minorities (e. g. , DROC, Philippines, and Uganda) or finely balanced between Christian and Muslim (Ethiopia, Nigeria, and Tanzania) .

If religious structures offer vehicles to resist globalization, they also help people cope with those same forces, enhancing social stability and economic development. Without religious safety nets, the degree of chaos and fragmentation in developing nations would be far worse. As predominantly rural societies have become more urban over the last 30 or 40 years, millions of migrants have been attracted to larger urban complexes without the resources or infrastructures to provide adequate healthcare, welfare, and education. The alternative social system provided by religious organizations has been a potent factor in winning mass support for religion. This holds across faiths.

Future of Democracy: Backsliding More Likely than Another Wave

We remain optimistic about the long-term prospects for greater democratization, but advances are likely to slow and globalization will subject many recently democratized countries to increasing social and economic pressures that could undermine liberal institutions.

• Ironically, economic setbacks could enhance prospects for movement toward pluralism and greater democratization in China and Russia. The Chinese Communist Party's legitimacy increasingly rests on its ability to ensure greater material wealth for Chinese society. Resentment of elite corruption is already on the rise but may overwhelm the regime in event of a serious economic crisis. The government's standing in Russia would be similarly challenged if living standards fell dramatically. • Elsewhere surveys have shown democracy having taken root, particularly in Sub-Saharan Africa and Latin America, where opinion views it positively independent of any material benefits. Still, nascent democracies have historically been shown to be unstable to the extent that they lack strong liberal institutions—especially rule of law—which can help support democracy during economic downturns. Case studies suggest widespread corruption is especially threatening because it undermines faith in democratic institutions. • As we have suggested elsewhere in the text, the better economic performance of many authoritarian governments could sow doubts among some about democracy as the best form of government. The surveys we consulted indicated that many East Asians put greater emphasis on good management, including increasing standards of livings, than democracy.

> Elsewhere even in many well-established democracies, surveys show growing frustration with the current workings of democratic government and questioning among elites over the ability of democratic governments to take the bold actions necessary to deal rapidly and effectively with the growing number of transnational challenges.

The weaker the state and its mechanisms, the more critical the role of religious institutions and the stronger the appeal of religious ideologies, usually of a fundamentalist or theocratic nature.

A "Shadow" International System by 2025? Further fragmenting the international system is the threat posed by growing transnational criminal networks in managing the world's resources—especially global energy, minerals, and other strategic markets—in addition to their traditional involvement in international narcotics trafficking. Increased demand for energy worldwide provides opportunities for criminals to expand their activities through direct ties to energy suppliers and leaders of countries where suppliers are located. With energy supplies increasingly concentrated in countries with poor governance, longstanding practices of corruption, and an absence of the rule of law, the potential for penetration by organized crime is high.

- The illicit activities of organized crime in the energy sector provide affiliated companies with an unfair competitive advantage in the global energy market.
- Over time, given their far-reaching tentacles into government offices and corporate board rooms, criminals may be in a position to control states and influence market actions, if not foreign policies. For many resource-rich countries, energy revenues provide the basis for the whole economy and energy policies are a key consideration in foreign policy decisions.
- The likelihood of penetration by criminal networks is probably greatest in Eurasian markets where organized crime has been an institution-

alized part of the political and economic environment and where over time organized crime figures have evolved into influential businessmen and become valuable partners for corrupt officials.

• As Russian and Eurasian suppliers capture a larger and larger portion of the energy markets in Europe and Asia, we expect these organized crime networks to expand their operations, fostering greater corruption and manipulation of foreign policies to their advantage.

Global Scenario IV: Politics Is Not Always Local

In this fictionalized scenario, a new world emerges in which nation-states are not in charge of setting the international agenda. The dispersion of power and authority away from nation-states has fostered the growth of sub-national and transnational entities including social and political movements. Growing public concerns about environmental degradation and government inaction come together in this example to "empower" a network of political activists to wrest control of the issue out of country-level officials in capitals. Global communications technology enables individuals to affiliate directly with identity-driven groups and networks that transcend geographic boundaries. Environmentalism is an issue for which there is a widespread confluence of interests and desires.

Preconditions for this scenario include:

• National governments' relevance and power lessens in an increasingly decentralized world.

• Diasporas, labor unions, NGOs, ethnic groups, religious organizations, and others acquire significant power and establish formal and informal relationships with states.

• Communications technology permits ubiquitous and constant integration into identity networks.

Politics is Not Always Local

September 14, 2024

We are in a new era in which governments are no longer king. All of us commentators talked a lot about the end of the Westphalian era, but we never really believed it. Moreover it was harder to get our arms around nonstate actors than to report on government ministries with their solid granite foundations and columned porticos. Now we have to recognize the new force of these loose networks. Unlike governments, they actually got something done. They have shown they really matter. I'm talking about the new climate change treaty that was recently agreed upon—even before the previous one expired—that instituted stricter carbon emissions ceilings and established global programs for renewable energy and new technologies to deal with the increasing water supply problems.

Of course, there is no single network and maybe that is the secret. Not only were there various national groups, but many of the networks responsible for forcing the climate change negotiations collected together professional groups, NGOs, and religious groups, across national, class, and cultural divides. The wide deployment of the next-generation Internet (U-biquitous computing), although done for commercial reasons, greatly facilitated the empowerment of these nonstate interest groups.

This probably would not have come about without a succession of environmental disasters. The New York hurricane was a trigger. Importantly the fact that it happened about the time of UNGA, which many of these networks and groups had been scheduled to attend, facilitated the initial coalescence. However, it would not have happened without other events like the cyclone a year earlier that devastated Bangladesh and the recent Intergovernmental Panel on Climate Change report showing much higher levels of

CO_2 despite efforts at cutbacks. A crisis atmosphere prevailed. Indeed it was one of those moments in history in which a new millennium or apocalyptic atmosphere was operating—as if the end of the world was nigh—and immediate action was needed.

In a sense, we have reached the Promised Land in which global cooperation is more than a "conspiracy" among elites but bubbles up from the grassroots across historic national and cultural divides. We had hoped for this with the European Union but never achieved it. Everyone maintained his narrow parochial viewpoint, speaking first as a Frenchman, or Pole, not as a European.

A lot of this can be ascribed to the rise of the middle classes in Russia, China, and India. Like their Western counterparts before them in the 19th and 20th centuries, they are wealthy enough now to decry the health hazards associated with pollution and rapid growth. They wanted their governments to take action, but they did not. The middle classes have been incensed by the shoddy construction and poor planning that led directly to large numbers of casualties when disasters struck. Anti-corruption and environmentalism merged. As the poor in Sub-Saharan Africa and elsewhere suffered more and more from climate change, religious activists also became mobilized. Migrants pushed off unproductive land, and unable to get access to clean water technologies, turned to churches for help.

Institutions were more savvy than governments in detecting the change. The annual Davos meeting was transformed several years ago. It brought in a host of activists from these networks and has since established virtual meetings where thousands more could participate. The pressure became too much for member-states to ignore. The UNGA set aside 20 seats for NGOs who yearly competed among themselves to take up a seat for a year and have the same voting rights as nation-states. International politics is forever changed even though I doubt these networks can be as effective on other issues. The environment was tailor-made because the widespread commonality of interest in avoiding Armageddon. At another time or on a different issue, my guess is national, religious, ethnic, and class differences will resurface. But the achievement stands and the precedent set will make it hard for governments to ignore NGOs. Maybe they can even begin to partner.

Chapter 7

Power-Sharing in A Multipolar World

The United States will have greater impact on how the international system evolves over the next 15-20 years than any other international actor, but it will have less power in a multipolar world than it has enjoyed for many decades. Owing to the relative decline of its economic, and to a lesser extent, military power, the US will no longer have the same flexibility in choosing among as many policy options. We believe that US interest and willingness to play a leadership role also may be more constrained as the economic, military, and opportunity costs of being the world's leader are reassessed by American voters. Economic and opportunity costs in particular may cause the US public to favor new tradeoffs.

Developments in the rest of the world, including internal developments in a number of key states—particularly China and Russia—are also likely to be crucial determinants of US policy. A world of relatively few conflicts with other major powers would smooth the way toward development of a multipolar system in which the US is "first" among equals. In the end, events will shape the parameters of US foreign policy. Contingencies—such as the use of nuclear weapons or WMD terrorism—could convulse the entire international system and refocus the US role.

Demand for US Leadership Likely to Remain Strong, Capacities will Shrink

Despite the rise in anti-Americanism over the past decade, the US is still likely to continue to be seen as a much-needed regional balancer in the Middle East and in Asia. A recent survey (see box on pages 138-141) indicates growing unease with China's rise among its neighbors and, in many regions, a leveling off of antagonism, if not some improvement in attitudes toward the United States.

In addition to its increasing economic power, China's military modernization program is a growing source of concern to its neighbors. The level of concern may rise even if Asia's security improves, for example, with a PRC-Taiwan accommodation, though in such an eventuality the opposite reaction is also possible. In the Middle East, a nuclear Iran would increase pressure for extension of a US security umbrella to Israel and other states.

"Developments in the rest of the world… particularly [in] China and Russia—are also likely to be crucial determinants of US policy."

Other states will continue to seek US leadership on the newer "security" issues, such as climate change. For example, many countries view US leadership as critical to encouraging major developing countries like China and India that are emitters of greenhouse gasses to take on serious commitments to reduce carbon emissions in a post-2012 emissions control regime. Most G-77 countries realize they are absorbing environmental harm from polluters and are not averse to the US intervening with Beijing.

Further, others will seek US leadership on countering WMD proliferation by taking steps to dissuade interest in WMD, strengthening nonproliferation regimes, preventing acquisition of WMD and associated expertise and technology, rolling back or eliminating WMD in countries of concern, fostering deterrence in the use of WMD, and mitigating the consequences of WMD use.

New Relationships and Recalibrated Old Partnerships

An increasingly multipolar world suggests a greater number of actors—including influential nonstate ones—with whom the US and other powers will have to contend. Descent into a world in which mercantilism and resource nationalism become the overriding *modus operandi* for others probably would narrow the number of US partners, increasing the risks of tensions, if not confrontation among the powers in such a zero-sum world. On the other hand, a world of continuing prosperity would enhance prospects for greater burden-sharing and steps towards revitalization of multilateralism and global institutions.

During the period out to 2025, China and India are likely to remain *status quo* powers focused on their own development, drawing benefits from the current system and not too eager for the US or others to seek radical changes to the international order until Beijing and New Delhi judge that they are in a better position to help set the new rules of the road.

Although the emerging powers will want to preserve ample leeway and autonomy to exert regional influence independent of the United States, their relationships with the US are likely to deepen if their plans for greater economic development remain on track. Economic collapse, especially in China's case, could lead to a nationalistic upsurge and increased tensions with foreign powers, including the United States.

Europe will face difficult domestic challenges that *could* constrain its ability to play a larger global role, especially in the security realm. A sense of increased threat—whether from terrorism or a resurgent Russia—could change the European calculus on the need for more defense spending and greater capacity for unified action. Growing interest in Maghreb and Middle East economic and social developments increases the potential for Europe to play a stabilizing role similar to what it accomplished with enlargement to the East. Japan, to keep pace with China, may increase its political and security role in the region. We expect other countries, such as Brazil, to assume more expansive regional roles and to increase their involvement on certain key global issues such as trade and climate change.

Current trends suggest Russia has a more immediate interest in directly challenging what it sees as a US-dominated international system than do other rising powers. A more diversified economy, development of an independent middle class, and reliance on foreign technological expertise and investment for development of its energy resources could change that trajectory, however. An earlier-than-anticipated move away from fossil fuels also could undercut Russia's recent resurgence.

In the Middle East, where the US is likely to remain the dominant external actor, current trends suggest a greater role for Asian states which are reinforcing their growing economic links with stronger political ties. Asian powers—in addition to European ones—could seek or be drawn into roles in any future international security effort in the Middle East. The role of NGOs will grow commensurate with the increase of humanitarian needs owing to climate change. In turn, the international community, including the US, will become more dependent on NGOs to shoulder the burden of humanitarian relief.

Less Financial Margin of Error

The dollar is vulnerable to a major financial crisis and the dollar's international role is likely to decline from that of the unparalleled "global reserve currency," to something of a first among equals in a basket of currencies by 2025. This could occur suddenly in the wake of a crisis, or gradually with global rebalancing. This decline will entail real tradeoffs and force new, difficult choices in the conduct of American foreign policy.

Anti-Americanism on the Wane?

America's reputation abroad has fluctuated over the decades—from the *Ugly American* of the 1950s to the widespread international protests over Vietnam in the 1960s and 1970s to antinuclear activism in Europe in the 1980s. Anti-Americanism has experienced an upsurge during this decade. Between 2002 and 2007, the US image became less favorable in 27 of 33 countries polled. Attitudes critical of the United States can be parsed into two basic categories:

- "Transitory criticism" fueled by disagreements with specific aspects of the United States that can change with time, such as its foreign policies.
- "Anti-Americanism" reflecting deep and undifferentiated antipathy toward most aspects of the United States.

To the extent that certain aspects of American life—for example, its political system, people, culture, S&T, education, and business practices—are seen abroad as admirable, perceptions of the United States will be complex, keeping views flexible and open to revision. The downward trajectory of America's reputation suggested above may have bottomed out. Polling in 2008 by Pew's Global Attitudes Project found US favorability ratings up in 10 of the 21 countries for which trend data are available. Looking ahead, what regional drivers and dynamics might be pivotal for encouraging such a turnaround?

Europe/Eurasia. In contrast to regions more uniformly pro- or anti-American, Europe/Eurasia tends to hold more volatile views of the US. The views of Western Europeans appear to be buoyed to the extent that the United States, its key allies, NATO, and the EU deepen practical multilateral approaches to international problems. The views of Central and East Europeans, who are traditionally favorable toward the United States, probably will recede over time to the West European norm. No single set of US actions will reassure all states of the former Soviet Union, but avoiding a heavy movement of military assets into Moscow's perceived Near Abroad would stave off the tensest of relations with Russia.

Near East/South Asia. Societies most hostile to the United States are found in the Islamic Middle East, as well as Pakistan and North Africa. India is an important exception. Drivers for turning around the US image include a strong commitment to significant progress on Israel/Palestine, disentangling anti-terrorism from a perceived war on Islam, and seeking to provide aid to needy citizens in addition to military-security elites. To the extent Iran is perceived to be a dangerous revisionist power, people and states in the region will tend to view US military capability positively.

Sub-Saharan Africa. Africa continues to harbor goodwill toward the United States. Publics in Sub-Saharan Africa tend to find American lifestyles and standards of living enviable. If AFRICOM, the new US military command, does not present an overly militarized face to citizens in African countries, and humanitarian and economic developmental aid continues, the surveys suggest African opinion about the United States will remain favorable.

East/Southeast Asia: Views of the United States in this region are relatively positive. Despite China's economic growth, and nascent Asian integration, US "soft power" still eclipses China's. The United States will continue to be looked to as a reliable security partner in Northeast Asia, and to a lesser extent in Southeast Asia. Public perceptions are at risk of downward swings in China, depending on portrayals of the United States in the country's official media.

Latin America: On balance, views of the United States are fairly favorable and stable, much more so in Central America, but less so in the Andean region. Some level of migration to the United States for jobs and subsequent remittance of earnings back to Latin America will be a key. Also important will be the degree to which US and Latin interests are viewed as shared, especially on multilateral tasks such as interdicting illegal drug supplies and combating organized crime and gangs.

Aggregating across regions, what does the tally sheet of factors affecting anti-Americanism look like out to 2025? First, factors favorable to the United States:

- Many state leaders and publics are distrustful of vast ***power*** itself, independent of the owner. As China becomes more powerful, some wariness will be displaced onto Beijing, and the United States' own function as a counterweight will become more appreciated.
- The US is benefiting from a likely turn in the ***battle of ideas***. First, and foremost, support for terrorism has declined dramatically over the last few years in many Muslim countries. Fewer Muslims now consider suicide bombing justifiable, and confidence in Usama Bin Ladin has waned.
- As big emerging markets in Asia and elsewhere grow, ***globalization*** will less often be equated with *Americanization*. As traditional ways of life are upset around the globe, unwanted foreign ideas and customs will appear more the product of modernity than of American sprawl.

Potentially unfavorable would be perceived slowness in tackling pressing transnational problems such as global climate change, food security, and energy security. A currently indeterminate factor will be the effect of increasingly pervasive mobile telephony, Internet connectivity, and direct satellite media on how individuals around the world receive their images of the United States. On balance, however, major trends suggest that anti-Americanism is declining.

• The dollar's global reserve status confers privileges on the US including insulation from risk of currency shocks, which enables lower interest rates, while a steady source of outside demand for US dollars affords the US a unique ability to run large fiscal account deficits without reproach from the global economy.

Enjoyed by the US for more than 60 years, these privileges have perhaps so permeated US thinking as to go unnoticed. While total loss of reserve status is unlikely, the dollar's decline may force the US into difficult tradeoffs between achieving ambitious foreign policy goals and the high domestic costs of supporting those objectives. In the face of higher interest rates, higher taxes, and potential oil shocks, the US public would have to weigh the economic consequences of taking strong military action, for example. The impact on others desirous of a stronger US role could be equally great if the US would decline or be unwilling to take action. In addition, US financial dependence on external powers for fiscal stability may curtail US freedom of action in unanticipated ways.

More Limited Military Superiority

In 2025, the US will still retain unique military capabilities, especially its ability to project military power globally, that other nations will continue to envy and rely on to secure a safer world. The United States' ability to protect the "global commons" and ensure the free flow of energy could gain greater prominence as concerns over energy security grow. The US also will continue to be viewed as the security partner of choice by many states confronted with the rise of potential hostile nuclear powers. Although the emergence of new nuclear-weapon states may constrain US freedom of action, US military superiority in both conventional and nuclear weapons and missile defense capabilities will be a critical element in deterring openly aggressive behavior on the part of any new nuclear states. The US will also be expected to play a significant role in using its military power to counter global terrorism.

"Anticipated developments in the security environment leading to 2025 may raise questions about traditional US advantages in conventional military power."

However, potential US adversaries will continue to try to level the playing field by pursuing asymmetrical strategies designed to exploit perceived US military and political vulnerabilities. In the future, advanced states might engage in counterspace strikes, network attacks, and information warfare to disrupt US military operations on the eve of a conflict. Cyber and sabotage attacks on critical US economic, energy, and transportation infrastructures might be viewed by some adversaries as a way to circumvent US strengths on the battlefield and attack directly US interests at home. In addition, the continued proliferation of long-range missile systems, anti-access capabilities, and nuclear weapons and other forms of WMD might be perceived by potential adversaries and US allies alike as increasingly constraining US freedom of action in time of crisis despite US conventional military superiority.

- Traditional US allies, particularly Israel and Japan, could come to feel less secure in 2025 than they do today as a result of emerging unfavorable demographic trends within their respective countries, resource scarcities, and more intensive military competitions in the Middle East and East Asia, especially if there is also doubt about the vitality of US security guarantees.

Surprises and Unintended Consequences

As we have made clear throughout this volume, the next 15-20 years contain more contingencies than certainties. All actors—not just the United States—will be affected by unforeseen "shocks." For various reasons the US appears better able than most to absorb those shocks, but US fortunes also ride on the strength and resiliency of the entire international system, which we judge to be more fragile and less prepared for the implications of obvious trends like energy security, climate change, and increased conflict, let alone surprises.

While, by their nature, surprises are not easily anticipated, we have tried through the scenarios to lay out possible alternative futures and each is suggestive of possible changes in the US role.

A World Without the West. In this scenario the US withdraws and its role is diminished. In dealing with unstable parts of the world in its neighborhood like Afghanistan, China, and India, the Central Asians must form or bolster other partnerships—in this case the Shanghai Cooperation Organization. The fragmentation and breakdown of the global order into regional and other blocs—while not on the scale of US-Soviet bipolar split—probably would usher in an era of slower economic growth and globalization, less effective action on transnational issues like climate change and energy security, and the potential for increased political instability.

October Surprise. The lack of effective management of the tradeoffs among globalization, economic growth, and environmental damage is shared widely among more players than the US. Implicit in the scenario is the need for better US leadership and stronger multilateral institutions if the world is to avoid even more devastating crises. The results of miscalculation on the part of others—such as the Chinese—have significant political costs, which probably would make it more difficult for the US and others to put together a plan for more sustainable economic development, including conflicts among the major powers.

BRICs' Bust-Up. In this scenario, growing great power rivalries and increasing energy insecurity lead to a military confrontation between India and China. The US is perceived by Beijing as favoring India to China's detriment. Great power war is averted, but the protagonists must rely on a third party—in this case Brazil—to help reconstitute the international fabric. Given the BRICs' disarray, the United States' power is greatly enhanced, but the international system is in for a bumpy ride as the military clash leads to internal upheavals increasing nationalist fervor.

Politics Is Not Always Local. On some issues, such as the environment, a seismic shift in government versus nonstate actor authorities has occurred. For the first time, a coalition of nonstate actors is seen by a large number of electorates as better representing "planetary" interests and, in this scenario, governments must heed their advice or face serious political costs. This may not always be the case since on other more traditional national security issues, national, ethnic, class and other differences are likely to re-emerge, undercutting the clout of transnational political movements. The US, like other governments, must adapt to the changing political landscape.

Leadership Will Be Key

As we indicated at the beginning of the study, human actions are likely to be the crucial determinant of the outcomes. Historically, as we have pointed out, leaders and their ideas—positive and negative—were among the biggest game-changers during the last century. Individually and collectively over the next 15-20 years, leaders are likely to be crucial to how developments turn out, particularly in terms of ensuring a more positive outcome. As we have emphasized, today's trends appear to be heading toward a potentially more fragmented and conflicted world over the next 15-20 years, but bad outcomes are not inevitable. International leadership and co-operation will be necessary to solve the global challenges and to understand the complexities surrounding them. This study is meant as an aid in that process: by laying out some of the alternative possibilities we hope to help policymakers steer us toward positive solutions.

后　记

作为美国情报界最权威的战略情报分析机构，美国国家情报委员会向以战略性、前瞻性、预警性研究为立身之本。也因此，其出笼的各种报告不仅直接影响美国对外决策，亦备受各国重视，成为把握美国战略动向、理解世界发展趋势的重要参考。

自 1996 年起，美国国家情报委员会发起关于全球未来发展趋势的系列研究，每四年发表一篇报告，对未来十五年左右的国际大势进行全景式预警性分析。迄今为止，已发表《全球趋势 2010》（1996 年）、《全球趋势 2015》（2000 年）、《勾勒全球未来 2020》（2004 年）和《全球趋势 2025》（2008 年）四份报告。按负责这项工作的前美国国家情报委员会主席托马斯·芬格的话说，系列研究的初衷是为美国政府服务，旨在为官员们的战略思维“提供线索和指导”，然而因其研究领域之宽泛、涉猎问题之前沿、观察视角之敏锐、观点结论之独到，加之委员会本身特殊的背景，报告往往一经发表，即引起世界各国极大兴趣，甚至激发持久的辩论与思考。

在已经发表的四篇报告中，影响最大者，当属这本《全球趋势 2025》。一是因为写作者较以往用力更深，投入大量财力、精力、智力，包括在全球范围内召开学术会议、听取不同意见，包括报告反复打磨、修改、更新，这样创造出的产品自然是精品中的精品；二是因为从现在到 2025 年这十五六年，正是国际格局深刻转换、国际体系加速转型的关键期，关于世界权势东移、“金砖四国”崛起、多极化加速发展等等话题，成为全球热议焦点。报告的结论自然具有某种引领性或参照性意义。报告关于未来十五年美国实力相对衰弱、“多极化”格局难以避免等结论，已经产生全球性反响。三是因为品牌效应，委员会的多数判断经受住了时间的考验，使其结论更加引人关注。

中国现代国际关系研究院美国研究所共有十多位研究人员参与了这份报告的翻译，主要想藉翻译之机精读其中内容，拓展自身视野，也算是个学习的过程。依汉语拼音顺序，他们是：陈文鑫、郭拥军、李庆春、孟亚波、倪霞韵、牛新春、钱立伟、孙茹、王鸿刚、王锦、张帆、张文宗、张志新。中国现代国际关系研究院退休多年的马宗师同志对译文进行了初校，提出了许多宝贵意见。袁鹏对译文的最终稿进行了审阅。由于时间仓促及水平所限，其中错误定难避免。为方便研究者使用，特附上报告英文原文，供广大读者参考。

感谢主持该报告的前美国国家情报委员会主席托马斯·芬格与支持翻译该报告的中国现代国际关系研究院崔立如院长分别为中文版作序，也感谢报告的实际撰稿人马修·布劳斯同意报告中文版出版。感谢时事出版社周勇社长的大力支持。感谢时事出版社苏绣芳女士与译者反复沟通及对全书的精心设计。